IWANAMI TEXTBOOKS α

現代(いま)を生きる日本史

須田 努／清水克行
Suda Tsutomu / Shimizu Katsuyuki

岩波書店

はじめに

本書の目的

わたしは毎年，講義の冒頭で，「わたしの講義(歴史学)は，就職には役に立ちません．しかし，君たちの生きる力になります」と語っています．

小中学校・高等学校の歴史科目は，歴史上の登場人物や出来事，あげく年代を暗記するもので，試験前の一夜漬けで十分だったのではないでしょうか．

みなさんが経験してきた日本史の勉強は，先生方の努力があるにしても，現在の受験制度の下では修行と言ってもいいかもしれません．答えが決まっているのですから．たとえば「1582年，織田信長は明智光秀に敗れた」と．

しかし，みなさんがこれから学ぶ歴史学とは，当時の史料・データから，歴史的事実を確定し，その断片的な歴史的事実から，その時代の政治・社会・文化の特質や，人びとの考えなどを浮かび上がらせ，そこから現代を問い直すという学問なのです．

逆説的に言うと，歴史学とは現代社会がかかえる諸問題を理解・解明するために，過去の事象からその問題点を探り出す，という学問なのです．ゆえに，歴史の解釈は時代によって大きく変化するわけです——この問題は終章で触れましょう——．

わたしたち二人の著者は，文学部史学科以外で学ぶ大学生に，歴史認識，歴史を学び解釈する中から現代社会を考え直すセンスを身につけてもらうことと，教育現場の先生方や，社会人が日本史研究の現状を教養として学び，それを現代を生きる上で活用してもらいたい，との意図で本書『現代を生きる日本史』を作成しました．

本書の特徴

本書が扱う時代の範囲は，大化改新(645年)から沖縄返還(1972年)までとなります．本書は政治史の時代区分に従い政治的出来事や政治制度の解説を中心に歴史をトレースしていく，という一般的通史の叙述方法をとっていません．

社会史・文化史を中心にトピックを取り上げ，そこから時代を切り取って解説していくという方法をとっています．

学問は，先人の成果の上になり立つものです．本書はこれを踏まえつつも，21世紀以降の研究成果を多く取り入れています．1990年代以降，社会史・文化史の領域においてさまざまなことが明らかにされ，また新しい解釈が行われてきました．さらに，近代という時代をどう認識するか，という問題も大きく変容してきました．これらは，本書の叙述に大きく反映させてあります．たとえば，「うわなり打ち」「鉄火裁判」「三遊亭円朝」「朝鮮・台湾・沖縄」といったトピックがその典型と言えるでしょう．

本書の構成

歴史認識にはその個人の経験・価値観が反映されます．ゆえに，歴史研究・叙述には研究者の世代が反映されている，というのがわたしの持論なので，本書の執筆に，わたしより12年(干支一回り)若い清水克行さんをお誘いしました．第1章から第6章(古代・中世)が清水さん，第7章から第12章(近世・近代・現代)が須田，そして終章は二人で，という構成をとりました．前半後半で叙述のトーンが相違していますが，そこにも意味がある，と思っていただければ幸いです．

各章には，その章があつかう時代の**年表**を入れ，**この章のねらい**として，章ごとの概略と目的をキーワードを明示してあります．また，**時代背景**として，本文で扱う内容の時代背景につき，政治史を中心に簡単に解説してあります．そして，本文ではさまざまなトピックを設定し解説していきます．各章末尾には，その章の内容をより深く理解するための**ブックガイド**を設置しました．本書を入り口として，知の世界を広げていただければと思います．また，参考文献は本書最後にまとめて示してあります．

なお，年代表記について，第1章から第11章では日本元号と西暦を併記，第12章は，朝鮮(韓国)・台湾・沖縄を素材とするので，西暦のみとしました．

須 田 　 努

目　次

はじめに

第1章　律令国家の理想と現実——巨大計画道路の謎 ………… 1
1　発掘された古代道路　4
2　計画道路の理想と現実　7
3　地域社会と道路　9
4　対外緊張と計画道路　11
5　早熟な専制国家　14

第2章　平安朝の女性たち ……………………………… 17
　　　　——うわなり打ちの誕生と婚姻制度
1　控えめでお淑やかな日本女性？　20
2　イニシエーションとしてのうわなり打ち　21
3　古代・中世のうわなり打ち　23
4　古代社会の婚姻制度　26
5　正妻制の確立　28

第3章　武士の登場——武力の実態とその制御 ………………… 33
1　サムライはヒーローか？　36
2　絵巻物にみる武士の実像　37
3　敵討ちの論理と心理　41
4　鎌倉幕府の成立　45

第4章　室町文化——「闘茶」体験記 ……………………… 49
1　「闘茶」の時代　52
2　現代に伝わる「闘茶」　53
3　民俗行事から探る中世　56

第5章　戦国大名と百姓——戦乱のなかの民衆生活 …………65

1　戦国の城の実像　68
2　戦国大名の「国家」　71
3　「禁制」と地域社会　75

第6章　江戸時代の村——鉄火裁判と神々の黄昏 ……………81

1　村と町の成熟　84
2　古記録と伝承のなかの鉄火裁判　87
3　自力の村　90
4　中世から近世へ　94

第7章　士農工商？——身分間を移動する人びと ………………97

1　豊臣政権から寛永期　100
2　寛文から享保期　100
3　文化期から幕末まで　106

第8章　鎖国の内実——江戸時代の人びとの自他認識 …………113

1　江戸時代の特異性　116
2　日本型華夷意識の形成　116
3　18世紀の対外関係　117
4　治者・知識人の朝鮮観　118
5　民衆の朝鮮・朝鮮人観　120
6　治者・知識人の中国観　124
7　民衆の中国観　126
8　武威の国という自負　128

第9章　暴力化する社会 ………………………………131
　　　——経済格差と私慾の広がり

1　天保の飢饉　134
2　甲州騒動　134
3　自衛する村　137

4　農兵銃隊の結成　139
　　5　豪農の剣術習得　140
　　6　地域指導者の動向　140
　　7　慶応2年世直し騒動　143

第10章　ペリー来航のショック……………………………145
　　　　　――日本とはなにかという問いかけ
　　1　ロシアの接近と対外関係の見直し　148
　　2　イギリスの接近と危機意識の形成　149
　　3　ペリー来航による武威の揺らぎ　152
　　4　会沢正志斎――「国体」と富国強兵　155
　　5　横井小楠――「道」から富国強兵へ　157
　　6　吉田松陰――「君臣上下一体」と「国体」　157

第11章　文明開化のなかの大衆芸能……………………161
　　　　　――松方デフレと三遊亭円朝
　　1　国民国家の形成　164
　　2　文明開化　165
　　3　治安の回復と民衆の日常への介在　166
　　4　三遊亭円朝の変化　168

第12章　植民地朝鮮・台湾・沖縄から見た日本………175
　　　　　――アジアのなかで生きる現代
　　1　朝　鮮　178
　　2　台　湾　185
　　3　沖　縄　189

終　章　現代を生きる日本史………………………………199
　　1　「危機の時代」の日本史　199
　　2　歴史とは何か　207

参考文献　213
あとがき　219

　　＊　本文中で引用する史料は，原則として読み下し文とし，漢字は新字体に，仮名づかいは現代仮名づかいにあらため，濁点，句読点，振り仮名を適宜補った．引用者による注記は〔　〕で示した．

第1章
律令国家の理想と現実
——巨大計画道路の謎——

> この章のねらい
>
> 律令制度とは，何をめざし，どのような実態をもっていたのか？『日本書紀』などの文字史料と，考古学の成果の両方に目配りしながら，古代社会の建前と実態を検証する．

図 1-1 曲金北遺跡(『静岡県埋蔵文化財調査研究所調査報告 第 68 集 曲金北遺跡(遺構編)』)

第1章　関連年表

大化 元年(645)	大化改新(乙巳の変,蘇我入鹿暗殺)
大化 2年(646)	改新の詔
	薄葬と愚俗廃止の詔
(660)	百済滅亡
(663)	**白村江の戦いで大敗**
(667)	近江大津宮へ遷都
(668)	天智天皇即位,高句麗滅亡
(670)	庚午年籍制作
(671)	近江令施行
(672)	壬申の乱
(673)	天武天皇即位
(684)	八色の姓制定
(689)	飛鳥浄御原令施行
(694)	藤原京遷都
大宝 元年(701)	大宝律令完成
和銅 元年(708)	和同開珎鋳造
和銅 3年(710)	平城京遷都
和銅 5年(712)	『古事記』撰上
和銅 6年(713)	『風土記』撰上の詔
養老 2年(718)	養老律令制定
養老 4年(720)	『日本書紀』撰上
養老 7年(723)	三世一身法施行
天平 元年(729)	長屋王の変
天平 9年(737)	藤原四子が疫病で相次いで死去
天平 12年(740)	藤原広嗣の乱
天平 13年(741)	国分寺建立の詔
天平 15年(743)	墾田永年私財法制定,大仏造立の詔
天平勝宝4年(752)	大仏開眼供養
天平勝宝7年(755)	唐で安禄山・史思明の乱がおこる(〜763)
天平宝字元年(757)	橘奈良麻呂の変
天平宝字8年(764)	恵美押勝の乱
宝亀 元年(770)	道鏡が下野薬師寺に左遷
延暦 3年(784)	長岡京遷都
延暦 11年(792)	健児の制

第1章 律令国家の理想と現実

● 時代背景 ●

「漢委奴国王」の金印で知られる奴国王の朝貢（西暦57年）や，それに続く倭国王帥升等の朝貢（107年），あるいは女王卑弥呼の朝貢（239年）についての中国史書の記述は，列島社会における最古の国家の存在を示すものとして，よく知られています．しかし，これらの記述がいずれも彼らが中国王朝へ朝貢している事実を記したものであることからもわかるように，列島社会における国家形成は中華帝国の影響を抜きにして語ることはできません．彼らは中華帝国の冊封体制の枠組みのなかで国際的な位置をあたえられることで，はじめて国内支配の正統性を手に入れることができたのです．

畿内におこった大和朝廷も，当初，国内的には独特の形状である前方後円墳をシンボルとした統合体でしたが，やがて6世紀末頃から大陸由来の仏教や律令を基軸とし，より中華帝国をモデルとして強く意識した国家ビジョンをもつようになります．その頃，朝鮮半島では高句麗・新羅・百済の三国で王権が確立し，半島の覇権をめぐる内戦が激化していました．こうした激変する国際環境に対処するために，列島社会も権力集中を行うことが求められ，推古天皇（554-628）と厩戸皇子（574-622）の諸改革や，のちに「大化の改新」とよばれることになる天智天皇（626-671）の諸改革が進められることになります．やがて隋にかわった唐は新羅と結び，百済・高句麗を圧迫しはじめますが，唐・新羅の国力を見誤った天智は，朝鮮半島に出兵し，白村江の戦いで大敗を喫します（663年）．これ以後，天智は国土防衛と国制整備に力を入れ，近江大津宮への遷都や，近江令の制定，庚午年籍の作成などを通じて，外圧を意識しつつさらなる権力集中を進めることになります．

その過程では，中華帝国を中心とした東アジアの秩序と微妙な距離を保ちながら，国家統合が進められてゆきます．たとえば「日本」という国号や「天皇」号は，およそ天武天皇（?-686）の時代には創出されていたと考えられていますが，これらも冊封体制からの独立宣言というよりは，中華帝国を刺激しないように細心の注意が払われたすえに生み出された呼称でした．

701年には大宝律令，718年には養老律令が制定されることで，日本の律令制度の形式は整い，班田収授も制度化します．これに前後して，694年には藤原京，710年には平城京への遷都が行われ，中華帝国にならった本格的な都城も建設されてゆきます．また，天武天皇時代の富本銭にはじまる自国での銭貨鋳造も，経済的利益以上に，中華帝国を意識した施策といえるでしょう．しかし，国内に深刻な軍事的緊張もなく，貨幣経済への強い希求も存在しなかった列島社会において，そもそも班田収授の実施や都城の建設，銭貨の鋳造などの施策はあまりに性急でした．それでも奈良時代から平安時代にかけて徐々にその早熟な理念は浸透をみることになります．

1　発掘された古代道路

　最近の歴史ブーム，健康ブームのなかで，中高年のあいだでは古道歩きが流行しているのだそうです．中世でいえば熊野三山をたどる熊野古道(和歌山県)の杉並木や，近世でいえば日光街道(栃木県)や箱根の旧東海道(神奈川県・静岡県)の石畳を歩く観光客の姿は，よく雑誌やテレビにも取り上げられています．では，古代の律令国家の道は，どのようなものだったのでしょうか．昼なお暗い鬱蒼とした山道でしょうか．道なき道を搔き分けて進む「けものみち」だったのでしょうか．本章では，近年の古代の道についての考古学の成果に学びながら，古代の国家と社会について考えていきましょう．

　律令国家では，人々に様々な租税が課せられました．租(田租)・庸(歳役の代納品，主に布)・調(特産物)などについては，すでにご存じでしょう．このうち租は国府へ納めるものでしたが，庸と調は中央政府へ納めなければならず，その運搬は負担者の義務となっていました．

　当然，租税を運搬するためには，それなりの道路がなくてはなりません．律令政府は，宮都の周辺の大和(やまと)・摂津(せっつ)・山背(やましろ)・河内(かわち)・和泉(いずみ)の5カ国を畿内とし，その周辺に広がる国々を東海道・東山道・北陸道・山陽道・山陰道・南海道・西海道という7つの道(どう)に編成しました．この畿内から七道への連絡のために，律令政府が整備した道路が駅路(えきろ)とよばれるものです．駅路には30里(り)(のちの4里，約16キロ)ごとに駅(駅家(うまや))が置かれ，つねに駅馬を配置し，中央から地方への連絡や，地方から中央への報告がリレー方式でスムーズに伝達されるようになっていました．まさに駅路は，律令国家の地方支配のための大動脈だったのです．

　1994年，静岡県静岡市の東静岡駅近くのJR東海道線の沿線で，のちに曲金北(まがりかねきた)遺跡とよばれることになる古代東海道の道路遺構が発掘されました(本章冒頭頁 図1-1)．古代の東海道の遺構が発見されたのは，このときが初めてでしたが，多くの人々を驚かせたのは，その巨大な規模でした．図1-1の左上に見える電車車両の大きさと比較してもらえれば一目瞭然ですが，この道路の幅は約12メートルもあり，それが東西約350メートルも直線に延びていました．

第1章 律令国家の理想と現実 ── 5

図1-2 航空写真に写った古代道路の痕跡(福岡県豊津町下原.▽で示された帯状の地割が古代道路.中村太一『日本の古代道路を探す』より)

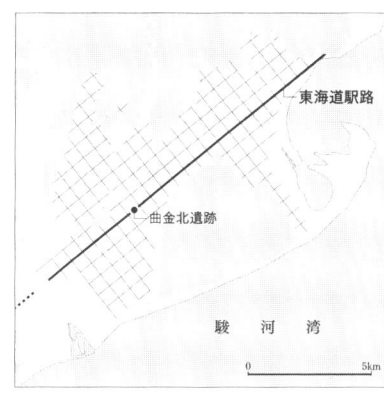

図1-3 静岡平野をつらぬく古代道路(周囲の正方形区画は古代の条里遺構.近江俊秀『古代道路の謎』より))

この道路幅はいまの自動車でいえば4車線分にあたりますから,ほとんど現代の有料道路に匹敵するものといえます.

さらに,350メートルにわたって直線であったというのは発掘で確認したかぎりの話であって,未発掘部分も含めると,この道路はさらに静岡平野を十数キロにわたってひたすら真っ直ぐに貫いていたようなのです.もちろん現実の地形は山があったり,川があったりして,決して平坦ではありません.しかし,それでも古代の道路は川を渡り,山を削り,徹底的に直線であることにこだわって作られました(図1-2).現在の日本列島でも10キロ以上にわたって道路が直線であるというのは,北海道を除けば,ほとんどありません.しかも,図1-3を見てのとおり,静岡平野では,この東海道の直線を基準にして条里制水

田が作られていたのです．

　また，図1-1からもわかるように，この道路の両側には平行して幅約3メートル，深さ30～70センチの側溝が築かれていました．他地域の道路では路面がぬかるまないように，大量の木の小枝や砂や赤土・黒土を交互に敷き詰めたりして，地盤改良を行っている事例も確認されています．当時の技術で，こうした道路を作るのは決して容易なことではなかったはずです．

　この曲金北遺跡からは「常陸国鹿嶋郡」と書かれた木簡も出土しています．常陸国(茨城県)は古代東海道の終点です．おそらく常陸国から都へ荷物を運搬しようとした人の持っていた荷物札でしょう．ここから，この道路を北関東から都へ向かう人々が実際に往来していたことが推測できます．

　この曲金北遺跡の発見以前にも，たとえば1980年には大阪府松原市の大和川・今池遺跡で，幅18メートルの古代道路が170メートルにわたって確認されていました．しかし，曲金北遺跡発見の翌年に東京都国分寺市のJR中央線西国分寺駅付近(恋ヶ窪遺跡)で，翌々年には滋賀県犬上郡甲良町(尼子西遺跡)で，それぞれ東山道が長さ約300メートルにわたって確認されました．また，栃木県宇都宮市東谷町でも長さ500メートルにわたる東山道が確認され(杉村遺跡)，その後も古代の道路遺構は次々と確認されています．これら東山道の幅はいずれも共通して約12メートルであり，やはりみな曲金北遺跡と同様，一直線に延びる道路でした．ここから，古代の道路は決して「けものみち」のような貧弱なものではなく，①徹底的に直線であり，②宮都近辺では24～42メートル，地方でも12メートルという極めて広い幅で，③両側に側溝をもつ，壮大な計画的構築物であると考えられるようになりました．

　しかも，これらの道路は東国に限らず，日本全国に張り巡らされていたのです．現在，想定されている駅路の総延長距離は6300キロにもおよぶといいます．これは，高度経済成長期に立案された日本列島の高速道路網計画のうち，北海道を除く総延長(約6500キロ)とほぼ同じです(もちろんこれは計画だけに終わり，現在もわが国ではここまでの高速道路網は発達していません)．これは驚くべき規模といわねばならないでしょう．

　こうした巨大な規模の古代道路が，いったいいつ，なんのために作られたのか．残念ながら，『日本書紀』や『続日本紀』などの文献史料には具体的な記

述は何ひとつ見つかりません．しかし，考古学の成果によれば，関東地方の道路でも早いものは7世紀後半には築造されていました(埼玉県所沢市の東の上遺跡による)．全国的な趨勢を見ても，さきにあげた三つの条件を満たしている古代道路は，だいたい7世紀後半から8世紀末にかけて築造されたものとみてまちがいないようです(曲金北遺跡の道路は，8世紀前半～10世紀初頭の遺構とされています)．およそ飛鳥時代(天智期以降)から奈良時代にかけての遺構と考えていいでしょう．

2　計画道路の理想と現実

　ところで，そもそも今から1300年も昔に，本当にこんな巨大な直線道路が必要だったのでしょうか？　時代は下りますが，陸奥の戦国大名である伊達氏は領内の道路の幅を分国法『塵芥集』に定めていますが，それはわずかに1丈8尺(約5.45メートル)にすぎません．また，織田信長が領内に作らせた道路も，幅3.5間(約6.3メートル)でした(『信長公記』巻8)．江戸時代の五街道(東海道・中山道・甲州道中・日光道中・奥州道中)にいたっても，せいぜい幅は2～4間(約3.6～7.2メートル)ほどで(「五街道取締書物類寄」20帳)，もちろん地形にあわせて湾曲した道路でした．私たちは歴史を考えるとき，つい古い時代ほど遅れていて，時代が新しくなるとすべてが発達してゆくように思いがちですが，こと道路に関しては古代のほうが中世・近世よりも必要以上に発達していたのです．おそらく当時の日本列島の推定人口や人や物の流通規模から考えても，ここまでの規模の道路は必要なかったはずです．

　さらに，古代道路と後の時代の道路の関係でいえば，次のような興味深い事実もあります．中世以降の道路はみな古代とは異なり，現実的に地形に沿った場所に作られるようになってゆきます．そのため，使われなくなって廃絶した古代道路の多くは山野や田畑に埋もれてゆき，その痕跡を探るのは至難となってゆきます．それでも，地名や地形をもとにした地理学的な考察や，考古学的な発掘調査を総動員することで，近年では古代道路の立地や規模もようやくわかるようになってきました．すると，その結果，古代道路の位置がしばしば現代の高速道路の立地と重なる，という意外な事実が判明したのです．

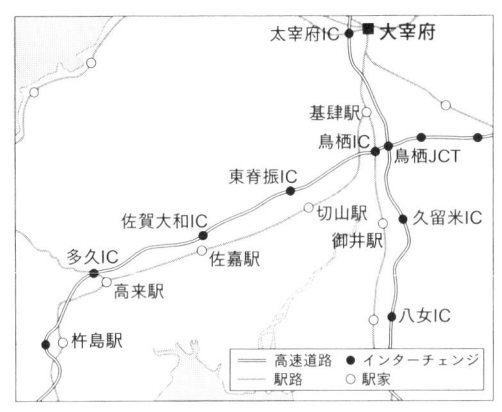

図1-4 佐賀県内の古代道路遺跡(近江俊秀『古代道路の謎』より)

　図1-4は佐賀県付近の古代道路と現代の高速道路の位置関係を表した地図です．面白いことに，この地域では，古代道路と高速道路がほとんど平行して作られていて，しかもインターチェンジと駅家の位置までもが等間隔で一致するのです．これは単なる偶然ではなく，他の地域でも高速道路建設にともなって古代道路が発見されるという事例は，珍しくないようです．このことは何を意味するのでしょうか．

　現代の高速道路は，工事技術の発達により既存の地形をあまり意識せず，利便性と運転の安全性を追求して，目的地と目的地を極力最短距離で結びつけるように設計し，建設されています．また，途中のインターチェンジの場所なども，既存の集落や地域の経済拠点の所在地とはあまり関係なく等間隔で設定されています(用地買収の容易さや騒音振動公害への配慮から，むしろ既存の生活拠点から一定程度離れた場所に建設されているようです)．古代の道路の立地が，こうした近代の計画道路と重なるということは，古代の道路建設の思想が工事技術の未熟さにもかかわらず，むしろ私たち近代人の発想に似ているといえるのかもしれません．用地買収や公害や運転の安全性の問題を別にすれば，古代の律令政府は私たちが考えるような道路交通の合理性(最短距離の追求)を，早熟に先取りしていたことになります．

　とはいえ，道路工事のための重機などもない時代，これだけの規模の道路を自然地形に逆らって作る困難さは想像を絶します．そのせいか，古代道路には，部分的な"手抜き"の痕跡も見てとれるようです．たとえば，さきに古代道路

の特徴の一つとしてあげた，両側の側溝です．本来，この側溝は雨水などを流すために作られたはずなのですが，発掘調査で確認される側溝のなかには途中で途切れていたり，底が凸凹になっていて，水が流れた痕跡の確認できないものもあるようです．

というのも，発掘される古代道路の多くは中央が窪んだかたちになっているのです．これでは雨が降っても雨水が中央部に溜まってしまい，側溝に流れてゆかないのも当然です．

戦国時代に日本に来た宣教師ルイス・フロイスは，当時の日本の道路のことをこのように記しています（松田毅一，E・ヨリッセン『フロイスの日本覚書』中公新書）．

> ヨーロッパでは，水を流すために街路の中央が低くなっている．日本では中央が高く，家に沿って水を流すために家（並）の側が低い．

現代の日本の道路も中央部が微妙に高くなっていて，その断面図は「かまぼこ型」になっていますが，そうした道路の形状は少なくとも戦国時代にまで遡るものだったのです．しかし，古代道路の場合は，そこまでの配慮はまだなされていなかったようです．なお，この古代道路の中央部が窪んでいることについては，多くの人々が往来した結果，踏みしめられて凹んでしまったためだと解釈する研究者もいます．ただ，もしそうであったとしても，それは凹んだまま放置されていたことを物語るわけですから，やはりメンテナンスに問題があったということになるのではないでしょうか．

このように，一見壮大な構築物のようにみえて，実用性の点で詰めの甘さが目立つのも，古代道路の特徴のようです．とくに側溝については，どうも排水施設という実用的性格よりも，道路の幅を明示するための施設として考えたほうが良さそうです．では，このように実用性や実益性を度外視してまで，必要以上に巨大な道路を建設しようとした律令政府の意図はどこにあったのでしょうか．

3　地域社会と道路

『万葉集』のなかには大伴家持(718?-785)や柿本人麻呂(生没年不詳)といった

有名歌人の歌とはべつに，東国の庶民歌謡とされる東歌や，北九州防衛のために派遣された防人が詠んだとされる防人歌も収められています．このうち東歌のなかには，古代の道路事情を詠った，次のような有名な歌もあります．

　　信濃路は今の墾道，刈株に足踏ましなむ，履着けわが背

信濃国（長野県）に行く道は切り開かれたばかりの道で，切り株で足を痛めてしまうので，くつを履いていらしてください，という妻から夫への情愛に満ちた歌です．地方社会から都へ出向くためには道中の安全のほか，往復の食糧を自弁するなど，様々な苦労があり，それは夫の出発を見送る家族にとっても大変に気がかりなことでした．とくにこの歌では往復の道中の道路環境の悪さが妻の心配の種になっているようです．

　また，道路事情以外にも，通行する途中の地域社会と旅人とのトラブルも深刻なものがありました．大化2年(646)，政府は民衆の「未開」的な習俗を根絶するため，旧来の「愚俗」の禁止を謳った詔を発します．それは12の内容から成っていましたが，とくに地域社会と旅人のトラブルの原因となった「愚俗」には次のようなものがありました．

① 労役を終えた地方の民が帰り道で病死してしまったとき，近くの家の者が死んだ者の仲間に祓除を強要する．
② 地方の民が川で溺死したとき，それに立ち会った者が死んだ者の仲間に祓除を強要する．
③ 地方の民が家のまえで飯を炊くのを嫌い，祓除を強要する．
④ 甑（米などを蒸す道具）を借りた地方の民が，炊飯時にそれを覆してしまっただけで，持ち主が祓除を強要する．
⑤ 三河・尾張で上京する人から馬を預かりながら，帰郷するときにはそれを返さず，もし牝馬が孕めば祓除を強要して，その馬を奪ってしまう．

いずれも，地方から公務で上京する人々に対して地域の人々が常習的に行っていた恐喝行為といえるでしょう．しかも，それらの恐喝行為は，病死や溺死，炊事，馬の出産などをケガレを発生させる行為と考え，それを取り除くための祓除として行われている，という点で共通しています．おそらく地域の共同体では，程度の問題はあるとはいえ，こうした行為は恐喝どころかケガレを除去するための正当な行為と考えられ，以前から日常的に行われていたのでしょう．

旅人たちにしてみれば，これは大変困った事態です．当時の社会において，自身の生活圏を越えた移動は至難のことだったことが，ここからもわかるでしょう．また逆に，こうした価値観を当然のこととしている共同体側の人々にとってみても，しばしば"よそ者"が共同体のなかを往来し，ときにケガレを持ち込み，秩序を脅かすことは，決して歓迎されることではなかったはずです．政府は，全国的な支配機構を整えるためにも，こうした閉鎖的な人々の意識を変革してゆく必要に迫られていたのです．

そんななかで，もし，こうした人々の眼前に突如巨大な計画道路が出現したとしたら，人々はそれをどう受け止めたでしょう？　奈良時代の説話集『日本霊異記』のなかには，光仁天皇(709-781)の時代の道路の様子が，次のように記されています(下巻・第16)．

> その路，鏡のごとく，広さ一町(約109メートル)ばかり．直きこと墨縄のごとく，ほとりに木草立てり．

誇張はあるでしょうが「鏡」のように真っ平らに整地され，「墨縄」をひいたかのように真っ直ぐで，しかも道の両側には街路樹まで植えられている道路——．ケガレ観念を中核にした独特な習俗をもち，閉鎖的な日常の生活圏のなかに，こんな造形物が現れたら，人々は仰天したにちがいありません．律令政府による古代道路の建設は，実利的な問題以上に，そうした「未開」的な人々に「国家」や「文明」の存在を象徴的なかたちで印象づけ，国家や文明の支配に服させるという効果のほうが大きかったとみるべきでしょう．条里制や都城制にもいえますが，そこでは自然状態においては決して存在しない垂直に交わる直線を造形することで，国家の力をアピールしようとしたのです．きっと当時の民衆は巨大な道路の出現を目の当たりにして，その道路の先にある宮都や天皇の偉大さを実感したにちがいありません．律令政府の狙いの一つも，そこにあったとみていいでしょう．

4　対外緊張と計画道路

ヨーロッパには古くから，「すべての道はローマに通ず」という有名なことわざがあります(「手続きは様々でも真理は一つである」という意味)．この言葉のと

おり，古代ローマ帝国においては，その広大な版図を支配するために道路網の整備に力を注ぎました．また，秦の始皇帝も中国を統一すると，全国の車輪の幅を統一し，全国的な車両交通を可能にする「馳道(ちどう)」とよばれる道路建設を行いました．その道幅は50歩(約67メートル)で，3丈(約7メートル)ごとに街路樹を植えたと伝えられています(『漢書』賈山伝)．それらは実用性もさることながら，まちがいなく帝国の威信を誇示する意味ももちあわせていました．

そもそも律令国家の計画道路も，明らかに始皇帝以来の中国の計画道路の理念を模倣して作られたものでした．それをいち早く摂取することで，東アジアで中国と肩を並べる国家になろうとする対外的意図が，律令政府にはあったのです．続いて，民衆支配という観点だけではなく，対外関係の観点からも古代道路を考えてみましょう．

わが国の古代道路は，さきに述べたように7世紀後半から8世紀末にかけて建造されました．明確なことはわかりませんが，天智天皇の時代にまで遡れるようです．天智天皇の時代は，国土の防衛と国制の整備に力が注がれた時代です．663年，わが国は白村江の戦いで唐・新羅連合軍に敗れたことで，大きな対外的な緊張を抱え込むことになりました．唐・新羅軍の襲来に備え，対馬・壱岐・北九州には防人や烽(とぶひ)が置かれ，大宰府には水城(みずき)が築かれ，瀬戸内海沿岸には朝鮮式山城が建設されました．667年には瀬戸内海につながる難波長柄豊碕宮(なにわながらとよさきのみや)から内陸の近江大津宮への遷都も行われました．そして一方で，近江令の編纂(668年)や，庚午年籍の作成(670年)が急がれ，国内での徴税・徴兵が制度化されてゆきました．古代道路の建設は，そうした時期に着手されたのです．いわば戦時国家体制の緊張のなかで中央集権化を急いでいた時代の産物といえるでしょう．

播磨国(はりま)(兵庫県南西部)を通る山陽道では，馬の乗り継ぎや使者の宿泊のための施設である駅家の跡が2カ所発掘されています．布施(ふせ)駅(小犬丸遺跡，たつの市揖西町)と野磨(やま)駅(落地(おろち)遺跡，赤穂郡上郡町)です．この2カ所の駅家はともに山陽道に面して建てられて，布施駅は約80メートル四方の区画に8棟の建物跡，野磨駅は東西約68メートル南北約94メートルの区画に4棟の建物跡が確認されています(図1-5)．これらの駅家の建物は，いずれも瓦葺(かわらぶ)きで，柱は赤い丹塗り，壁は白壁という，当時の地方施設としては並外れて贅沢な意匠でした．

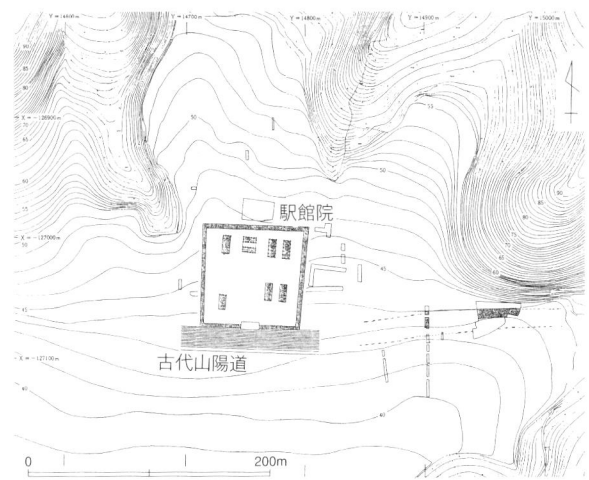

図1-5 布施駅家と山陽道(岸本道昭『山陽道駅家跡』より)

　これらの駅家は8世紀後半に作られたと考えられますが，当時でも瓦葺きの建物はまだ珍しく，瓦が使われるのは寺院や宮都の一部の建物だけでした．そのため，地方にもかかわらず大量の瓦が出土した，これらの遺跡も，当初は寺院跡と考えられていたぐらいです．

　これらの駅家が過度に贅沢な意匠で作られたのには，山陽道固有の理由がありました．それは，山陽道が大陸や半島からの外国使節が通過する道であり，駅家は彼ら外国使節を接待・宿泊させるための迎賓館的な役割を果たす場でもあったためなのです．山陽道の駅家には，たんなる宿駅施設としての役割以上に，外国使節にわが国の威信を示す視覚効果を発揮することが期待されていたのです．

　また，眼を西国から東国に転じると，下野国(栃木県)の那須郡衙(郡司の役所)も東山道に面して作られていましたが，そこの8世紀中頃の正倉も瓦葺きで丹塗りであったことが確認されています．とくに東国では，このほかにも東北地方に近い下野国・常陸国の郡衙関連遺跡に瓦葺きの倉が顕著に見られるようです．当時，これらの地域は対蝦夷戦略の前線拠点でもありました．さきの山陽道の例と同様に，これらの地域に見られた瓦葺き丹塗り建物も，対外的にわが国の力を誇示する目的で作られたのでしょう．

　7世紀後半から8世紀末にかけて，わが国は対外戦争の危機を現実に抱え続

けた戦時国家体制下にありました．これ以降の時代をみても，鎌倉時代のモンゴル襲来や豊臣秀吉の朝鮮出兵の一時期を除いては日本の前近代史において，これほど対外的な緊張が走った時代はありません．律令（軍防令）の規定と当時の戸籍に基づいて，当時の律令国家が動員できた兵力総数を試算すると，その数は旧日本陸軍の 8 個師団に相当するといわれます（坂上康俊氏の試算）．1888 年，明治政府はそれまでの鎮台を廃止して 6 個師団を設置していますが，律令国家は人口のうえでは明治期の 10 分の 1 しかなかったにもかかわらず，それを上まわる動員兵力を確保しようとしていたのです．もちろん，それが現実に可能であったとは思えませんが，不安定な東アジア情勢のなかでは，それほどの背伸びをすることが迫られていたのです．そのなかで作られた計画道路も，決してそうした国際環境とも無関係ではありえません．古代道路には直接の軍事的な機能だけでなく，周辺国や周辺勢力に対して国威を視覚的にアピールする機能も持たされていたのです．一見，無意味とも思える巨大事業がなされた背景には，こうした国際環境も念頭におくべきでしょう．

5　早熟な専制国家

　中華帝国のビジョンを先取りし，内外に「国家」と「文明」を必死にアピールしようとした，律令国家の支配には，当然ながら，プランだけが先走ってしまい，実態が追い付いていない強引さや拙速さも見受けられます．静岡平野の東海道がその周辺の条里制の基軸ラインとされていたことを思い出してください（5 頁 図 1-3）．条里制といえば，律令国家の班田収授制を成り立たせるための空前の基盤整備事業として広く知られています．この地方社会での条里制の進展も，明らかに道路建設と並行して行われていたのです．しかし，近年の考古学の成果によれば，条里制は班田収授を定めた飛鳥時代にはまだ実現できず，せいぜい奈良時代中期以降になって，遅れてできたものと考えられています．
　現代の私たちは戦後の圃場整備事業を経た水田を見慣れてしまっていますから，水田が漢字の「田」の字のように四角く区画されているのが当然だと思っている人も多いかもしれません．しかし，現実には微妙な傾斜をもつ地表面に広い範囲にわたって均等に水を張ることは至難の業であり，つい数十年前まで

水田は不定形で小区画であるのが当たり前でした．古墳時代の水田にいたっては，1辺が1～4メートルぐらいしかなかったほどです（群馬県渋川市，黒井峯遺跡による）．それを全国一律に約109メートル四方の方形区画の統一基準にしようというのですから，その無謀さは推して知ることができるでしょう（1960年代にはじまる圃場整備事業は牛馬耕にかわるトラクターの導入や，権利関係の整理の必要から推進されました）．古代道路に限らず，わが国の「文明化」，すなわち律令制度の導入は，対外的な緊張に対処し，東アジアの強国と伍してゆくための国家体制の建設を急ぐため，実態のともなわないまま，政府主導のもと拙速かつ前のめりにスタートを切っていったのです．

その後，奈良時代の終わる8世紀後半から9世紀初頭に古代道路はいったん廃絶します．やはり，地元住人の利害や実情とあまりに乖離した事業は，早晩頓挫する運命にあったのでしょう．やがて平安時代の9～10世紀にかけて再び古代道路が築造されることになりますが，その頃に作られた道路は幅も6メートル前後で，かつてのように一直線に延びるものではなく地形に沿って迂回した道路になってゆきます．

古典的な学説では，律令制度は奈良時代に墾田永年私財法が定められた（743年）ことで公地公民制の原則が否定され，崩壊したと説明されてきました．しかし，現在では，墾田永年私財法は既墾地のほか新開発地も政府の管理下におく意図のもとに発せられたもので，むしろ律令制度の強化につながったと評価されています．また，墾田永年私財法によって生まれた初期荘園も，のちの中世荘園とはまったく性格の異なるもので，土地支配は認められず，公的な認可のもと地租収入のみが保障されたものでした．東アジアの動乱のなかで早熟に推し進められた諸政策は，古代道路にしても条里制にしても，およそ100年を経た8世紀後半頃からようやく現実的なかたちで定着をみたようです．

私たちはある時代の仕組みを「律令制度」とか「幕藩体制」という言葉で説明されると，それがあたかもある時点から十全のものとして立ち現れたかのようなイメージをもってしまいがちです．まして，今に残る古墳や城郭といった構築物を目の当たりにしてしまうと，ついその権力を過大評価してしまう傾向があります．しかし，現実の政策は紆余曲折を経て実現されるものですし，なにより，どのような政策も民衆の一定の支持がなければ実現しえません．文字

史料にしても,考古史料にしても,つねに複眼的な視線で検討することで,はじめて,その社会の建前と実態に迫ることができるのです.

ブックガイド(より深い理解のために)
▶吉田孝『古代国家の歩み(大系日本歴史3)』小学館,1988年
　7世紀の歴史を,外来の律令制度と土着の社会構造(家族制度・土地制度)との相剋として描く.
▶中村太一『日本の古代道路を探す』平凡社新書,2000年
　古代道路の探し方から今後の研究課題まで,まだ新しい研究分野の魅力を情熱をこめて平易に解説.

第2章
平安朝の女性たち
――うわなり打ちの誕生と婚姻制度――

> この章のねらい
> 　平安時代は，女性の地位が大きく転換した時代だった．平安時代の史実をもとに，男・女の関係（ジェンダー）が歴史的な変遷を経て形成されていくものであることを学ぶ．

図 2-1　「往古うハなり打の図」（明治大学博物館蔵）

第2章　関連年表

延暦	13年(794)	平安京遷都
延暦	24年(805)	徳政相論(藤原緒嗣と菅野真道の論争)
弘仁	元年(810)	薬子の変(平城上皇派の陰謀発覚)
承和	9年(842)	承和の変(伴健岑・橘逸勢らの失脚)
天安	2年(858)	藤原良房が摂政となる(人臣最初の摂政)
貞観	8年(866)	応天門の変(伴善男の失脚)
元慶	8年(884)	藤原基経が関白となる(最初の関白)
仁和	3年(887)	阿衡事件(～88, 藤原基経と宇多天皇の政治抗争)
寛平	6年(894)	遣唐使派遣中止
延喜	元年(901)	昌泰の変(菅原道真の失脚)
延喜	2年(902)	延喜の荘園整理令
延喜	5年(905)	『古今和歌集』撰進
延喜	7年(907)	唐帝国滅亡
承平	5年(935)	この頃,『土佐日記』成立
安和	2年(969)	安和の変(源高明の失脚)
天延	2年(974)	この頃,『蜻蛉日記』成立
天元	2年(979)	宋, 中国を統一
寛和	元年(985)	『往生要集』成立
永延	2年(988)	尾張国郡司百姓らが国司の非法を訴える
長徳	元年(995)	藤原道長が内覧になる
長保	3年(1001)	この頃,『枕草子』成立
寛弘	7年(1010)	蔵命婦が鴨院を襲撃する(最初のうわなり打ち)
		この頃,『源氏物語』成立
寛仁	元年(1017)	藤原頼通が摂政に, 藤原道長が太政大臣になる
寛仁	3年(1019)	刀伊の入寇(女真族が対馬・壱岐・筑前に襲来)
寛徳	2年(1045)	寛徳の荘園整理令
永承	7年(1052)	この年より「末法」はじまる
天喜	元年(1053)	平等院鳳凰堂の建立
康平	2年(1059)	この頃,『更級日記』成立
延久	元年(1069)	延久の荘園整理令
応徳	3年(1086)	白河上皇が院政をはじめる

● 時代背景 ●

　巨大な中華帝国との緊張関係に対処するため，中央集権化をすすめた列島社会ですが，907年に唐帝国が滅亡したことで，その前後から政治・文化面に大きな変化がおとずれました．政治的には，太政官を中心とした古代的な国家制度が空洞化してゆき，摂関政治がはじまりました．摂関政治は，藤原氏が摂政・関白の立場から政治の実権を握る政治体制ですが，彼らは律令官僚制の枠の外で天皇との人格的関係（主には外戚関係）によって任命される存在でした．彼らは太政官内の庶政は次位の大臣（「一上（いちのかみ）」）に委任して携わらず，一方で諸司・諸国からの申請などは太政官を飛ばし，蔵人を通して直接受理して天皇へ奏上することができました．そのため清和天皇のような幼帝であっても天皇が務まるようになり，また太政官の機能も，当時「末代の公卿，凡人に異ならず」（『小右記』）とまでいわれるような形骸化をたどりました．この流れは，やがて11世紀に院政という政治形態を生み出してゆくことになります．

　一方，文化面では，かな文字の普及により，とくに和歌や女流文学などの文芸が開花しました．しかし，『枕草子』や『源氏物語』のなかに少なからず漢詩文の字句や話題が見いだせることからもわかるように，この時期も中国古典の教養は依然として重要な要素であり続けました．むしろ9～10世紀は中国古典や唐礼（とうらい）に代表される中国国制の輸入を一段落させ，それを日本社会のなかに消化・吸収してゆく時期であったと評価できます．

　地方社会では，8世紀後半，有力農民層が台頭してきたことで，それまで力をもっていた在地共同体の首長たち（郡司層）が没落しはじめます．かわって地方社会に食い込んでいったのが，中央から派遣された受領（ずりょう）たちでした．受領はもともと任期付きで中央から派遣される国司でしたが，9世紀，累積する調庸の未納対策として，朝廷は貢納物を受領の責任で請け負わせるかたちに税制度の方針転換をします．その結果，地方支配における受領の自己裁量の余地が拡大し，また朝廷や摂関家はその受領からの公私両面の奉仕によって財政基盤を確かなものとしたのです．

　班田収授制の崩壊後，受領は土地を「名（みょう）」という単位に編成し，それを新興勢力の富豪層に請け負わせる負名（ふみょう）制度をつくりだします．また荘園についても，この時期の荘園は土地の耕作を田堵（たと）に請け負わせ，地子を徴収する形態でしたが，11世紀後半から領域的なまとまりをもった荘園が出現し，そこでも支配の対象は人から土地へと転換してゆきます．12世紀，本格的な荘園制の確立とともに，やがて地方では開発を推し進め所領と民衆を新たに支配する，富豪たちの系譜をひく，中世的な在地領主が姿を現すことになります．

1　控えめでお淑やかな日本女性？

　平安時代といえば，『源氏物語』や『枕草子』をはじめとする世界的にも有名な女流文学が花開いた時代として知られています．もちろん，そうした女流文学が発達した背景には，それまでの漢字を使った漢文や漢詩文とは別に，女性を中心にかな文字が普及し，微妙なニュアンスをともなった和語をそのまま表現できるようになったという技術的な事情があります．また，紫式部(973?-1014?)や清少納言(966?-1025?)がそれぞれ中宮(ちゅうぐう)に仕えていたことからもわかるように，摂関政治のもとで後宮(こうきゅう)の生活の重要度が増し，彼女たちに広い活躍の舞台があたえられるようになったというのも重要です．彼女たちはそうした時代背景を踏まえて，当時の女性の地位や内面を感性豊かに描き出すことに成功しました．古典文学の好きな読者のみなさんのなかには，そうした作品中の女性たちの悲哀に共感したり，ロマンスを感じる人も少なくないと思います．

　ところで，一方で平安時代は女性の地位に大きな変化が訪れた時代でもありました．日本史上，女性の地位は古代から近代にかけて徐々に低下していきましたが，とくに平安時代・南北朝時代・戦国時代に女性の地位に劇的な変化がみられました．とりわけ平安時代の10世紀前後に起こった変化は，他の時期と比べても，その後の女性の地位を考えるうえで重要な画期であったと考えられています．そして，なにより『源氏物語』に登場する女性たちの悲哀も，そのことと大きな関係があったのです．この章では，平安時代を女性の地位の変化を主題にして考えていきます．具体的には「うわなり打ち」とよばれる，ちょっと変わった習俗を例にして，話をすすめてみたいと思います．

　うわなり打ちとは，平安時代から江戸初期にかけて，実際に日本社会で行われていた習俗です．「うわなり」とは，漢字で「後妻」と書き，前妻と離婚した男性と新たに再婚した女性のことです．当時の社会では，夫に捨てられた前妻が腹いせに新しく妻となった「うわなり」に対して，女仲間とともに集団で暴行を加える行為がしばしば行われていました．これが「うわなり打ち」です．たいへん物騒な行為ですが，当時の社会では，それは決して違法行為とは考えられておらず，むしろ前妻の正当な復讐行為として認められていたのです．

江戸時代の享保年間(1716-36)に書かれた『八十翁疇昔話(はちじゅうおうむかしばなし)』という本のなかに,「百二三十年以前」(16世紀末～17世紀初頭)に行われていたという,うわなり打ちの様子が描かれています.それによれば,妻を離縁して5日または1カ月以内に新しい妻を迎えた場合,さきに離別された妻は必ずうわなり打ちを実行したといいます.襲撃には男は加わらず,親類縁者の女など総勢20～100人(!)で新妻の家へ押しかけました.襲撃に際しては,いくつかのルールがあり,あらかじめ使者を立てて襲撃を申し入れることになっており,武器も木刀や竹刀や棒に限られていました.襲撃の様子を描いた挿絵や浮世絵も残されています(本章冒頭頁 図2-1・22頁 図2-2).ここでは後妻側も味方の女性を集めて応戦している様子が描かれています.この絵のように台所を中心に鍋,釜,障子などが前妻側によって激しく破壊され,やがて一通りの破壊が終わると,仲介者が和解を周旋することになっていた,ということです.

ちょっと驚くような内容ではないでしょうか.「古来,日本女性は控えめでお淑やかで……」というイメージがよく語られますが,そんな理解がいかに一面的なものであるか,これらの史料がなによりもよく物語ってくれています.もちろん,「いつの時代にも一定数の乱暴な女性はいるのであって,こんな特殊な逸脱事例を持ち出して,当時の女性がみんな粗暴であるかのようにいうのはあんまりだ!」という意見もあるでしょう.たしかにうわなり打ちは非日常的な出来事です.しかし,私はそうしたアクシデントが当時の社会において非難の対象とされることなく,一定の習俗として受容されていたという事実をより重要だと考えています.当時の人々はうわなり打ちに参加しないまでも,それを当然の行為として受け入れていたのです.

2 イニシエーションとしてのうわなり打ち

ただ,『八十翁疇昔話』や,図2-1・図2-2のなかに描かれたうわなり打ちを見ると,真剣な当事者たちには悪いですが,ちょっとユーモラスな印象もあります.それは,たとえば彼女たちの持っている武器に一切の刃物がなく,いずれも武器は竹刀やほうきなどであり,傷つけるのは家財ばかりであるというところからも,彼女たちが相手を無駄に傷つけないための一定の配慮をしてい

図 2-2　曲亭馬琴『烹雑の記』挿絵(『日本随筆大成』11, 吉川弘文館, 1927)

ることがわかります．また，襲撃前に使者を派遣して，正々堂々通告してから押しかけて，一定の破壊が終わると調停役が登場するというのも，どこか呑気な印象があります．彼女たちは復讐というよりも一定のルールに基づいたゲームかスポーツを楽しんでいるような感じです．

　江戸時代のうわなり打ちも根本的な動機は新妻への復讐だと思われますが，どうも諸史料をみるかぎり，それとは別に儀礼的なかたちで新妻側に制裁を加えるイニシエーション(通過儀礼)としての意味合いがつよかったように思われます．また，主な破壊の対象が「台所」であるというのも，おそらくそこが家のなかでも妻が管理する場であり，それゆえに「妻の座」を象徴する場と考えられていたためでしょう．そこを破壊するということは，妻の地位をいったん否定する象徴的な意味合いがともなっていたのでしょう．彼女たちは一定の抑制的・象徴的な破壊活動と交換に，旧夫と新妻の婚姻を承認し，それまでのわだかまりを解消しようとしたのではないでしょうか．

　しかも，『八十翁疇昔話』は 18 世紀前半の作品ですが，そこに描かれているのは決して同時代の話ではなく，それよりさらに「百二三十年前」の出来事だといいます．つまり，うわなり打ち自体は，16 世紀末から 17 世紀初頭に，すでに復讐としての本質は失われ儀礼的な性格が強くなっており，18 世紀前半

にはまったく行われることはない、「昔話」のうえだけの出来事になっていたようです。江戸時代の社会と暴力の関係については、このあと第6章でも考えてゆきますが、このうわなり打ちの消長にも、暴力を自己制御していった江戸前期の人々の叡知が見てとれると思います。

3 古代・中世のうわなり打ち

北条政子のうわなり打ち

では、儀礼化する以前の古代・中世のうわなり打ちは、どのようなものだったのでしょうか？　うわなり打ちをした歴史上の有名人の一人に、源頼朝(1147-99)の妻、北条政子(1157-1225)がいます。まずは鎌倉幕府の歴史書『吾妻鏡(あづまかがみ)』に書かれた、政子のうわなり打ちのエピソードから紹介しましょう。

かねて頼朝は「亀(かめ)の前」という名の女性を愛人にして、その身を密かに伏見広綱という御家人の屋敷に預けていました。ところが、そのことが政子の耳に入ってしまったから大変です。怒った政子は、寿永元年(1182)11月、牧宗親という者に命じて、伏見の屋敷を襲撃させ、そこを無残にも破壊してしまったのです。伏見広綱は亀の前を連れて、命からがら大多和義久という御家人の屋敷に逃げ込みました。翌々日、ことの次第を知った頼朝は大慌てで亀の前が匿(かくま)われている大多和の屋敷に駆けつけました。そのとき頼朝は周到にも、伏見の屋敷を襲撃した牧宗親を騙してお供をさせ、大多和の屋敷で伏見広綱と対面させると、不意に尋問を行ったのです。驚いた宗親は一言の反論もできず、ひたすら地面に頭をこすりつけて謝罪するだけでした。ところが、頼朝はそれも許さず、みずから宗親の髪の毛の髻(もとどり)をつかんで、怒りにまかせて切り落としてしまいます(当時の人々にとって髻を切られるのは最大の屈辱です)。そのとき頼朝は次のようにいったといいます。「御台所(みだいどころ)を重んじたてまつることにおいては、もっとも神妙なり。ただし、かの御命に順(したが)うといえども、かくのごときことは、内々なんぞ告げ申さざるや(政子を大事にするのは大変けっこうなことだ。ただ、政子のいうことを聞くにしても、こういう場合は、どうして内々に私に教えてくれなかったんだ)」。鎌倉幕府の創立者にして武家の棟梁の言にしては、かなりみっともない内容です。しかも、直接に政子に文句をいわず、その怒り

を命令実行者に向けているところも，そうとう情けないですね．頼朝は不遇のときから身辺の面倒をみてきた政子に，終生，頭があがらなかったのです．

　この北条政子の事例は，政子が正妻の座を追われたわけではないですし，亀の前も決して後妻ではありません．しかし，他の事例などから考えても，こうしたケースも当時はうわなり打ちと考えられていたようです．ちなみに，このエピソードは，しばしば歴史小説やドラマなどでも取り上げられる有名なものです．ただ，そうしたとき，このエピソードは必ず"尼将軍"北条政子の男まさりのキャラクターを強調するものとして，ストーリー上に位置づけられることがほとんどのようです．しかし，このときの政子の行動は当時の習俗に従っただけのことであって，ことさらに政子だけが男まさりだったと考えるのはまちがいです．「男まさり」であるというなら，中世の女性はみな「男まさり」だったのです．

藤原道長とうわなり打ち

　では，こうしたうわなり打ちの習俗は，いつごろ成立したのでしょうか．現在，確認されるかぎり，最も古いうわなり打ちの事例は，藤原行成(972-1027)の日記『権記（ごんき）』(寛弘7年〈1010〉2月18日条)に出てくる事例です．読み下し文を引用しましょう．

> 鴨院より忠光走り申して云く，「西の対（たい）に乱行（らんぎょう）あり．これ左大殿〔藤原道長〕・権中将〔藤原教通〕の随身ならびに下女三十人ばかり入り乱る」と云々．これ彼の君の乳母蔵命婦（くらのみょうぶ）の所作なり．よって左府〔道長邸〕に参り，案内を申す．すなわち御随身等を差し遣わす．余〔行成〕，また彼の院の西の対に向かう．故兼業（かねなり）の妻のいる所なり．祭主〔大中臣（おおなかとみ）〕輔親（すけちか），ひごろ寄宿す．嫉妬のために彼の命婦，人を送るなり．内財雑物破損，きわめて非常なり．

行成の屋敷に忠光という男が走り込んできて，鴨院の西の対（対屋（たいのや）．寝殿の左右に作られた別棟の建物）を藤原道長・教通父子の家来や下女30人ほどが襲撃しているという情報を伝えます．驚いた行成が道長の屋敷に向かって事情を尋ねたところ，これは教通の乳母である蔵命婦という女性の行為で，彼女は自分が仕えている道長家の人々の力を借りて，鴨院を襲撃したというのです．有名な「望月（もちづき）の歌」を詠んで摂関政治の全盛期を築いた，あの藤原道長(966-1027)

です．事件は彼の家来たちによって，彼らの合意のもとで行われたようなのです．つづいて，行成は事件現場である鴨院を訪れます．ここはふだん今は亡き源 兼業（みなもとのかねなり）の未亡人が住んでいるところだったのですが，蔵命婦の夫である大中臣輔親は，この未亡人と関係をもち，ついに同棲をはじめてしまったことから，「嫉妬」した蔵命婦が襲撃を決断したとのことでした．西の対は滅茶苦茶に破壊されていて，その凄まじさに行成も驚いています．襲撃参加者に「下女」が含まれているあたり，江戸時代の事例にみられた女仲間が主体で行われる復讐という，うわなり打ちの性格が，ここにもすでにうかがえます．

なお，この2年後，蔵命婦は再びうわなり打ちを敢行します．こんどの事件は，彼女の主人である藤原道長の日記『御堂関白記』（みどうかんぱくき）（長和元年〈1012〉2月25日条）に書かれています．

　内〔内裏〕に候ずるに，「祭主〔大中臣〕（さいしゅ）輔親宅に家の雑人（ぞうにん），多く至りて濫行をなす」と云々．よって随身（ずいしん）を遣わし案内（あない）を問わしむるに，「辰時ばかりの事なり．ただいま一人もなし」と云々．よって〔藤原〕家業をもって日記をなさしむ．「これ蔵という女方〔女房〕の宇波成打」と云々．家業，くだんの女方の因縁なり．よってこれを遣わす．夜に入りて日記を持ちて来たり．「面（おもて）を知る者，ただいま一人」てえり．搦（から）め進（まい）らすべきのよし仰（おお）せおわんぬ．

道長が内裏に出向いていたときに，蔵命婦の夫，大中臣輔親の家を道長の家来が大勢襲撃しているとの連絡が入ります．驚いた道長は家来を派遣して事情を確認させたところ，襲撃時刻は辰の刻（朝8時前後）頃で，もう現場には誰もいないとのことでした．そこで藤原家業という家来に「日記」（にき）（容疑者リスト）の提出を求めました．というのも，こんどの事件も蔵命婦の「宇波成打」（うわなりうち）で，家業は蔵命婦の親戚だったからです（家業の妻は蔵命婦の娘）．夜になって家業が「日記」を持参しましたが，顔の確認できた襲撃参加者は一人だけとのことでした．そこで道長はその者を捕縛するように命じています．

道長自身が日記（『御堂関白記』）のなかで「宇波成打」と書いていますが，これが「うわなり打ち」という言葉が使われた最古の事例です．『宝物集』（ほうぶつしゅう）という平安末期の仏教説話集には，「まして怪しの下衆ども，うわなり打ちとかやして，髪かなぐり，取くみなどするは，理（は）りにぞ侍（はべ）るべし（身分の低い者たち

がうわなり打ちなどといって，髪をかなぐり，取っ組みあったりするのも，当然だった）」(巻第2)という記述がありますから，たぶん元々は庶民のあいだで行われていた習俗だったと思われます．道長が当て字で「宇波成打」と書いたのも，きっとこの言葉が道長のような高位の身分の者には耳馴れなかったために，漢字を当てることができなかったのでしょう．

こんどの事件では「輔親宅」が襲撃対象となっていますが，すでに蔵命婦と輔親は別居状態にあり，おそらく輔親は別の女性と新生活を営んでいたのでしょう(それが2年前の源兼業の未亡人と同一人物かどうかは不明です)．その輔親の新居を，蔵命婦はこんども執拗に襲撃したのです．蔵命婦の年齢は不明ですが，夫の輔親は59歳になっています．蔵命婦もそうとうな女性ですが，輔親もなかなか懲りない夫だったようですね．

なお，道長は襲撃参加者を処罰しようとして「日記」の提出を求めていますが，これはおそらく2年前の事例と異なり，道長の許可をえないで行われたものだったからと思われます．その証拠に道長は首謀者である蔵命婦本人を処罰しようとはしていません．当時においても，うわなり打ちは正当な行為だったのでしょう．

4 古代社会の婚姻制度

ところで，ここまで様々なうわなり打ちの事例を見てきて，疑問に感じた点はないでしょうか？　夫に捨てられた前妻の復讐は，後妻ではなくて，正しくは旧夫に対して向けられるべきではないのか，と．

自分の立場に置き換えたとき，どうですか？　あなたが男に浮気されたとき，憎いと思うのは男を奪った女(泥棒猫)でしょうか？　それともあなたを裏切った男(浮気男)でしょうか？　もちろん，これは半分冗談なのですが，現代の法律でも配偶者に不貞の事実が確認されたときは，妻や夫は配偶者とその浮気相手に対して損害賠償を求めることができます．これに比べると，うわなり打ちが浮気相手の女性のみを復讐対象にしているというのは，ちょっとバランスを欠いているように思えます．なぜうわなり打ちの復讐対象は異性ではなく同性に向かうのでしょうか(ちなみに，中・近世には，自分の妻と不倫関係をもっ

た間男を本来の夫が殺害する妻敵討ち(めがたき)という慣行がありました．しかし，これは妻を夫の「私物」と考え，それを奪おうとしたことに対する制裁なので，うわなり打ちとは意味合いが異なるようです．(本書47頁参照))．そのことを考えるためには，うわなり打ちが発生した10～11世紀頃の社会を考えてみる必要がありそうです．

　7月7日の夜に天の川をへだてた織姫と彦星(牽牛(けんぎゅう))が年に一度だけ会うことができるという「七夕」の伝説は，中国の発祥ですが，日本でもすでに奈良時代から広く知れ渡っていました．『万葉集』には数多くの七夕の歌が収められていますが，それらを見てみると，たとえば「天の河　霧立ち渡り　彦星の　楫(かぢ)の音聞ゆ　夜の更(ふ)けゆけば」「天の河　川門(かわと)に立ちて　わが恋ひし　君来ますなり　紐(ひも)解き待たむ」というように，天の川の渡るのは彦星の側で，織姫は対岸で彦星の来るのを待つ側でした．ところが，本来の中国の詩のなかの七夕伝説では，天の川をわたって会いに行くのは彦星のほうではなく，織姫であったそうです．この相違は，男が女のもとに通って求愛する奈良時代の日本の婚姻制度と，女が男のもとに嫁する中国の婚姻制度のちがいを反映していると考えられています．

　古代までの日本社会では，男が女の家を訪れて求愛する「妻問婚(つまどいこん)」のかたちをとるのが一般的でした．中国が父系の流れを重視するのに比べて，日本では古来母系の流れを重視していたために，律令などの中国の国制を導入した後までも婚姻制度のうえでは妻問婚の形態が残存していたのです．摂関政治では，天皇の外戚となった藤原氏が大きな政治力を握ることになりますが，それもこの母系を尊重する日本的な土壌から生まれ出たものです．ただ，かつては，こうした社会のあり方を「母系制社会」とよんだり，こうした結婚形態を「招婚婚(しょうせいこん)」とよんだりしましたが，これらは現在ではあまり適切な表現とはいえないことから，使われることはありません．

　というのも，この時代，男女が結ばれて最初のうちは男が女の家に通うのですが，それは当初の一時期に限られるもので，その後は夫婦だけで新居を構えるのが一般的だったのです．このときの新居は，妻の親が用意する場合もあれば(ただし，その場合も別棟を用意し，妻の親との同居はない)，夫や夫の親が用意する場合もあって，ケースバイケースです．夫はつねに「婿入り」するわ

けではないので,「招婿婚」という表現は適切ではないでしょう.このように古代の日本社会に母系が重視されたのは事実ですが,一方で父系の原理も機能しており,歴史を下れば下るほど父系の原理は影響力が拡大してゆきます.そうしたことから,現在では古代〜中世の日本社会は「母系制」というよりも,父系・母系の両方が機能した「双方制」と表現するほうが適切であると考えられています.

「妻問い」から結婚にいたる経緯は,古代社会では曖昧です.現在の結婚式にあたる「三日夜の餅」や「露顕」などの婚姻儀礼が成立するのは10世紀終わり頃で,それ以前は子供の誕生などを契機として,いつともなく二人は同居をはじめ,それをもって婚姻の成立と考えていたようです.また,反対に「妻問い」から離別にいたる経緯も曖昧で,男の訪問が途絶えて三カ月間が経過したら,結婚は解消されたものとみなされました.この婚姻制度のルーズさもあって,男は複数の女性に同時に「妻問い」をすることが許されていました(一方で,女の側が複数の男性の「妻問い」を受け入れるのは不実と考えられていましたが).しかし,やがて10世紀終わり頃をさかいにして,婚姻制度が整ってゆき,男と女の関係にも大きな変化が訪れることになります.

5 正妻制の確立

よく日本の前近代の婚姻制度をさして「一夫多妻制」という言葉が使われます.たとえば,豊臣秀吉には北政所とよばれた妻「寧」がいましたが,それとは別に嫡子秀頼を生んだ「茶々」(淀殿)という女性や,そのほか多くの女性を大坂城内にはべらせていました.当時の社会では,地位のある男性(一夫)は複数の女性(多妻)と性愛関係をもっても,ことさらに非難の対象となることはありませんでした.しかし,それは厳密には「一夫多妻」というのとはちがいます.北政所と淀殿のあいだには,正室と側室という厳然たるちがいがありました(最近では,茶々も寧とならんで秀吉の正室の一人であったという新説も発表されていますが,それでも秀吉の生前,寧が茶々より下に扱われることはなく,二人のあいだに厳然たる地位の差があったことは,軽視されるべきではありません).基本的には,秀吉の妻は一人なのです.

そうした相違は遡れば,平安時代の10世紀頃にまで行き着きます.藤原道長には,正妻として倫子,次妻として明子がいました.しかし,二人の地位は大きく異なるものでした.二人の地位のちがいは,二人が生んだ子供たちの地位によく表れています.正妻倫子には,頼通・教通という二人の男子がいましたが,彼らは元服後,すぐに正五位下に叙され,最終的には二人とも摂政・関白になっています.女子についても,彰子・妍子・威子・嬉子の四人はいずれも天皇や東宮のキサキとなり,彰子・妍子・威子は中宮になっています.これに対して,次妻明子の男子,頼宗・顕信・能信・長家が元服後に叙せられたのは従五位下で,頼宗は右大臣にまで昇るものの,能信・長家は大納言どまり,顕信にいたっては途中で出家してしまいます.

ここからも,当時において正妻とそれ以下の地位のちがいが画然としたものであることがわかるでしょう.そのため,研究者のなかには,この時代の婚姻制度を「一夫多妻制」ではなく「一夫一妻多妾制」とよぶべきだと主張する人もいます.その表現を借りるとすれば,「一妻」の座を勝ち取ることができるか,「多妾」のうちの一人で終わるかは,当の女性にとっては雲泥の違いがあったわけです(ただ,「多妾」のなかにも「次妻」「第三の妻」などのランクのちがいがあるので,「一夫一妻多妾制」というのも少し大ざっぱないい方です.私は「一夫多妻妾制」とよぶのが適切ではないかと考えます).

『源氏物語』の悲哀

この時期の代表的な文学作品に,紫式部の書いた『源氏物語』があります.この物語についても,当時の社会の正妻の座についての認識をふまえて読むと,その高い文学性がより深く理解できるでしょう.以下,ごく簡単に,あの長い物語を要約してみましょう.

『源氏物語』の主人公,光源氏は父親である帝の妃,藤壺に亡き母の面影をもとめながらも,その禁断の思いに苦しみながら,様々な女性と恋愛を繰り広げます.しかし,彼には葵の上というれっきとした正妻がいました.六条御息所にしても,朧月夜にしても,朝顔の姫君にしても,源氏に翻弄され,源氏のまえを通り過ぎていった女性たちは,みな源氏の心をつなぎとめられないだけでなく,決して源氏の正妻にはなれないという点に深い苦悩の原因があ

りました．そのなかで，葵の上の死後，みごとに源氏の愛を勝ち取ったのが，年若い紫の上だったのです．

　しかし，彼女も制度的には正妻ではなく，また源氏とのあいだに子供も恵まれませんでした．そのことが彼女の不幸につながります．源氏は若い女三宮(おんなさんのみや)に藤壺の面影をもとめて，彼女をあらたな正妻に迎えてしまうのです．この裏切りに紫の上は深く傷つきますが，当時において，これは受け入れざるをえない悲しい現実でした．しかし，やがて源氏自身も女三宮の密通の事実を知り，おのれの残酷な因果を思い，痛切な悲しみを抱えたまま世を去ることになります．

　つまり，『源氏物語』に登場する女性たちの悲しみの原因は，もちろん源氏自身の罪深い行いにあるのですが，それとともに当時の社会の残酷な婚姻制度にあることが理解できるのではないでしょうか．

　こうした妻たちのあいだの序列は10世紀初頭まではあまり確認できませんが，道長の例にもわかるとおり，おおよそ10世紀終わり頃から上級貴族層で顕著になってゆきます．11世紀中頃の『新猿楽記』(しんさるがくき)には「第一の本妻」「次妻」「第三の妻」という表現が見られるようになってきますから，その頃には一般社会にも定着してゆくようです．やがて，この頃から上級貴族層を中心に父親の地位や財産が男子に継承され，父系の原理にもとづいた「一門」や「一家」が形成されるようになってゆきます．それにともない，女性の地位もしだいに低下をみせてゆきます．

『蜻蛉日記』の憎悪

　『蜻蛉日記』(かげろうにっき)の作者，藤原道綱の母(？-995)も，道長の父である藤原兼家(929-990)の次妻でした．彼女の境遇と心情は『蜻蛉日記』に赤裸々に描かれています．結婚当初こそ頻繁に彼女の家に顔を出した兼家ですが，それもしだいに縁遠くなり，やがて新しい妾のもとに入り浸るようになってしまいます．ある日，兼家の車がやってくるので，門を開けて待っていると，そのまま車は素通りしてしまう．あるいは，おかしな言い訳をするので，家人につけさせてみると兼家の車は町小路の女のもとへ．そんなことが繰り返されるなか，やがて彼女は兼家の妾である町小路の女に対して「命はあらせて，わが思うように，

おしかえし物をおもわせばや(生かしておいて，私と同じように彼女を苦しませて煩悶させてやりたい)」という，どす黒い嫉妬心を抱くようになります．ついには，町小路の女の生んだ子が亡くなったという報を耳にした彼女は「わが思うにはいま少しうちまさりて歎くらむと思うに，今ぞ胸はあきたる(私が苦しんだより，あの女がもっと苦しんでいるかと思うと，やっと胸がすっとした)」と，すさまじい憎悪の念を隠そうともしなくなってゆきます．

さて，ここまで見てくれば，うわなり打ちの誕生の背景も，うっすらとわかってきたのではないでしょうか．前妻が新しい妻に嫉妬する「うわなりねたみ」という言葉は，ふるくは『古事記』から確認できますが，うわなり打ちという慣行が史料上に姿を現すのは，さきにみたように11世紀初頭のことです．このことと，同じ頃に一般社会にも正妻制の浸透が見られるようになってゆくのは，おそらく偶然ではないでしょう．正妻制が確立するということは，その地位をめぐって女たちの確執も表面化してゆくことになります．その意味では，さきにみた道綱の母の町小路の女によせる暗い怨念も，執拗にうわなり打ちを仕掛ける蔵命婦の激情的な攻撃性も，もとは同じものというべきでしょう．うわなり打ちは，明らかに正妻制の確立をうけて生まれた習俗なのです．正妻制が確立したもとでは，彼女たちの怒りは身勝手な男たちに向けられるのではなく，当面は正妻の座をめぐるライバルとなる同性へと向けられることになったのです．この時期，男と女の関係は大きな転換をとげたといえるでしょう．

これで，なぜ当時の女性たちの怒りが浮気をした男性ではなく，浮気相手の女性に向かうのか，ご理解してもらえたでしょうか．平安末〜鎌倉前期を生きた鴨長明(1155?-1216)は，説話集『発心集』のなかで「女の習い，人をそねみ，ものをねたむ心により，多くは罪深き報いを得るなり」と述べて，嫉妬心をもつのは女の習性なのだ，と断言しています．しかし，これまでの経緯を見てくれば，それは女性が先天的に備えていた性質などでは決してないことは明らかでしょう．異性を愛する気持ち，あるいは同じ異性を愛した人を妬ましく思う気持ち，そうした人間にとって本源的と思える感情すらも，一定の歴史を踏まえて生まれたものなのです．このことは過去を考えるときだけでなく，現代に生きるうえでも十分に自覚しておく必要があるでしょう．とくに，本章の主題のように「女らしさ」「男らしさ」といった性差にかかわる感覚ほど，私たち

に無意識に偏見が刷り込まれてしまい，しばしばそれを疑うことを忘れがちです．「伝統」や「自然な感覚」といったものが，いかに歴史的・文化的に変容したり，創出されたりしたものなのか，鋭く見極める目を培（つちか）ってほしいと思います．さて，他にも現代の女性の立場をめぐる「常識」には，様々なものがあります．それらには，いったい，どのような歴史的背景があるのでしょうか？みなさんで一度考えてみてください．

ブックガイド（より深い理解のために）
▶土田直鎮『王朝の貴族（日本の歴史 5）』中公文庫，1973 年，初版 1965 年
　　古典的な概説書だが，『大鏡』や『栄華物語』のエピソードを効果的に使って平安時代の政治と社会をいきいきと描き出す．
▶服藤早苗『平安朝の女と男』中公新書，1995 年
　　10 世紀をさかいにして女と男の関係はどう変わったか．ちょっと刺激的すぎる話題をもとに『源氏物語』の時代をジェンダー論で読みなおす．
▶立石和弘『男が女を盗む話』中公新書，2008 年
　　拉致か純愛か．高校の古典教科書にも載っている有名な文学作品に潜む恐ろしい事実．無意識の「男の視点」による誤読の恐ろしさも痛感．

第3章
武士の登場
──武力の実態とその制御──

> **この章のねらい**
>
> ながく中世の「主役」として扱われてきた武士については，近年，その評価が大きく転換している．日本史上における「武力」をどう評価すればよいのか，現代的な課題も意識しながら考える．

図3-1 「男衾三郎絵巻」の男衾三郎の館前（『日本絵巻大成』12，中央公論社）

第3章　関連年表

承平　5年(935)	承平・天慶の乱がおこる(～941)
長元　元年(1028)	平忠常の乱(～1031)
永承　6年(1051)	**前九年合戦**(～62)
永承　7年(1052)	この年より「末法」はじまる
延久　元年(1069)	延久の荘園整理令
永保　3年(1083)	**後三年合戦**(～87)
応徳　3年(1086)	白河上皇が院政をはじめる
保元　元年(1156)	保元の乱
平治　元年(1159)	平治の乱
仁安　2年(1167)	平清盛が太政大臣になる
治承　元年(1177)	鹿ヶ谷事件
治承　3年(1179)	平清盛が後白河上皇の院政を停止する
治承　4年(1180)	源頼朝・源義仲が挙兵する．頼朝が侍所を設置する
養和　元年(1181)	養和の飢饉(～82)
元暦　元年(1184)	源頼朝が公文所・問注所を設置する
文治　元年(1185)	平氏滅亡．源頼朝が守護・地頭の任命権を獲得する
文治　5年(1189)	**源頼朝が奥州藤原氏を滅ぼす(奥州合戦)**
建久　3年(1192)	源頼朝が征夷大将軍となる
正治　元年(1199)	源頼朝が死去し，頼家が将軍となる
建仁　3年(1203)	比企能員の乱．源頼家が幽閉され，実朝が将軍となる
建保　元年(1213)	和田合戦(和田義盛の滅亡)
承久　元年(1219)	源実朝が暗殺される(源氏将軍の断絶)
承久　3年(1221)	承久の乱．六波羅探題を設置する
嘉禄　元年(1225)	連署・評定衆を設置する
嘉禄　2年(1226)	藤原頼経が将軍になる(摂家将軍)
寛喜　2年(1230)	寛喜の大飢饉(～31)
貞永　元年(1232)	**御成敗式目制定**
宝治　元年(1247)	宝治合戦(三浦泰村の滅亡)
建長　4年(1252)	宗尊親王が将軍になる(親王将軍)
正元　元年(1259)	正嘉の飢饉
文永11年(1274)	文永の役(第1次モンゴル襲来)
弘安　4年(1281)	弘安の役(第2次モンゴル襲来)
弘安　8年(1285)	霜月騒動(安達泰盛の滅亡)
永仁　5年(1297)	永仁の徳政令
元弘　3年(1333)	鎌倉幕府滅亡

● **時代背景** ●

1156年に皇位争いと摂関家の家督争いが連動して起った保元の乱では，朝廷内の権力闘争が武士たちの武力によって決着がつけられるという前代未聞の事態になりました．のちに歴史書『愚管抄』で，慈円(1155-1225)が保元の乱をさかいにして「武者ノ世ニナリヌ」と書いたのは，この乱の性格を正しくとらえた評価といえるでしょう．それに続く平治の乱(1159年)に勝利した平清盛(1118-81)は後白河上皇(1127-92)の院政とも協調しつつ，朝廷の官職を一族で独占し，ついに武士として初めて巨大な権力を手に入れました．史上初の武士政権，平氏政権の誕生です．しかし，やがて清盛は後白河と対立し，その政務運営を停止させるクーデタを敢行します(1179年)．この清盛の独裁化が多くの勢力の反発を招き，平氏政権を崩壊へと導く契機となりました．

平氏打倒に立ちあがった源頼朝(1147-99)は，もとは平治の乱で敗れた伊豆の流人であったため，平氏との戦闘(治承・寿永の内乱，1180〜85年)の過程では終始，公的な正当性をもちえず，朝廷への反乱軍としての性格をもち続けました．しかし，そのために平氏から奪った占領地を味方の武士たちに自由に下し与えることができ，それが頼朝軍の強みとなりました．多くの武士たちを味方につけることに成功した頼朝は，内乱の過程で御家人たちを占領地の「地頭」に任命してゆきました．これが鎌倉幕府の軍事制度である守護・地頭制度のもととなります．その点に注目すれば，軍事政権としての鎌倉幕府は頼朝の征夷大将軍就任(1192年)や，朝廷から守護・地頭設置の認可が下る(1185年)よりも以前，すでに内乱の過程で実質的な確立をみていたといえるでしょう．

頼朝は清盛とは異なり，鎌倉を拠点とし朝廷とは地理的にも距離をおくことで，武家政権の独自性を打ち出しました．しかし，その支配は頼朝のカリスマ性と独裁によって成り立つものであり，内乱によって誕生した軍事政権としての性格を払拭できない不安定なものでした．そのため頼朝死後，御家人たちのあいだで陰湿な権力闘争が繰り広げられ，その渦中で頼朝の血をひく源氏将軍も断絶してしまいます．

そうしたなか執権北条泰時(1183-1242)は，有力御家人の合議体としての評定衆を設立し(1225年)，東国武士たちの幕政への参画を進めるとともに，初の武家法典としての「御成敗式目」を制定します(1232年)．これにより鎌倉幕府は初期の軍事政権としての性格を脱却し，稀にみる精緻な合議制度や裁判制度を備えた御家人中心の政治体制へと変貌します(執権政治)．

ところが，13世紀，2度にわたるモンゴルの襲来(文永・弘安の役，1274・81年)は，日本社会を大きく動揺させることになります．これにより，それまで東国御家人を主要な支持基盤としていた鎌倉幕府は，「徳政」と称される政治改革を掲げて，対外戦争への対応のため西国へと大きく勢力を拡大することになりました．しかし，あまりに肥大化しすぎた鎌倉幕府の支配と北条氏の専横(得宗専制体制)に様々な階層から不満が鬱積してゆき，やがてそれは後醍醐天皇(1288-1339)の倒幕運動を生み出すことになります．

1　サムライはヒーローか？

　日露戦争の5年前の1899年，アメリカ人に日本文化を紹介するべく著書『武士道』をまとめた新渡戸稲造(1862-1933)は，そのなかで「武士道はその表徴たる桜花と同じく，日本の土地に固有の花である」と述べています．正義と思いやりを重んじ，勇気と忍耐を兼ね備え，誠実にみずからを律する規範——それが新渡戸のいう「武士道」です．新渡戸にいわせれば，日本で武士道が生まれたのには，武士たちが「大いなる名誉と大いなる特権と，したがってこれに伴う大なる責任とをもつに至り，彼らは直ちに行動の共通規準の必要を感じた」から，なのだそうです．彼は著書のなかで「武士道」をヨーロッパにおける騎士道としばしば対比して，その高い道徳性を称揚しています．

　新渡戸に限らず，日本史上における武士の存在を高く評価し，彼らの峻厳な自己規範に共感を寄せる人たちは，現在でも少なくありません．男性スポーツ選手などをマスコミが「サムライ」とよんだ場合，それは日本社会では最大級の賛辞といえるでしょう．「武士」「サムライ」「もののふ」といった言葉は，日本社会では今でも雄々しさと高潔さを兼ね備えたプラスイメージで語られるのが一般的です．

　とりわけ日本史研究の場合，新渡戸がそうであったように，武士という存在をヨーロッパの騎士と対比させて，その封建領主としての共通性を指摘する傾向が古くからありました．たとえば，19世紀にマルクス(1818-83)は日本の前近代社会を「純封建的な組織」であり，ヨーロッパのそれよりも「はるかに忠実にヨーロッパ中世の姿を示している」と評価しており(『資本論』第1巻)，この指摘はその後長く日本の前近代史研究者に大きな影響をあたえることになりました．また，アメリカの日本研究者で駐日大使も務めたライシャワー(1910-90)は，「完全な封建制度の発達が，ひとりヨーロッパと日本だけに限られており，その他の地域に見られなかった」ことに注目し，「封建主義的な経験そのものが，近代化を促す要因を生んだのではないか」と推論しています(『日本近代の新しい見方』)．この「近代化論」とよばれるライシャワーの学説はあまりに大雑把なうえ多くの偏見を含んでいますが，日本人の潜在的力量を見

出したものとして，1960年代の日本社会に大いに受け入れられることになりました．

このような外国研究の影響もあって，日本史研究においては長く武士の存在が日本史上におけるヨーロッパ史との貴重な共通要素と考えられ，きわめて重視されてきました．武士は，日本史を孤立から解き放ち，ヨーロッパ史の普遍性と接続させるための大事な接点とされてきたのです．もちろん，その背後には近代日本人に特有の西洋コンプレックスがあったことは明らかです．しかし，これは様々な立場を超えて，多くの研究者に共有される認識となりました．そのため，しばしば古典的なヨーロッパ史では「中世」という時代は「暗黒」とか「混迷」といった言葉でネガティブな語られ方をするのに対して，むしろ古くから日本史において「中世」は，退廃的な貴族社会を打破して健全さを取り戻した明るい時代としてポジティブな評価があたえられ，その主体となった武士の活動はおおむね肯定的に評価されてきました．むろん，特定の時代を「明るい」とか「暗い」といった安易な形容詞で語ることなどできるわけがないのですが，一般日本人の武士イメージも，日本史研究者の武士イメージも大なり小なり呑気に肯定的に語られてきたことは否定しようのない事実です．

ところが，歴史をさかのぼって，武士誕生の背景をさぐってゆくと，そうした理解が一面的なものであることに気づかされます．本章では，良くも悪しくも日本の歴史(とくに中世)の主役であった「武士」の実像について考えてみることにしましょう．

2 絵巻物にみる武士の実像

八幡太郎は恐ろしや

院政が展開した12世紀は，文化のうえでは人間中心主義的な芸術が開花した時期でもありました．もちろん末法思想や浄土教思想の広まりは仏教的な価値観を社会に浸透させることにもなりましたが，その一方で，この時期の芸術作品には，リアルな肖像彫刻や，庶民群像を活写した絵巻物や説話集が見られるようになりました．これらの作品の制作主や鑑賞者は依然として貴族たちでしたが，彼らも，この時期に歴史の表舞台に現れた武士や庶民の生態に強い関

図3-2 「後三年合戦絵巻」の晒し首の光景(『日本絵巻大成』15, 中央公論社)

心を抱いていたことが, ここからうかがわれます.

　まずは, この時期の武士たちの姿を描いた絵巻物である「後三年合戦絵巻」(東京国立博物館蔵)の一場面を見てみましょう(図3-2). この絵巻自体は14世紀前半に制作されたものですが, モデルとなった合戦は1083～87年に実際に出羽国(山形・秋田県)で起った後三年合戦ですし, 同じタイトルの絵巻を後白河法皇が作らせたという記録も残っていますから, 当時の様子や価値観を探るうえで参考にはなるでしょう. 近年の歴史学では, 古文書や古記録など文字で書かれた史料以外にも, こうした絵巻物や屏風絵といった絵画作品も史料として使うことが積極的に行われています. ここでは, こうした絵画史料から当時の武士のイメージを考えてみることにしましょう.

　図3-2を見てなにより驚かされるのは, 物干し台のようなものに無数にぶら下げられた生首のグロテスクさです. これらの首は髷で竿に結びつけられており, しかもそれぞれの首が誰のものであるかわかるように髷の部分に名札がくくりつけてあります.

　こうした凄惨な情景が生じる前提には, 次のような経緯がありました(以下, 『奥州後三年記』). 出羽国金沢柵(秋田県横手市)に立て籠もる清原氏を囲んだ源義家(1039-1106)は, これを兵糧攻めにすることを思い立ちます. しかも, これに

耐えきれずに柵内から逃げ出してきた女・子供を，義家は容赦なく皆殺しにしてしまいます．なぜなら，この殺戮を見た柵内の兵たちは柵から逃げ出すことはなくなり，それによって柵内の食糧事情はより窮乏するだろうという判断からでした．義家の目論見どおり，やがて金沢柵は飢餓地獄のなかで陥落します．陥落後，金沢柵に乱入した義家の軍は清原方の兵をつぎつぎに虐殺し，柵内の美女たちは陣中に引き入れられ義家軍の慰みものにされました．戦後，男の首は鉾(ほこ)に貫かれ掲げ運ばれ，妻たちは涙を流してそのあとをつき従っていったといいます．この絵は，その金沢柵陥落後の晒(さら)し首の愁嘆場を描いたものなのです．

　このとき，降参した清原武衡が頭を地べたにすりつけ，泣く泣く「ただ一日の命をたまえ」と命乞いをするのに対して，義家の周囲からは「降人(こうにん)」(降参人)の命を助けるのは「古今の例」ではないか，として助命を求める声もありました．ところが，義家は「戦場で生け捕りにされて，みっともなく命乞いをする者を降人とはいわない」と一蹴し，武衡を斬殺してしまいます．また籠城中に，柵内から義家の父頼義(988-1075)がかつて清原氏に臣従の礼をとったことを吹聴し，義家を罵倒した武衡の郎等(ろうとう)がいました．義家はこの者も捕らえると，その歯を金箸で突き破り，舌を引き出して切ったうえ，足元に武衡の首を置いた状態でその身体を木から吊るすという残虐さで，その報復を果たしました．

　以上のエピソードには当然ながらフィクションも含まれていると思いますが，同時代の公家の日記のなかにも義家は「多く罪なき人を殺す」(『中右記』天仁元年〈1108〉正月29日条)と書かれていますから，義家の日頃の言動は当時の人々にも眼をそむけさせるような凶暴性があったことは確かなようです．

　当時の庶民流行歌である今様(いまよう)を収録した『梁塵秘抄(りょうじんひしょう)』には，次のような歌も載せられています(第444首)．

　　鷲(わし)のすむ深山(みやま)には，なべての鳥はすむものか，
　　おなじ源氏と申せども，八幡太郎はおそろしや

その子孫が代々「武家の棟梁」として崇められ，後々までその名が伝説となった「八幡太郎」源義家ですが，当時においては「おなじ源氏」とはいえ光源氏とは大違いの，誰からもその凶暴性を畏怖される忌わしい存在だったのです．

武士の館の実像

ついでに,あと2点,当時の武士のイメージを語る絵を見てみましょう.図3-1(本章冒頭頁)は『男衾三郎絵巻』とよばれる鎌倉中期の絵巻物で,これは荒くれ者の男衾三郎という東国武士の館の門前を描いた場面です.そこでは男衾三郎の郎等たちが門前を通りがかった何の罪もない二人の修行者を捕まえています.三郎は日頃から「馬庭のつえに生首たやすな,切り懸けよ」といって,庭につねに生首を晒すことを命じており,郎等たちはそれに従って,通りがかりの乞食や修行者たちを襲っていたのです.三郎は「蟇目・鏑矢にて駆け立て駆け立て,追物射にせよ」ともいっています.「追物射」とは「犬追物」ともいいますが,武士が武芸の鍛錬のために馬上から犬を射る競技です.ここでは犬ではなく,生きた人間を的にすることで武芸の鍛錬を行おうとしているようです.一人の郎等が矢で修行者を狙っていますが,その矢は蟇目矢です.本物の矢では的の人間を殺してしまうので,あえて矢尻のついていない蟇目矢を使うことでゲームとしての興趣を追求しようとしているのでしょう.もちろん的にされる側にとっては,たまらない話です.

つぎの図3-3は,鎌倉末期以降の作品と考えられる『遊行上人縁起絵』(真光寺本)です.そこでは領主・小山律師の館のなかの異様な光景が描かれています.建物のなかで団扇をもって寛いでいるのが,この館の主人・小山律師です.彼が見ているのは,一人の男がはがいじめにされて,矢の的にされている様子です.ここで使用されている矢も蟇目矢ですから,おそらくここでの射技も殺傷や処刑を目的にしたものではなく,ゲームとして生きた人間を的にしているのでしょう.とんでもなく猟奇的な場面です.よくみると画面右下には木でできた籠屋があります.籠屋のなかには二人の人間が入れられているようです.次の的にされる人たちでしょうか.

以上のように,中世の武士の館を描いた情景には,しばしば生きた人間を的にした射技の場面が描かれています.二つの絵巻のなかのストーリー自体はフィクションなのですが,こうしたモチーフの絵が複数描かれているところをみると,当時の人たちにとって武士の館というのは,そうした恐ろしい場所,あるいは,そうしたことが行われてもおかしくない恐ろしい場所,と認識されていたのではないでしょうか.

図 3-3 「遊行上人縁起絵」(真光寺本)の小山律師の館(『日本絵巻物全集』23, 角川書店)

　さきほどの源義家の生首を連ねる残虐さや, 人間を的にした射芸に興じる武士の凶暴さを続けて見てゆくと, そこには, 新渡戸が賞賛した「武士」とは異なる, 忌わしい武士の実態があります. 平安時代に登場した武士は, その名のとおり武勇をもって朝廷に奉仕する存在でした(「さむらい」の語源は, 貴人のまえに伺候・奉仕するという意味の「さぶらう」にあります). しかし, 一方で彼らは地元では暴力によって人々を支配し, 他の近隣の武士と私戦・私闘を演じる凶暴な存在で,「殺人の上手」とまでいわれる人々でした. 源義家もそうですが, むしろ朝廷への奉仕は, そうした地元での地位を少しでも有利なものとするために行われていたと考えるべきでしょう.

3　敵討ちの論理と心理

　では, さらに彼ら武士たちの内面, 精神構造に迫ってみましょう. ここで検討素材とするのは, 説話集『今昔物語集』のなかの「平維茂が郎等殺さるること」(巻第 25-第 4 話)というエピソードです.『今昔物語集』のなかには, 同時代に勃興していた武士たちの逸話も多く収められていますが, ここに掲げたのは, 伊勢平氏の平兼忠(伊勢平氏の祖, 平貞盛の甥)という武士の周辺で起った敵討ちに関する話です. 原文は長いので, 以下, 要旨をかいつまんで紹介しまし

よう．

① 平兼忠が上総守(かずさのかみ)になったのを機に，陸奥国にいる息子維茂が父兼忠のいる上総国に郎等4〜5人を引きつれて会いに来る．

② そのとき病中だった兼忠は「小侍男(こさむらいおのこ)を以て，腰を叩かせて臥(ふせ)たる」という状態だったが，維茂の郎等の一人「太郎介(たろうのすけ)と云(いう)，年五十余計(ばかり)の男の，大きに太りて鬢(びげ)長く，鑭(きらきらし)く怖し気」な「吉き兵(よきつわもの)」を見て，何を思ったのか腰を叩いていた小侍男に「彼をば見知りたりや」と問う．知らないと答える小侍男に，兼忠は「彼は，汝(なんじ)が父先年に殺てし者ぞ．その時は汝がいまだ幼かりしかば，いかでかは知らん」という衝撃の事実を教えてしまう．小侍男は「「父の人に殺されにけり」とは人申せども，誰が殺したるとも知り候わぬに，かく顔を見知り候たるこそ」といって，「目に涙を浮べて立て去りぬ」．

③ その夜，小侍男は厨房に向かい，腰刀の先を研ぎ懐に入れ，食事を運ぶように見せかけて太郎介の宿所に行き，「祖の敵を罰つ事は天道皆許し給う事なり．我，今夜孝養のために思い企つるを，心に違えず得せしめ給え」と祈る．深夜になると小侍男は，寝ていた太郎介に近づき，ついに太郎介の「喉笛(のどぶえ)を搔切(かききり)て」，そのまま行方を晦(くら)ましてしまう．

④ 太郎介の死を知った主人維茂は「これは我が恥なり」といい，犯人は小侍男にちがいないと考えて，父・兼忠の館に抗議に赴く．

⑤ これに対して，父・兼忠は怒って「兼忠を殺したらん人を，御眷属(けんぞく)共のかように殺したらんを，人のかく咎め嗔からしむをば，我は吉(よ)しとや思われんずる．祖の敵を罰つをば天道許し給う事にはあらずや．そこのやんごとなき兵にておわすればこそ，兼忠を殺したらん人は，「安くはあるまじ」とは思れ．かく祖の敵を罰たる者を，兼忠に付て責め給ば，兼忠が報をばせられまじきなめり」と大声で反論する．これにより，維茂は父の気迫に圧倒され「悪く云(い)てけり」といって，陸奥国に逃げ帰ってしまう．

⑥ その後，小侍男は3日ほどして兼忠の前に「服を黒くして」「忍て慎々(つつしむつつしむ)む出来たりければ」，兼忠をはじめ同僚がみな涙した．その後，この小侍男は「人に心を置かれ，うるさき者に思われてぞありける」とされる．

⑦最後に『今昔物語集』作者は次のようなコメントを書き添えている．「相の敵を罰つ事は，極き兵なりといえども，ありがたき事なり．それに，この男の啼く只一人して，さばかりの眷属，隙なく守る者を，心のごとく罰ち得たるは，実に天道の許し給う事なめり，とぞ人讃けるとなん語り伝えたるとや」

　父を殺害した仇の存在を主人兼忠から知らされた小侍男（本名は不明）が，その仇，太郎介の寝所に忍びこんで，みごと敵討ちを果たす，というストーリーです．ただ，この話は現代人の感覚からすると，いくつかおかしなところがあります．たとえば，その最大のものは，主人兼忠の言動です．彼が父の仇の存在を知らせてしまったことが，この物語のすべての発端ですが，その場面で彼は小侍男に横になってマッサージをうけながら，じつにこともなげに父の仇について暴露してしまうのです．ここから見るかぎり，どうも兼忠は小侍男に敵討ちをそそのかしているようなのです．兼忠が敵討ちを肯定的に考えていたことは，事件後，息子の維茂が抗議に乗りこんできたときに激しく抗弁していることからもわかります．この部分の兼忠の理屈は，残念ながら論理的ではなく，きわめて感情的なのですが，それだけに兼忠が敵討ちの正しさに絶対の確信をもっていることがうかがえます．

　ついで主人公，小侍男の心理です．小侍男については，父の仇の存在を知ると，すぐに敵討ちを実行に移していることからも，彼が敵討ちを正当なものと考えていることは容易にわかります．それに加えて，彼は敵討ちの直前に「親の敵を討つことは天道みな許したまうことなり」とつぶやき，敵討ちが亡き父への「孝養」であると述べていることが注目されます．彼の主観においては敵討ちは「天道」に叶うことであり，父親への「孝養」でもあったのです．

　そして敵討ちを実現した後，ふたたび姿を現した小侍男に対して，彼の同僚たちは賛辞を惜しまず，涙を流しています．その後，小侍男は同僚たちのあいだで一目も二目も置かれるようになったというのですから，同僚たちも敵討ちを肯定的に評価していたことは明らかでしょう．

　こうしてみると，殺されてしまった太郎介を除けば，物語中で敵討ちに異を唱えているのは息子の維茂だけのようです．しかし，その維茂も兼忠の剣幕に

恐れをなし，最後はしっぽを巻いて帰国してしまっています．この物語のなかには敵討ちを明確に不当と断ずる人物は存在しないようです．

　しかも，この物語を載せた『今昔物語集』の著者はおそらく京都の文化人であろうと思われますが，彼すらも，小侍男が困難な敵討ちを実現できたのには「天道」の助けがあったのだろう，という世間の好意的な評価をそのまま引用してしまっています．積極的に肯定こそしていませんが，著者もそれなりに小侍男の敵討ちに理解を示しているといえるでしょう．

　この説話からもわかるように，当時の武士社会では敵討ちは正当なものとみなされており，周囲もそれを温かく迎えていたようです．では，なぜ敵討ちは当時の社会において，その正当性を認められていたのでしょうか？

　それを考えるときヒントになりそうなのは，敵討ち後に姿を現した小侍男の服装です．彼は「服を黒くして」現れます．これは喪服を指すと思われます．おそらく彼は敵討ちを実現した後，はるか以前に亡くなった父親の喪に服していたのです．ここから，当時の人々が敵討ちと父親の弔いをひと続きのものと考えていたことがわかります．日本三代敵討ちの一つとして有名な鎌倉時代の曽我兄弟の敵討ちでは，曽我兄弟が仇の工藤祐経を討つことが「父の死骸の恥を雪がんがため」と語られています（『吾妻鏡』建久4年〈1193〉5月29日条）．また，源頼朝が平氏打倒に立ちあがった理由は，以仁王の遺志を受け継ぐことと同時に，清盛によって殺された「父の死骸の恥を雪がんがため」であったと，頼朝自身が語っています（『吾妻鏡』元暦元年〈1184〉3月28日条）．当時の人々にとって，非業の死をとげた人物は死骸となってもなお無念と恥を残しているのであって，子供たるものはその父の敵を討つことによって，父の「死骸の恥」を晴らすべき義務があると考えられていたようです．まさに敵討ちは，死後の弔いと同等の，遺族に課せられた義務だったのです．室町時代，他領の者に祐清という代官を殺された村人たちは「祐清の生き返られ候思いにて」敵討ちを実行したと語っています（備中国新見荘の例）．敵討ちは死者の無念の遺志を蘇らせる行為であるという意識は，この後も生き続け，室町時代には民衆レベルにも共有される感覚となっていったのです．こうした呪術的感覚や独特の生命観が彼らを復讐や暴力の行使に突き動かしていたのでしょう．

4 鎌倉幕府の成立

文治5年奥州合戦

 以上のような武士の実態や精神構造をふまえると，「武士の登場」や「武家政権の誕生」は，かならずしも手放しでプラス評価をあたえることができないことはおわかりいただけたと思います．これまで「武家政権の誕生」は歴史を古代から中世へと前進させたものとして肯定的に評価されるのが一般的でしたが，言葉を換えれば，武家政権とは軍事力を独占する一部の階層が国政を壟断する一種の「軍事政権」であるともいえるでしょう．研究者のなかには，もっと厳しく，鎌倉幕府とは全国のヤクザを束ねる「広域暴力団」のようなものであると評する人までいます．

 実際，源頼朝が創業した鎌倉幕府は，朝廷への反乱軍として挙兵しながらも，その立場を逆に利用することで既得権を拡大していった軍事政権でした．全国に扶植された地頭職も，頼朝の征夷大将軍就任(1192年)や朝廷からの認可(1185年)を待つまでもなく，内乱のなかで占領地を維持する必要から生まれていったものでした．

 しかも平氏滅亡後，頼朝は引き続き弟源義経(1159-89)とそれを匿う奥州の藤原泰衡を仮想敵とし，それを征討するという名目のもと無意味に臨戦態勢を継続し，軍事政権の強化を図りました．1189年，頼朝は，とりたてて反抗する気配を示さない奥州藤原氏に対して，30万人におよぶ全国の御家人に動員をかけて大遠征を敢行しました(文治5年奥州合戦)．朝廷はこの頼朝の野望に危機感を抱き，5度にわたる奥州追討宣旨の申請を拒絶し，逆に追討軍の進発を慰留しましたが，けっきょく頼朝はこれを無視して鎌倉を出発してしまいます．すでに本来の征討対象だった義経はこの世になく，朝廷の許可もえないままの，まったく正当性のない軍事行動でした．しかも，戦場は奥州であるにもかかわらず南九州の武士までもが動員され，挙兵以来，関東を離れたことのなかった頼朝自身も出陣するという，必要以上の規模の軍事行動でもありました．ここまでして異例の軍事行動を頼朝が強行する狙いは何だったのでしょうか．

 そこには，先祖源頼義が1062年に前九年合戦で行った奥州での軍事行動を

みずからの手で再現しようという意図がありました．頼義は前九年合戦の最後，1062年の9月17日に厨川柵で安倍貞任を晒し首にし，東北での覇権の第一歩を記しましたが，頼朝はこの故実をつよく意識していました．そのため頼朝は1189年7月に鎌倉進発という日程を定めると，藤原泰衡の弁明も朝廷の慰留も聞かず，ひたすら奥州遠征に邁進してゆきました．そして8月に平泉を制圧した後も東北にとどまり，討ち取った泰衡の首を晒し首にした後も，わざわざ北上し，同じ9月17日に厨川柵に全軍を集結させたのです．このとき泰衡の首は安倍貞任の故実にならい八寸の釘で木に打ちつけられたと『吾妻鏡』に伝えられていますが，現在，平泉の中尊寺金色堂にミイラとして残されている泰衡と伝えられる首には，実際に眉間から後頭部を貫く八寸程度の釘穴が確認されています．おそるべき頼朝の執念深さというべきでしょう．

けっきょく頼朝にとって奥州合戦は，全国支配の実現を再確認するためのデモンストレーションの場だったのです．それに追随した全国の武士たちは源頼義の故実が眼前に再現されるのを目撃することで，頼朝の武威を再認識させられることになったのです．気の毒にも奥州藤原氏は，そのページェントのためのスケープゴートにされたわけです．こうして頼朝は平氏滅亡後も軍事的緊張を人工的に創出することで，その政権を維持しようとしていたのです．こうした経緯を見てくると，すこしまえまで，この軍事政権の成立年（1192年）のごろ合わせの暗記法が「イイクニ作ろう」であったことは，もはやブラックジョークであるようにすら思えます．

御成敗式目の制定

しかし，支配は決して暴力だけでは維持できません．軍事的緊張を創出することで維持されてきた鎌倉幕府は，頼朝という軍事カリスマが死んだ後，有力御家人間の激しい権力闘争に見舞われます．そのなかでながい混迷を経て，執権北条氏が最後の勝者となり，執権政治を主導してゆくことになります．やがて北条氏の執権政治のもと，鎌倉幕府は法治主義的な方向に政権の性格を変貌させてゆくことになります．1232年，執権北条泰時は武家初の成文法典「御成敗式目」全51条を制定します．

泰時は「式目」制定の理由を次のように述べています．「この式目はただ仮

名を知れるものの世間に多く候ごとく，あまねく人に心得やすからせんために，武家の人への計らいのためばかりに候」．つまり，この式目は漢字が読めずかな文字だけを知っている人も世間には多いので，そういう人々にも広く納得されやすいように，武士の便宜のために作ったのだ，ということです．朝廷の定めた律令では武家社会の実情にあわず，また律令を熟知している武士も少ない．そうしたなかで初めて武家が自前の法典を整備することで，武士自身がみずからのもつ武力を抑制し，社会の秩序化をめざしたという点で，この法典の制定には画期的な意味がありました．

たとえば，「式目」12条には「悪口の咎」という，悪口を禁じた条文が見られます．そこでは「闘殺の基，悪口より起る」と述べられ，すべての暴力の原因である悪口を根絶しようという姿勢が打ち出されています．また，続く13条では「殴人の咎」として傷害罪の規定も見られます．そこでは「打擲せらるるの輩はその恥を雪がんがため定めて害心を露わすか．殴人の科，はなはだもって軽からず」と述べられ，殴打された側はその傷つけられた名誉を回復しようとして報復に乗り出すという認識のもと，殴打の罪を定めています．

誇り高い武士たちの心情と，彼らがもつ粗野な武力を，新しい時代を担う泰時がいかに制御しようと心を砕いていたかがうかがえる条文です．武士に限りませんが，そのほかに「式目」を見てゆくと，当時の社会には様々な物騒な問題があったこともうかがい知れます．

たとえば，34条では他人の妻と密通した男の罪が規定されています．当時の社会では，自分の妻と不倫関係をもった男を本来の夫は殺害してよいという慣習がありました（妻敵討ち）．しかし，これは紛争をさらに拡大させる結果になり，しばしば大きな問題となっていました．また，同条には「辻捕り」という路上で女性を拉致してしまう犯罪の規定もあります．しかし，これも女性の意に反して行われれば立派な犯罪ですが，一方で当時の社会では「辻捕り」を自由恋愛の延長ととらえる認識もありました．そのため，これについてもなかなか一筋縄では取り締まれない性格をもっていました．これらの粗野な習俗についても，泰時は極力「式目」のなかで処罰内容を法制化し，統制しようと試みていたのでした．

けっきょく「式目」の制定が，これらの物騒なトラブルを一気に解決するこ

とはありませんでした．幕府は，その後も折あるごとに「徳政」と称される政治改革を断行し，寺社の保護や訴訟制度改革に取り組んでいくことになります．皮肉なことに，軍事政権として発足した幕府は，巷にみなぎる「暴力」をいかに制御するかという大問題を，最後まで抱え続けることになるのでした．

20世紀中頃，私たちの世界は紛争や戦争を一気に解決することのできる核兵器という「便利な」武器を開発しました．ひとたび使用すれば人類の滅亡にもつながるこの兵器が開発されたことで，むしろ軍事力の行使が抑制され，世界に「平和」の均衡がもたらされたという見解もあります（核抑止論）．しかし，現実にこれにより多くの人々が亡くなり，また今後も核兵器がある限り，つねに私たちが大量殺戮の不安に悩まされ続けることも事実です．突飛な比喩かもしれませんが，中世人にとっての「武士」や「武力」というものも同じものだったといえるかもしれません．

武力による政治が幕開けしたことで，社会はそれ以前よりも劇的に転換するようになりました．地位は低いが実力のある者が容易に社会的に認められるようになる道も開けました．しかし，それによって多くの血が流され，しかもそれを制御するのには延々500年近くの歳月を必要としました．それを思うとき，「武士」や「武力」を手放しに肯定的にとらえてきた，これまでの私たちの日本史イメージは正しかったのかどうか，再検討する必要があるといえるでしょう．それなりに便利ではあるが，使い方を誤ると大変なことになる「武力」をどうやって制御してゆくのか．中世の人々を悩ませてきた武力と社会の関係を考えるのは，過去の問題ではなく，現在進行形の問題でもあるのです．

ブックガイド（より深い理解のために）

▶野口実『武家の棟梁の条件』中公新書，1994年
　武士を美化する日本社会の伝統的な歴史認識に警鐘を鳴らす一冊．「人殺し」を職能とする成立期の武士は「暴力団」だった!?

▶川合康『源平合戦の虚像を剝ぐ』講談社学術文庫，2010年．初版1996年
　「軟弱な平家」と「硬派な源氏」，「一騎打ちが合戦の主流」など世間に通用している源平合戦像・鎌倉幕府像を一新！

▶石井進『中世武士団』講談社学術文庫，2011年．初版1974年
　中世武士を考える基本文献．所々に見える民俗学やフィールドワークの知見が，著者ならではの魅力です．本書を持って現地を訪ねてみよう！

第4章
室町文化
　——「闘茶」体験記——

> この章のねらい
> 　日本の伝統文化は，どのようにして形成されてきたのか．現代に残されている民俗行事も重要な史料となりうることを学ぶ．

図 4-1　会所の様子(「酒飯論絵巻」フランス国立図書館蔵，阿部泰郎・伊藤信博編『「酒飯論絵巻」の世界』勉誠出版)

第4章 関連年表(南北朝期の年号は北朝年号／南朝年号の順で表記)

年号	事項
正中 元年(1324)	後醍醐天皇が「無礼講」で倒幕計画を練る
元弘 3年(1333)	鎌倉幕府滅亡
建武 元年(1334)	建武の新政はじまる
建武 2年(1335)	「二条河原の落書」が掲げられる
	中先代の乱．足利尊氏が建武政権に反逆
建武3／延元 元年(1336)	建武式目の制定(室町幕府の成立)
暦応元／延元 3年(1338)	尊氏が征夷大将軍となる
観応元／正平 5年(1350)	観応の擾乱はじまる(〜52, 室町幕府の内部抗争)
文和元／正平 7年(1352)	観応の半済令
応安元／正平23年(1368)	応安の半済令．明の建国
永和4／天授 4年(1378)	足利義満が京都室町に花の御所を造営する
康暦元／天授 5年(1379)	康暦の政変(細川頼之の失脚)
明徳2／元中 8年(1391)	明徳の乱(山名氏清の滅亡)
明徳3／元中 9年(1392)	南北朝の合一．朝鮮の建国
明徳 4年(1393)	幕府が洛中洛外の土倉・酒屋への課税をはじめる
応永 4年(1397)	北山第(金閣)造営開始
応永 6年(1399)	応永の乱(大内義弘の滅亡)
応永 7年(1400)	世阿弥が『風姿花伝』を著す
応永 8年(1401)	義満が第1回遣明使を派遣する
応永11年(1404)	明との勘合貿易がはじまる(〜1551)
応永15年(1408)	義満死去．足利義持が実権をにぎる
応永18年(1411)	日明断交(〜1431)
応永23年(1416)	上杉禅秀の乱
応永26年(1419)	応永の外寇(朝鮮軍が対馬に襲来)
応永27年(1420)	応永の大飢饉(〜21)
正長 元年(1428)	義持死去．足利義教が後継となる．正長の徳政一揆
永享 元年(1429)	尚巴志が琉球王国を建国
永享10年(1438)	永享の乱(〜39, 鎌倉府滅亡)
嘉吉 元年(1441)	嘉吉の乱(足利義教が赤松満祐に暗殺される)
	嘉吉の徳政一揆
享徳 3年(1454)	享徳の乱(鎌倉公方と関東管領の抗争)がはじまる(〜82)
康正 元年(1455)	足利成氏が幕府に反逆し，古河公方となる
長禄 元年(1457)	コシャマインの戦い(アイヌの抵抗運動)
長禄 2年(1458)	足利義政が庶兄政知を関東に下し，堀越公方とする
寛正 2年(1461)	寛正の大飢饉(〜62)
文正 元年(1466)	文正の政変(伊勢貞親らの失脚)
応仁 元年(1467)	応仁・文明の乱がはじまる(〜77)

第4章 室町文化

● 時代背景 ●

　1333年に鎌倉幕府が滅んだ後,後醍醐天皇(1288-1339)の建武政権はわずか2年あまりで崩壊してしまいます.かわって誕生した足利尊氏(1305-58)による室町幕府は,吉野に逃げた後醍醐(南朝)に対抗する必要から,その拠点を鎌倉ではなく京都に定めました.そのため鎌倉には,出先機関としての鎌倉府が設置され,鎌倉公方と関東管領にその支配が委ねられました.

　室町将軍の主導する幕府政治を補佐したのは,各国の守護職を担った大名たちです.彼らは京都に集住し幕府を支えましたが,彼らの自立性は高く,三代将軍義満(1358-1408)は大名の弾圧に腐心しましたし,六代将軍義教(1394-1441)は逆に配下の赤松満祐(1381-1441)によって謀殺されてしまうことにもなりました.しかし,大名たち自身も在京していたために,決して後の戦国大名のように自分の領国を十全に支配できたわけではありませんでした.そのため地方社会では,依然として荘園制が維持され,そのなかから荘園制の枠組みをこえて連帯する自治的な村落や,国人とよばれる地元の有力な武士たちが徐々に勢力を拡大していったのです.

　京都に拠点を置いたことで,室町幕府は武家権力でありながら,京都の朝廷(北朝)や寺社と様々な面で協調・融合をすすめることにもなりました.政治面では義満以降の歴代将軍がいずれも朝廷政治に深く関わりましたし,土地制度面では幕府は寺社・本所(公家)の利害を代表し,彼らの荘園を保護する姿勢をほぼ一貫してとりつづけました.また文化面では,この時期,室町将軍が主導した室町文化は,武家独自の文化に加え,従来の公家文化や,新たな禅宗文化を融合させた特徴をもつものとなりました.能・狂言・侘び茶・立花・水墨画・枯山水などの日本の伝統文化とされるものは,この時期,そうした環境から生まれ出ました.

　この時代の自然環境は飢饉が頻発するなど過酷なもので,農業生産は低迷しましたが,商業流通は活発に展開しました.その背景には,鎌倉後期から中国銭が流入するようになってきたことで,流通経済が活性化されたという事情がありました.そのなかで年貢の銭納化(代銭納)や商人集団の組織化,外国貿易もすすみ,為替など高度な経済取引も見られるようになりました.経済の中心地でもある京都に拠点をおいた室町幕府も,土倉役や酒屋役,関銭などというかたちで,これらの富を積極的に吸収しようとしました.

　しかし,関東では,永享の乱(1438-39年)で鎌倉府が滅亡し,その後も享徳の乱(1454-82年)で鎌倉公方と関東管領上杉氏が抗争に突入したことで,鎌倉公方は古河公方と堀越公方に分裂し,一足早く室町幕府の支配体制は崩壊しました.京都でも八代将軍義政(1436-90)の時代になると,将軍の統制をこえて各大名が派閥形成をすすめ,ついに彼らはたがいに激突し,応仁・文明の乱(1467-77)へと突き進んでゆくことになります.

1 「闘茶」の時代

　室町時代には，その後の日本社会の「伝統文化」といわれるものが多く生みだされました．能や狂言，お茶や立花，水墨画や枯山水などが，すべて，この時代に由来するものであることは，すでによく知られているところでしょう．
　このうち，お茶は，栄西（臨済宗の開祖．1141-1215）が『喫茶養生記』(1211-14年成立)という書物を書いたことからもわかるように，そもそも鎌倉時代には疲労回復や覚醒用の薬として受容されていました．たとえていえば，現在の栄養ドリンクのような感じでしょうか．それが室町時代には「闘茶」とよばれる茶の味を当てるゲームにかわり，やがて安土桃山時代には千利休（信長・秀吉に仕えた茶人．1522-91）によって現在の「茶道」の形式がほぼ整えられました．
　とはいえ，狭い茶室のなかで正座をして，ひとつの茶碗で，みんなで抹茶をまわし飲む，現在のおごそかな「茶道」を知る私たちには，それ以前のお茶の呑み方は茶の味を当てるゲームだったなどといわれても，簡単にはイメージが湧かないかもしれません．しかし，「このごろ都にはやる物，夜討・強盗・謀綸旨……」という書き出しで有名な，建武政権を批判した「二条河原の落書」(1335年)のなかには「茶香十炷の寄合」(茶や香木十種類の味や香りを当てる寄合)という言葉がすでに登場しています．実際に，南北朝〜室町時代には「茶寄合」とよばれる集会が，貴賤を問わず，そこかしこで開催されており，「二条河原の落書」の筆者のような守旧派の人々からは，その大流行は苦々しい眼で見られていたほどなのです(同時代の史料のなかには「闘茶」という言葉は確認できません．以後は同時代の表現である「茶寄合」という言葉を主に使います)．
　では，その茶寄合とは，どのようなルールで行われたのでしょうか．もしできることなら，私たちも追体験してみたいと思いませんか？　ただ残念ながら，茶寄合の細かなルールは古文書や古記録からはなかなかわかりません．私たちが日々のコンパや飲み会の段取りを書き残さないのと同じように，当時の人々も，自分たちにとって当たり前の事柄や娯楽・余暇に類する事柄については，わざわざ書き残す必要を認めていなかったようです．

ところが，群馬県中之条町の白久保という地域には，現在まで「お茶講」とよばれる茶寄合が年1回，地域の人たちによって守り伝えられているのです．この地域に伝わるお茶講は，後に述べる理由などから，中世後期の茶寄合のルールをほぼ忠実に受け継いでいるものと考えられています．現在，この行事は国指定重要無形民俗文化財となっており，本来なら年1回，地域の人々のみで開催されるものなのですが，ありがたいことに保存会の方々のご努力により，団体での事前予約と一定の謝金さえ収めれば誰でも簡単に体験することができます(詳細は中之条町教育委員会へお問い合わせください)．

歴史を考えるための素材は，古文書や古記録など，文字に書かれたものに限りません．発掘品や遺構などの考古史料や，絵巻物や屏風絵などの絵画史料など，ありとあらゆるものが過去を考えるための材料になりえます．ここでは，現在にまで伝わる民俗行事を材料にして，室町時代の社会の特質を考えてみたいと思います．

以下では，私がゼミの学生30人とともに2008年に体験したときの情報をもとに，現代のお茶講の様子を見てみましょう．

2 現代に伝わる「闘茶」

(a) 図4-2が，そのときのお茶講の様子です．本来は地域の15軒の家で持ちまわりで行われていたそうですが，現在では立派な専用の集会場がつくられて，そこで行われています．座敷のまわりにしめ縄が張られていて，床の間には天神様(菅原道真)の掛け軸が飾られているのが，わかるでしょうか．お茶講は，本来は2月24日の地域の天満宮の宵祭りに開催されるもので，これ自体が神事でした．しめ縄はその内側が結界(聖域)であることを示しています．そのため，本来の行事では地域の人であっても13歳以上の女子は，結界の内側のお茶講に参加してはならないことになっているそうです(このことの意味は最後に考えます)．また，お茶講を始めるさいには，結界の周囲に塩をまいてお清めをして，最初のお茶(「客の茶」)を床の間の天神様にお供えして，全員で柏手を打ってから始めるしきたりになっています．

(b) ただ，神事とはいえ正座をする必要はなく，保存会の方々からも「足

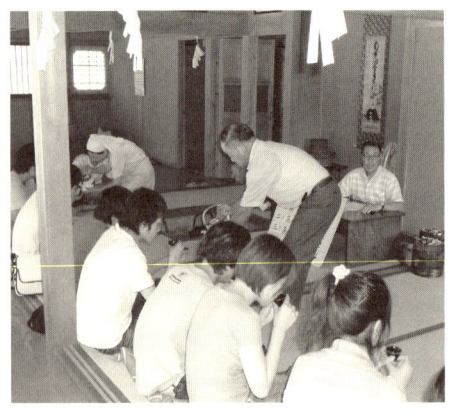

図 4-2　白久保お茶講の風景(筆者撮影)

図 4-3　お茶講の成績表

を崩して気楽に参加してください」といわれました．お茶講中の私語も進行に支障がない範囲なら問題なく，実際，私たちもワイワイ盛りあがって，いつものゼミの後のコンパのような雰囲気(?)で体験してきました．

(c)　図 4-3 が，お茶講の成績表です．私の名前を筆頭にゼミの学生の名前が記されていますが，一番上に「花」「鳥」「風」「月」……，と書いてあるのがわかるでしょうか．お茶講の参加者は本名でよばれることはなく，すべてこの符牒(ニックネーム)が付けられ，それでよばれることになります．そして，まず最初に「客の茶」「一の茶」「二の茶」「三の茶」という 4 種類の茶が用意され，順番にそのお茶を試飲することになります．4 種類の茶は甘茶・渋茶(緑茶)・陳皮(ミカンの皮)をそれぞれ配合比率を変えて煮だしてつくりますので，

微妙に味が異なります．4種類の味を覚えたら，いよいよ本番です．

(d) 本番では，「客の茶」のみ1服，「一の茶」から「三の茶」がそれぞれ2服，合計7服用意され，それがランダムに参加者に注がれてゆきます．参加者はそれを味わったうえで，そのつどそれが4種類の茶の何に当たるか，答えてゆくのです．成績表の私の名前の部分を見てみてください．茶の種類は横棒や縦棒の数で表されていますが，私は7服の茶を順番に「二の茶」→「客の茶」→「三の茶」→「二の茶」……と予想して答えていったのです．その右側に付いている丸印は，一番最後に答え合わせをしたときに，正解していた印です．残念ながら，味音痴の私は2服しか当てることができませんでした．

(e) 正解すると，その数に応じてお菓子がもらえることになっています．ただし，お菓子の全体の数量は決まっています．平均すれば1人8個の割り当てになっているのですが，正解数が少なければその分のお菓子は他人の手に渡ってしまい，多ければ他人の分のお菓子を手に入れたということになります．たかがお菓子なのですが，私の学生たちはだんだんヒートアップしてきて，正解発表のたびごとにあちこちから歓声や悲鳴があがっていました．

(f) けっきょく私は2問しか正解しませんでしたが，隣の「鳥」くんはなんと全問正解でした．2問しか正解しない人は「ヒョウタン」とよばれ，全問正解は「ハナツギ」とよばれます．私や「鳥」くんの名前のうえのヒョウタンの絵や花の枝の絵は，それを意味しています（その他，5問正解は「ヤクナシ」，4問は「テッポウ」，3問は「カラカサ」，1問は「イチッポウ」，全問不正解は「サカサッパナ」）．1年に1度行われるお茶講では，全問正解者が多いと，その年は豊作になるとされています．また，逆に全問不正解の人は，それはそれで縁起がいいのだそうです．今回は30人中8人も全問正解者が出ましたが，これはめったにないことなのだそうです．私のゼミはこれから当分，安泰のようで，ありがたいかぎりです．

(g) それでも，体験してみた感想としては，案外難しいと答えた学生が多くみられました．最初は簡単なように思われたのですが，何服も呑んでいるうちにお茶特有の渋みで舌が麻痺してきて，だんだん味がわからなくなってくるのです．その辺が，きっとお茶講の面白さなのでしょう．

3 民俗行事から探る中世

紙背文書は語る

では，以上の中之条町のお茶講は，どこまで南北朝～室町時代の茶寄合の実態をとどめているものなのでしょうか？ ここで参考になるのが図4-4，現代に残された室町後期(1491年)の茶寄合の成績表です(吉川家本『元亨釈書』紙背文書)．さきに述べたように，茶寄合はこの時代にはきわめて日常的・娯楽的・一回的なものでしたから，その詳細な記録や成績表のようなものが残されることはまれです．ただ当時は紙は貴重なものでしたから，そうした一回性の強い書類であっても，それを裏返して，裏側の白紙が日記などとして再利用されることがありました．そうして，裏側が別の用途として使われたために偶然残さ

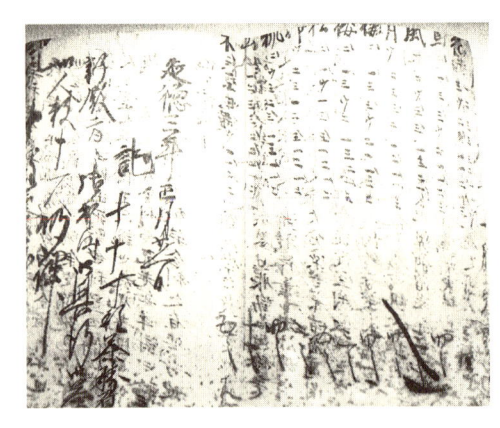

図4-4 『元亨釈書』紙背文書 (画像がやや不鮮明なのは，裏側の文字が透けているため．裏側は鎌倉時代の仏教史書『元亨釈書』の書写に再利用されている．吉川史料館(岩国市)蔵)

れた文書のことを「紙背文書(しはいもんじょ)」とよびます．図4-4は，まさに紙背文書として現代に奇跡的に伝わった茶寄合の成績表なのです(当時の茶寄合の成績表はわずか数点しか伝わっていません)．

　図4-4をみて，みなさんは，図4-3の白久保のお茶講の成績表と書式が酷似していることに気づくはずです．最上部に「花」「鳥」「風」「月」とあるのは，例の参加者の符牒ですし，「二」とか「三」とか「宀」というのは，それぞれ「二の茶」「三の茶」「客の茶」にあたるのでしょう．また，それぞれの右肩にある線(合点(がってん)という)は，正解した印でしょう．白久保のお茶講と異なるのは，白久保では4種類7服のゲームだったのに対して，こちらは4種類10服だったことぐらいでしょうか(それぞれ「四種七服」「四種十服」といい，どちらも中世の茶寄合で行われていました．もちろん7服よりも10服のほうが難易度は高まります)．こうした類似から考えて，白久保のお茶講のルールは，中世の茶寄合のルールをほぼ忠実に継承しているものと考えて，問題ないでしょう．

　ただ，白久保のお茶講が，中世の茶寄合とまったく同一かと思われると，それは正確ではないので，ちょっとだけ付け加えておきましょう．まず，現代のお茶講では茶は甘茶や陳皮とブレンドしたもので，その比率によって味に差をつけていますが，中世の茶は純粋に緑茶のみを使用していました．また，4種類の茶のうち紙背文書に「宀」と表記されていたものを，白久保では「客の茶」と呼んでいましたが，これは正しくは「宇」の略で「宇治茶」を表します．つまり，中世の茶寄合は，宇治茶とそれ以外の産地の茶3種類を呑み分ける競技だったのです(その他，宇治茶〔＝本茶〕とそれ以外〔＝非茶〕の2種を10服呑み分ける「本非十種」というルールもありました)．

　それから，現代のお茶講では，自分が予想したお茶の名前を声に出して書記役に伝えますが，これだと次の人に回答を真似されてしまう危険があります．そこで中世では，木の札に自分の予想を書いて伝えたようです．これは「闘茶札」とよばれ，広島県の草戸千軒町遺跡をはじめ全国の中世遺跡から現物が発掘されています．これも茶寄合の流行の広がりを示す史料といえるでしょう．

「寄合」の精神

　では，白久保のお茶講が，ほぼ中世の茶寄合の様式を伝えていると判断した

うえで，そこからどのような特徴を見出すことができるでしょうか？　あらかじめ現代のお茶講の特徴を述べた文章に，それぞれ(a)〜(g)という区分けをしておきました．それぞれの区分けを対照させながら読み進めてみてください．

　まず，1点目に指摘できるのは，(c)にみえる参加者の強い平等性です．当然ながら中世は身分制の社会でしたし，現代においても先生と学生，2年生と3年生というように，お茶講に参加する人たちのなかには，それなりの上下関係はあります．ところが，純粋にゲームを楽しもうとするとき，こうした上下関係はしばしば邪魔になります．そこで現代のお茶講でも室町の茶寄合でも，参加者を個人名ではなく「花」や「鳥」といった符牒でよび合うことで，日常の上下関係を解消し，参加者の地位が平等になるよう心がけたのです．こうした平等性の追求は，茶寄合に限らず，南北朝〜室町時代の社会の様々な場面で見られました．

　たとえば，後醍醐天皇はしばしば「無礼講（ぶれいこう）」という乱痴気騒ぎの酒宴を開催していました（『太平記』巻第1）．そこでの参加者は「献盃の次第，上下をいわず．男は烏帽子を脱いで髻（もとどり）を放ち，法師は衣を着ずして白衣になり」という様子だったとされます．つまり無礼講とは，その名のとおり，献盃の順番や烏帽子・衣の有無といった，参加者の身分を明示する様々な約束事を取り払ったうえでの宴会だったのです．

　また，南北朝〜室町時代の上級階層の屋敷には，よく「会所（かいしょ）」とよばれる建物がつくられました（本章冒頭頁 図4-1）．これも，その名のとおり「パーティールーム」で，主人が来客と茶寄合や連歌（れんが）などを行うための施設です．既存の寝殿や書院では座席の位置によって上下関係が明示されてしまいますが，会所では段差や仕切りが取り払われ，平らな床板があるだけなので，そうした性格が希薄になります．当時の人々は，わざわざ屋敷のなかにそうした場をつくることで，寄合の雰囲気を壊さないように配慮していたのです．

　現代に伝わるお茶講の「花」や「鳥」といった符牒も，こうした室町時代人の寄合の精神を正しく受け継いだものといえるでしょう．

「一揆」の原理

　2点目として指摘できるのは，(a)にみられる色濃い宗教性です．また(f)に

みえるように，お茶講は単なるゲームではなく，それ自体が年の初めにその年の豊作や吉凶を占う「年占(としうら)」の性格をもっていました．こうした性格も後世に付加されたものというよりも，南北朝〜室町時代の茶寄合にまで遡るものとみてまちがいないでしょう．娯楽とはいえ，つねに宗教や呪術と不可分の性格をもっている点が，中世社会の特徴でもありました．

　そして，さきに指摘した参加者の平等性という特質も，この宗教性の問題と大きく関わるはずです．実際，いくら参加者が平等性を志向しようとしても，現実に存在する日常の上下関係を完全に否定するのは，やはり昔も今も困難なはずです．そこで中世の人々は，ゲームに宗教的な意味をもたせることで，平等性を実現しようとしたようです．民主主義というイデオロギーがなかった時代，彼らは宗教を取り込むことで，「神仏のまえでの平等」を実現しようとしていたのでしょう．

　よく室町時代は「一揆の時代」であるといわれます．1428年には「徳政」(債権債務関係の破棄)を求めた土一揆が京都の土倉・酒屋・寺院を襲撃し，室町幕府を震撼させました(正長の土一揆)．そして「日本開白(かいびゃく)以来，土民蜂起これ初めなり」(『大乗院日記目録』)といわれた，この事件を皮切りに，以後，京都周辺では連年のように土一揆が起こることになります．ただ，「一揆」というと，江戸時代の百姓一揆のイメージから，民衆が主体となった反権力闘争というイメージが一般には依然として根強いようです．しかし，室町時代には，民衆による土一揆だけではなく，地域の武士たちが連合した国人一揆，あるいは室町幕府の有力大名たちが将軍のわがままを阻止するために行った「一揆」など，様々な階層で多様な一揆がつくられました．室町時代は，特定のリーダーが独裁体制をしいた時代というよりは，村でも幕府でもヨコ並びの結合が重視される時代だったのです．その意味では，「有力守護の連合政権」と形容される室町幕府の政治構造も，「一揆の時代」とよばれる，この時代の特徴をよく示したものといえるでしょう．

　しかし，これらの様々な一揆も，やはり中世特有の宗教性の問題と切り離すことはできません．一揆に参加する人々は，まず神前で起請文(きしょうもん)とよばれる神仏への宣誓書を執筆し，それを焼いたうえで，その灰を水に溶いて呑む，一味神水(いちみじんすい)とよばれる宗教儀式を行い，たがいの結束や平等を確認しました．だから，

一揆の結束を裏切った場合，その者の身には大変な神罰・仏罰が振りかかると信じられていたのです．人々は，そうした宗教的・呪術的な強制力を活用することで団結を維持しようとしたのです．

　同じようなことは，この時代に流行した和歌の連作である連歌でも見られます．連歌も一見すると，ただの知的なゲームのようにしか思えないかもしれませんが，その開催は天満宮の縁日(毎月25日)など宗教的な契機が重視されましたし，開始前に神仏を祀る行為は不可欠なことでした．

　以上のように室町時代は，政治的には一揆や村，文芸的には連歌や茶寄合など，様々な「寄合」が多くの階層でつくられ，ヨコのつながりが前代以上に重視される時代でした．しかし，そこにはつねに宗教的な契機が存在しており，彼らは神仏を介在させることによって個々人を結びつけていたのです．白久保のお茶講からは，こうした時代の構成原理をうかがうこともできます．

バサラな茶寄合

　さて，お茶講の3点目の特徴は，(b)(e)(g)で確認できる，強い娯楽性です．とくに(e)では賞品としてお菓子が授受されていますが，その分配法は本来の茶寄合の賭博としての性格をとどめています．

　『太平記』に描かれた佐々木導誉(南北朝時代の武将，1296-1373)の茶寄合は，「宿所に七所を粧て，七番菜を調え，七百種の課物〔賭物〕を積み，七十服の本非の茶を飲む」(巻第36)，あるいは「その陰に幔を引き，曲彔〔中国式の椅子〕を立ち並べて，百味の珍膳を調え，百服の本非を飲て，懸物〔賭物〕，山のごとく積み上げたり」(巻第39)というもので，多くの唐物〔舶来品〕や高級品が賞品とされ，かなり賭博性の強いものだったことがわかります．『太平記』では茶寄合の場面に限らず，佐々木導誉は，破天荒な武将としての側面と，風雅な文化人としての側面を兼ね備えた，たいへん魅力的な人物として描かれています．彼のような，形式や常識から逸脱して人目をひく奔放な振る舞いは，当時「バサラ(婆娑羅)」とよばれ，多くの人々の支持を集めていました(「バサラ」の語源については，諸説ありますが，本来は「雅びで卓越した振る舞い」を意味した言葉のようです)．

　そのため，室町幕府は基本法典「建武式目」(1336年)の第1条で，「近日，婆

佐羅と号して，もっぱら過差〔派手〕を好み，綾羅錦繡，精好銀剣，風流服飾，目を驚かさざるはなし．すこぶる物狂というべきか」と述べて，そうした風潮に否定的な姿勢を示しています．また，第2条では「あるいは茶寄合と号し，あるいは連歌会と称して，莫大の賭けにおよぶ」ことも禁止しています．しかし，バサラの美意識や価値観は動乱の時代にはむしろ歓迎され，そうした意識を表現する場として，茶寄合や連歌会の流行は鎮まることはありませんでした．

つまり，中世の茶寄合は決して後の時代の茶道のように上品なものではなく，私たちが想像する以上にいかがわしく，反面でエネルギッシュなものだったようです．私のゼミの学生も，ずいぶんにぎやかにお茶講を楽しんでいましたが，けっこう彼らは茶寄合の本義にかなう参加者だったのかもしれません．

また(g)で述べたように，茶のカフェインやカテキンなどの成分が味覚を麻痺させて，この競技の難易度をあげているといえます．本来は薬であるはずの茶が競技の素材として選ばれたのには，案外，そうした特色が注目されたためかもしれません．その他，本来のお茶講は夜間に行われるそうですが，周囲が暗いと茶の色がわからなくなるので，余計難易度があがるのだそうです．だとすれば，あるいはお茶講が夜間に行われるのも，神事であるからというだけではなく，そうした競技の難易度に関わる事情があったのかもしれません．

ギャンブルというものは，勝敗がまったくの運・不運に委ねられてしまうのでは面白くありません．そのなかに多少なりとも過去のデータや経験といった人智の要素が加わるからこそ面白いのでしょう．その点，適度な難しさをもっている茶寄合は，室町時代の人々をひきつけるだけの魅力をもっていたのかもしれません．

日本的伝統文化の形成

しかし，こうした点を踏まえると，逆に，そうした強い娯楽性をもっていた茶寄合を，哲学性や芸術性をおびた茶道にまで昇華させた千利休の偉大さが，みなさんにも実感できるのではないでしょうか．そこには大きな飛躍があったことは間違いありません．逸脱や破天荒を追求する「バサラ」から，閑寂な味わいを尊重する「侘び」「寂び」への転換は，もちろん千利休の力だけで成し遂げられたものではありません．室町時代の約200年以上の歳月をかけて，美

意識の変化は静かに進行していたことになります．

　明治〜昭和前期の東洋史学者であった内藤湖南(1866-1934)は，以下のような，たいへん有名な発言を残しています．

　　「だいたい今日の日本を知るために日本の歴史を研究するには，古代の歴史を研究する必要はほとんどありませぬ．応仁の乱以後の歴史を知っておったらそれでたくさんです．それ以前のことは，外国の歴史と同じぐらいにしか感じられませぬが，応仁の乱以後はわれわれの真の身体骨肉に直接触れた歴史であって，これをほんとうに知っておれば，それで日本歴史は十分だといっていいのであります」(「応仁の乱について」)．

「応仁の乱」をはさんで，それ以前は「外国の歴史と同じ」であって，それ以後が本当の「日本の歴史」なんだという発言は，ちょっと乱暴ないい方ではありますが，茶寄合から侘び茶への転換を見てきた私たちには，意外と納得できる部分もあるのではないでしょうか．バサラな茶寄合は面白そうではありますが，私たちのイメージする「日本的」なものとは少し異質な感じがします．やはり，侘び茶の美意識に，なんとなく私たちは「日本的」，あるいは伝統的な落ち着きを感じてしまうようです．

　話は芸術・文化などの高尚なものに限りません．たとえば，「畳が敷き詰められた部屋」や「村や町などの共同体を基本にした生活」，「食事を3度食べる生活」など，一般庶民の生活レベルで，私たちが「伝統的な生活」と考えるスタイルが確立したのも，この時代なのです(それまでの家屋の床は板敷で，共同体は未成熟，食事は1日2食でした)．内藤湖南が，「日本の歴史」は「応仁の乱以後」で，それ以前は「外国の歴史と同じ」だ，というのは，そうした事実をふまえてのことなのです．

　ついでにいえば，この時代に形成された，そうした伝統的な生活様式は1960年代の高度経済成長以降，着実に解体に向かっています．畳の生活，村や町という共同体などは，急速に過去のものになろうとしています．その意味では，いま私たちの社会は「応仁の乱」以来の転換点に立っているといえるのかもしれません．しかも，その次に来る生活文化がどのようなものか，いまの私たちにまだ明確な展望はありません．だからこそ，私たちは目の前で解体の危機に瀕している生活文化の由来を考え，それを生み出した室町時代という時代

をもう一度見つめてみる必要があるのかもしれません．

　もっとも私などは，どちらかというと，その後の茶道の高い哲学性や芸術性よりも，室町時代の茶寄合がもっていた，いまや茶道からは失われてしまった「外国の歴史と同じ」ような猥雑さやエネルギッシュさに，ついつい強く魅かれてしまうのです．あるいは「外国の歴史と同じ」などといって無視せずに，「応仁の乱」以前の社会の猥雑さやエネルギッシュさにも，案外，私たちが学ぶべき，次の新しい社会を考える貴重なヒントがあるのかもしれません．

差別と穢れ

　最後に4点目として，ぜひとも指摘しておかねばならないことがあります．それはお茶講にうかがえる，構成員外への強い排他性です．体験用のイベントを除いて，本来の村人主催のお茶講では，現在でも「女人禁制」が守られています．同様に一揆や連歌や宮座という南北朝～室町時代の結社についても，すでに，その排他性が明らかにされています．

　連歌の世界では，中世前期には多くの女性歌人が存在していましたが，14世紀に成立した二条良基(1320-88)の『筑波問答』には「このごろは女の連歌師などの侍らぬ，無念なり」という文句が見えます．かつては存在していた女性連歌師が14世紀頃から少なくなったようなのです．これは，この時期，会所で行われていた連歌会から徐々に女性たちが排除されてきたためのようです．また，当時の村落は祭祀集団である宮座を中心にして運営されていましたが，畿内村落では14世紀後半頃からしだいに宮座に入れる家筋が固定化してゆく傾向がみられるようになります．やがて戦国時代になると，町掟のなかには座頭(盲人)・猿楽・紺屋などの被差別民に家を売ることを露骨に禁じるものも確認されるようになります．"町衆の祭り"として今に知られている京都の祇園祭では，いまでも一部の山鉾は「女人禁制」で女性が昇ることができません．

　このような特定の職業や性別に対する排他性が生じるようになったのは，なぜなのでしょうか．私が聞いてみたところ，白久保のお茶講では，13歳以上の女子が参加できない理由を，(「一の茶」×2服)＋(「二の茶」×2服)＋(「三の茶」×2服)＋(「客の茶」×1服)＝「13」(＝1×2＋2×2＋3×2＋1×1)という「数式」で説明しているそうです．しかし，おそらくこの「数式」は後からこ

じつけられたものでしょう．というのも，お茶講に限らず，他にも「女人禁制」を「13歳以上」とする祭りや地域が見られるからです．この「13歳」というのは，女性の平均的初潮年齢を示すものに他なりません．前近代の日本社会では，女性の生理や出産は穢(けが)れを生じるものとして忌避されました．また，人間や動物の血や死に関わる職業も，同様の理由から忌避されました．こうしたケガレ観念は9世紀頃から見られましたが，南北朝期以降，固定的にとらえられるようになりました．そうしたなかで，この時期に形成された結社のなかにもケガレ観念に基づく排他性が持ち込まれるようになっていったようです．

たしかに室町時代はヨコのつながりが重視された共和的な時代でしたが，決してバラ色の時代だったわけではありません．共同体的な結束が強まるということは，反対にその外部に対する排他性が際立つということでもありました．いかに内部で平等な規範が守られていたとはいえ，一方で，それら共和的な結社に入ることの許されなかった身分階層や職業，性別が生まれつつあったことは，この時代を考えるとき，十分に認識しておく必要があるでしょう．

以上，群馬県に伝わる民俗行事を素材にして，室町時代の社会の特質について考えてみました．みなさんの身のまわりにも，どんど焼きや左義長(さぎちょう)(正月の火祭り)や頼母子(たのもし)・無尽(むじん)・もやい(金銭融通のための互助組織)や盆踊りなど，直接にはつながらないまでも，中世に由来する民俗行事がまだまだあるのではないでしょうか．そうした失われつつある身近なものに眼を向けてみることも，日本史を考えるうえでは重要なことです．

ブックガイド(より深い理解のために)

▶佐藤進一『南北朝の動乱(日本の歴史9)』中公文庫，1974年．初版1965年
　正統派の史料分析と手堅い叙述を維持しながらも，後醍醐や尊氏など，動乱期の人物像に肉薄した歴史叙述の白眉．小説よりも面白い！

▶桜井英治『室町人の精神(日本の歴史12)』講談社学術文庫，2009年．初版2001年
　一見すると無軌道で滑稽な室町時代の人々の行動を読み解きながら，混迷する時代像を浮かび上がらせる．室町時代の魅力を再発見できる一冊．

▶勝俣鎮夫『一揆』岩波新書，1982年
　「篠」を引いて逃散，「蓑」を着て変身など，不思議な「一揆」の習俗を手がかりに，中世民衆の神仏を媒介にした行動原理を甦らせる．

第 5 章
戦国大名と百姓
―― 戦乱のなかの民衆生活 ――

> この章のねらい
>
> テレビやマンガ，ゲームなどでイメージが先行しがちな戦国時代の実像を再検討し，現実の戦乱が民衆生活にあたえた影響や，そのなかで一般民衆がいかに生き抜いていったのかを考える．あわせて，現代に残る城郭史跡の意義や，史跡活用の理想的なあり方についても考える．

図 5-1　八王子城跡（筆者撮影）

第5章　関連年表

応仁 元年 (1467)	応仁・文明の乱がはじまる (～77)
文明 17 年 (1485)	山城の国一揆がはじまる (～93)
長享 2 年 (1488)	加賀の一向一揆がはじまる (～1580)
延徳 元年 (1489)	足利義政が銀閣を造営
明応 2 年 (1493)	明応の政変(細川政元が将軍足利義材を追放する)
	伊勢宗瑞が伊豆の堀越公方を滅ぼす
大永 6 年 (1526)	「今川かな目録」制定(最初の分国法)
	石見銀山の採掘はじまる
天文 12 年 (1543)	鉄砲伝来
天文 18 年 (1549)	キリスト教伝来
	六角氏が近江石寺新市に楽市令を出す
天文 19 年 (1550)	北条氏康が税制改革を行う
天文 20 年 (1551)	周防大内氏滅亡
弘治 元年 (1555)	厳島の戦い(毛利元就が陶晴賢をやぶる)
永禄 3 年 (1560)	桶狭間の戦い(織田信長が今川義元をやぶる)
永禄 4 年 (1561)	川中島の戦い(武田信玄と上杉謙信が戦う)
永禄 11 年 (1568)	織田信長が足利義昭を奉じて入京
元亀 元年 (1570)	姉川の戦い(織田・徳川軍が浅井・朝倉軍をやぶる)
	石山合戦がはじまる(信長と石山本願寺の戦い，～80)
元亀 2 年 (1571)	比叡山延暦寺の焼き打ち
天正 元年 (1573)	室町幕府の滅亡
天正 3 年 (1575)	長篠の戦い(織田・徳川軍が武田勝頼をやぶる)
天正 4 年 (1576)	安土城築城 (～79)
	この頃，武蔵八王子城築城
天正 10 年 (1582)	天目山の戦い(武田氏滅亡)
	本能寺の変(信長が明智光秀に討たれる)
	山崎の戦い(豊臣秀吉が明智光秀をやぶる)
天正 11 年 (1583)	賤ヶ岳の戦い(秀吉が柴田勝家をやぶる)
	大坂城築城 (～88)
	徳川家康が北条氏政に秀吉の停戦命令(惣無事令)を伝達
天正 12 年 (1584)	小牧・長久手の戦い(秀吉と徳川家康が戦う)
天正 13 年 (1585)	四国平定(秀吉が長宗我部元親をやぶる)
	秀吉関白就任
天正 15 年 (1587)	九州平定(秀吉が島津義久をやぶる)
	バテレン追放令
天正 16 年 (1588)	刀狩令，海賊停止令
天正 18 年 (1590)	小田原平定(後北条氏滅亡)

● 時代背景 ●

　11年間にわたる応仁・文明の乱(1467-77年)によって室町幕府の支配体制は弱体化します．1493年，管領細川政元(1466-1507)はそれまでの将軍足利義材を廃して新将軍足利義澄を擁立します(明応の政変)．この事件以後，室町将軍家と細川家は二派にわかれて畿内を中心に抗争を繰りひろげ，室町幕府の支配体制の崩壊は決定的になります．

　一方，東国では，京都で明応の政変が起こったのと同じ年に，伊勢宗瑞(北条早雲，1432?-1519)が伊豆に侵攻し，堀越公方を滅ぼします．伊勢宗瑞は室町幕府の官吏であり，このときの彼の行動は細川政元の命をうけたものと考えられています．この細川政元と伊勢宗瑞による二つのクーデタによって西日本と東日本は同時に室町将軍と鎌倉公方という中心核を失い，戦国時代に突入することになりました．

　戦国時代に，戦国大名として最初に自律的な地域権力を打ち立てたのは，西国では周防の大内氏，東国では駿河の今川氏でした．両家に共通するのは室町時代に，他の守護家が在京していたなかで，それぞれ九州と関東への備えとして在国を許されていたため，独自の権力基盤を構築することができたという点です．そのため，両家は「大内氏掟書」「今川かな目録」といった分国法とよばれる独自の領国法を，他の大名に先んじて制定しています．

　主要な戦国大名としては，陸奥の伊達氏，越後の上杉氏，相模の北条氏，甲斐の武田氏，駿河の今川氏，尾張の織田氏，美濃の斎藤氏，越前の朝倉氏，近江の浅井氏・六角氏，阿波の三好氏，出雲の尼子氏，安芸の毛利氏，周防の大内氏，土佐の長宗我部氏，豊後の大友氏，肥前の龍造寺氏，薩摩の島津氏などがあげられます．これらの戦国大名のなかには，現実には室町期以来の守護家の系譜をひく者や，守護家の出自ではないにしても守護職に任じられることを求める者も少なくありません．また，京都には依然として室町将軍も命脈を保っていました．そのため，一見すると，この時代を室町時代の延長として把握することも可能なように見えます．しかし，今川氏が「今川かな目録」のなかで「只今はおしなべて，自分の力量をもって国の法度を申し付け，静謐する事なれば」と述べているように，戦国大名はいずれも「自分の力量」で領国の実力支配を行っており，決して守護職には重きをおいていません．むしろ戦国大名のなかには，それまでの荘園制に基づく土地制度を否定し，独自に検地を行うものもありましたし，独自の税制体系を構築するものも現れました．また，中世以来の自力救済(私的復讐)を厳禁し，みずからの大名裁判権のもとに人々を服させようとする志向性ももっていました．彼らは自身の領国を「国家」や「お国」とよんで，室町幕府支配からは区別された自前の独立国家であるとすら認識していました．そのため，一般的には明応の政変の起きた1493年から，織田信長が入京する1568年までの間を戦国時代とよんで，室町時代とは区別された時代として把握しています．

1 戦国の城の実像

いま歴史好きの老若男女のあいだで戦国時代や城めぐりがブームです．財団法人日本城郭協会は 2007 年に文化財的・歴史的価値にもとづき「日本 100 名城」を選定し，100 名城をめぐるスタンプラリーを実施していますが，そのスタンプラリーにもたいへん多くの歴史ファンが参加しています．

本章では，その 100 名城の一つであり，都心から最も近くで戦国時代の山城の雰囲気を味わうことのできる八王子城跡(国指定史跡，東京都八王子市元八王子．JR 高尾駅下車，バス約 10 分，徒歩約 20 分)の遺構と歴史をもとに，戦国時代の実像を考えてみたいと思います．

相模国小田原を本拠地にした戦国大名，後北条氏は，伊勢宗瑞の子，2 代目の氏綱から姓を伊勢から北条と改めます．以後，三代氏康，四代氏政，五代氏直と，5 代約 100 年間にわたって北条氏は関東に勢力を広げていきます(伊勢宗瑞は一般に「北条早雲」の名で知られていますが，彼は生前に北条を姓とすることはなく，「北条早雲」は死後につけられた名です)．とくに北条氏は，その数カ国にまたがる広大な支配領域を管理するために，各地をいくつもの支城領に分割し，一族を城主とする支城を設けていました．たとえば，武蔵国鉢形領は鉢形城(埼玉県寄居町)を拠点とし北条氏邦(北条氏政の弟)を城主とし，武蔵国岩付領は岩付城(埼玉県さいたま市岩槻)を拠点とし北条氏房(北条氏政の三男)を城主とする，というぐあいです．八王子城も，そうした支城領である武蔵国八王子領を支配する支城であり，北条氏照(北条氏政の弟)が城主でした．現在の東京都西部と埼玉県南西部は，戦国時代，この八王子城の支配下におかれていたわけです．築城されたのは，諸説ありますが 1570～80 年頃と考えられています．

「お城」というと，高く聳える総石垣や白壁の天守を想像する人が多いと思いますが，それは近世以降のイメージです．戦国時代の城(とくに東国)は土塁と板壁の城が一般的で，むろん天守などはありませんでした．ところが，戦後の高度経済成長期に地方自治体の首長が暴走して，地域のシンボルとして，戦国時代の城跡に近世風の白亜の天守(ふうの建物)を鉄筋コンクリートで安易に

建ててしまうことが流行しました．そのために，今でも日本各地で史実を無視した龍宮城のような珍妙な天守を見かけることがあります．みなさんの地元は大丈夫でしょうか？　これは多くの市民に誤った歴史知識を植え付けてしまうことにもなりますし，学問的な成果を無視した，たいへん軽薄で恥ずかしいことだと思います．

　しかし，最近ではそうした反省に立って，むやみに建物を復元せずに遺構や礎石をわかりやすく整備して，城跡を歴史公園とする自治体も多く見られるようになりました．たとえば，青森県の根城跡や群馬県の金山城跡や静岡県の山中城跡・高根城跡などは，派手な復元建物などはほとんどありませんが，それだけに素朴な戦国時代の城の雰囲気をよく伝えるかたちに整備がなされていて，なかなかオススメです．また，建物を復元する場合でも，しっかりとした史料や研究成果のうえに立って，できる限り当時の材料や工法に準じて建設をする事例も少しずつ増えてきています．福島県の白河小峰城や，静岡県の掛川城，宮城県の白石城，愛媛県の大洲城，新潟県の新発田城は，平成になってから御三階櫓や天守が木造で復元され，話題になりました．

　天守以外の建造物の復元も，近年，各地で積極的に進められています．佐賀県の佐賀城跡などは，江戸初期の本丸御殿の建物を木造で正確に復元していて，足を運べば，その壮大さに圧倒されますし，福井県の一乗谷朝倉氏遺跡では，城下町の町並みを広い範囲で実物大で復元していて，観光客にも人気です．そのほか，櫓門では静岡県の駿府城東御門や山形県の山形城東大手門，水堀では神奈川県の小田原城住吉堀，石垣では佐賀県の肥前名護屋城など，それぞれ堅実な考証のもとに復元が進められています．ただ，「お城」というと「天守」，という固定観念は相変わらず根強いので，天守以外の建物の復元はまだまだ正当な評価をあたえられていないようです．

　概して，こうした史跡は見た目は地味ですし，見学者側にそれなりの基礎知識がないとなかなかその意義が理解されにくいのですが，現地のスタッフはどこも，少しでもわかりやすく勉強になるように史跡整備の努力を重ねています．観光と研究を両立させることはなかなか難しいのですが，ぜひ彼らの努力を応援するためにも，そうした近くの歴史公園に足を運んで，細部のこだわりに目を向けてほしいと思います．

八王子城跡も，とくに御主殿跡を中心としたエリアで復元整備が進められています．戦国時代の城は，一般的には立地に応じて平城，平山城，山城などと分類されます（城の類型は地理的・政治的条件によって多様なので，山城より平城のほうが進歩しているとか新しいということは一概にいえません）．八王子城は典型的な山城ですが，山城の場合も城主は必ず山頂に生活していたとは限りません．八王子城の場合，山頂の本丸はいざというときに立て籠もるための場所であって，城主氏照は日常は麓の御主殿で生活していたようです（実際に登ってみればわかりますが，八王子城の本丸跡はあまりに狭く，多くの人が日常生活を送れるとはとても思えません）．

　御主殿跡でなにより目を引くのは，復元された木製の曳橋と緊密に積まれた石垣や石畳です（本章冒頭頁 図5-1）．御主殿に入ろうとする者は，この曳橋をわたって，カギ型に屈折した入り口（専門用語で虎口といいます）を通ってゆくわけです．曳橋は木製ですから戦時にはこれを解体してしまえば手前の城山川を渡るのは困難でしょうし，かりに川を渡ったとしても，屈折した虎口によって進行を阻まれ，容易に御主殿には近づけません．このように御主殿はさすがに堅固につくられていますが，ここまで立派な曳橋や石垣はただ軍事的な必要だけで作られたわけではないようです．当時，とくに東国の城では石垣や石畳が使われることは非常に珍しいことでした．それを考えれば，この巨大な曳橋や石垣・石畳は，御主殿を訪れる者に城主の権威を示すための装置としての意味もあったようです．

　実際，御主殿跡の発掘では，氏照が生活する主殿建物とは別に，宴会をするための会所建物の礎石や，庭園跡も確認されています（現在，それらの建物の板の間や廊下が復元され，建物の間取りがわかるようになっています）．また，付近からは中国製の染付磁器やベネチアガラスの破片も多く出土しています．きっと御主殿では，合戦がないときは豪勢な宴会生活が送られ，城主はその財力を周囲に示すことで，人々を服属させていたのでしょう．こうしたことは古文書・古記録からはなかなかうかがえない，現地に足を運び，出土品に触れて，はじめて実感できる戦国大名の実像といえるでしょう．

　御主殿跡を見学したら，いよいよ山頂の本丸跡をめざしましょう．山の標高は445メートル，本丸跡までは徒歩で約40分．尾根を一気に登るので最初は

きついですが，登ってしまえば，あとは尾根上に小宮曲輪，松木曲輪といった曲輪(城の区画)がなだらかに続いてゆくのが確認できると思います．本丸跡の手前には八王子神社があります．これは八王子城以前からこの山に祀られていた神社で，北条氏照はこの神社の加護を期待して，ここに居城を築いたと考えられています．戦国時代の城には，この八王子城や六角氏の観音寺城(滋賀県安土町)などのように，宗教的な聖地に城を築く例も少なくありません．城はたんなる軍事拠点ではなく，領域の人々にとっての宗教的なシンボルとしての意味ももっていたようです．「八王子」という，今も続くこの地域の名称もこの神社に由来するものなのです(釈迦のまえで出家した八人の王子の逸話に由来します)．本丸跡付近の眺望はすばらしく，晴れていれば遠く東京スカイツリーも望めます．

2　戦国大名の「国家」

1590年，この八王子城が戦禍に見舞われることになります．織田信長の後を継いで天下統一を推し進めていた豊臣秀吉の関東侵攻(小田原征伐)です．すでに秀吉は四国・九州を軍事制圧していましたが，彼の発した停戦命令(惣無事令)に従わずに私戦を継続している関東・東北の大名を服属させるために，ついに16万もの大軍勢を進発させたのです．

じつは，この秀吉侵攻の2年前，すでに一度，北条氏と秀吉の関係は一触即発の関係に陥ったことがありました．このときも八王子城では豊臣軍を迎え撃つべく，急速に臨戦態勢が整えられていました．次の文書(72頁 図5-2)は，そのとき城主北条氏照が八王子城近くの三沢郷(東京都日野市)に住む土豪たちに宛てて出したものです．

当時，城主氏照は本城である小田原城に出向いていて，八王子城には主人がいない状態でした．そこで氏照は三沢郷に住む土豪たち(三沢十騎衆)に宛てて，対豊臣戦での協力を求めたのです．この文書は三沢郷の土豪の流れをひく土方家に伝えられていたものです(ちなみに，幕末の新選組副長として有名な土方歳三は，この家の子孫になります)．

では，その内容を検討しましょう．まず第一条では「こんどの戦いは「大途

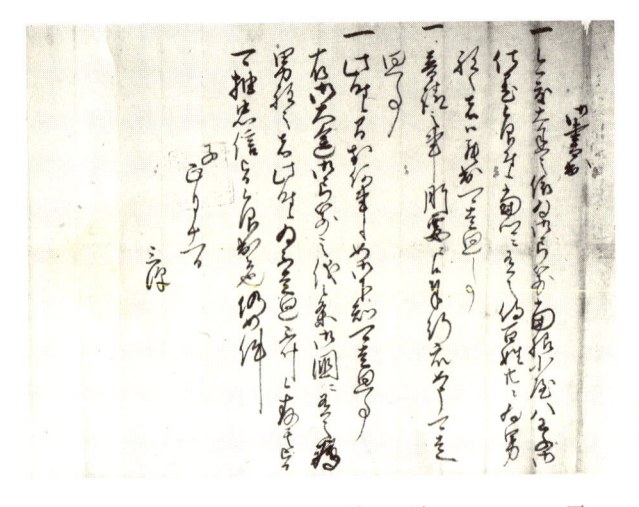

図5-2 北条氏照印判状(日野市高幡山金剛寺蔵「土方家文書」)

御書出し

一、このたび大途の御弓箭たるによ
り、当根小屋・八王子御仕置仰せ
付けられ候。当郷これある侍・
百姓ともニ、男たる程の者ハ罷り
出で、走り廻るべき事。
一、普請の事、肝要ニ候。奉行衆申
すごとく走り廻るべき事。
一、この時に候間、何事においても、
御下知のごとく走り廻るべき事。
右、御大途御弓箭の儀に候、御
国ニこれある男たる程の者、この
時に候、走り廻らずして叶わず候、
その旨を存じ、忠信を抽んずべき
旨、仰せ出さるる者なり。よって
件のごとし。

（朱印） 子 正月十一日
　　　　　　 三沢

の御弓箭」(北条氏当主にとっての重大な戦争)なので、私は八王子城やその「根小屋」(城下の集落)の支配を委ねられた。ついては、三沢郷に住む者は侍・百姓を問わず、成人男子はすべて駆けつけて協力するように」と命じられています。第二条では、具体的に「「普請」(土木工事)は大事であるから、奉行たちの命令に従い協力せよ」とあります。第三条では「こういう時なのだからこそ、何事も命令に従うように」と述べて、最後に「今回は北条氏当主にとっての戦争なのだから、「お国」に住む成人男子は、この時こそ駆けつけないわけにはいかないはずだ。その趣旨を理解し、忠誠に励むようにとのご命令である」と締めくくっています。

　いかがでしょう？「侍・百姓」を問わず「お国」に住む「男たる程の者」

はみな北条氏に協力せよ，とは，ずいぶん強圧的な命令だとは思いませんか．アジア・太平洋戦争のさいに，わが国では「お国のため」と称して多くの人々が徴兵され，過酷な戦線に追いやられたことは有名な話ですが，まさにここでは昭和のファシズム下の総動員体制と同じ「お国」という言葉で，人々が大名の戦争に動員されようとしているのです．このほかにも氏照が発した文書には「首を刎ねる」とか「切腹」とか「死罪」といった物騒な恫喝の文句がよく使われています．どうも北条氏照という人物は，かなり血の気の多い人物だったようです．

ただし，これは氏照だけの特異な話ではありません．別の場面で北条氏当主も次のような内容の文書を発しています．「そもそもか様の乱世の時は，さりとては，その国にこれある者は罷り出，走り廻わらずして叶わざる意趣に候処，もし難渋せしむるにつきては，即時に御成敗を加えらるべく候．これ太途の御非分にあるまじきものなり」(元亀元年二月廿七日　北条氏印判状　『相州古文書』)．意訳すれば，「こうした乱世であるのだから，「国」に住む者は駆けつけて協力しないわけにはいかないはずなのに，それをもし渋るような場合は，すぐに死刑にする．その場合，死刑にされたからといって，我が方に罪はない(死刑にされた者が悪いのだ)」というわけです．

こうした主張は他に武田氏などの戦国大名の文書にも確認できますが，そこに共通するのは次のような内容です．まず第一に，彼らは自分たちの領国を独立した一個の「お国」(「国家」)と把握していることがうかがえます．そして第二に，その「お国」の存亡に関わる事態が起きたときには，「お国」に住む者はすべて「お国」に所属する者の役目として兵役につく義務がある，という認識があったことが見てとれます．ここには，まさに昭和の戦争で使われたロジックと類似のロジックがあるといえるでしょう．そのため研究者のなかには，近代の国民国家の国民意識に近いものが，すでに戦国大名の領国には生まれていたと考える人も少なくありません．

ただ，そこにはやはり一定の留保が必要なようです．たとえば，動員された人々はどのような仕事に従事させられるのでしょう．第二条をみるかぎり，彼らの仕事は主には「普請」，つまり土木工事のようです．彼らは陣地を構築したり，城を修復したりする仕事に従事させられるだけで，実際に戦場の最前線

に送られることはなかったようです．他の文書などをみても，民衆を戦場に動員するさいには，①動員日数の限定，②兵糧の給付，③恩賞と戦後補償の確約，④戦線配置での安全性などが必ず条件として提示されていたようです（そして，それでも動員に応じない人々も多くいたようです）．戦国大名といえども，嫌がる非戦闘員を戦線に根こそぎ動員することまではできなかったのでしょう．

そして，もう一点．こうした大名の民衆動員は決して日常的なものではなく，大名領国が崩壊の危機に瀕した非常事態にのみ見られるものだったことも，留意しておきたいところです．そう思ってさきの氏照文書を読み返してみると，「この時に候」（いまだからこそ！）という言葉が二度も出てくるところが，ずいぶんとくどい印象をあたえます．文書に書かれている内容は，一見すると，かなり高圧的な内容なのですが，よく読んでみると，氏照は様々な理屈で一生懸命に三沢衆に対して説得を行っているようなかんじです．「お国にこれある」者（「国民」）という論理も，そうしたなかで強引にひねり出した理屈なのかもしれません．「お国」に住んでいるのだから「お国」のために相応の義務を果たすのが当然だ，という主張は，それがそのまま「殺し文句」として説得力をもったかどうかは，もう少し冷静に考えてみる必要があるでしょう．

古文書というのは，どうしても権力者側の書いたもののほうが残りやすいという宿命を背負っています．ですから，いま残っている古文書をそのまま素直に読んでしまうと，権力者側の主張が十全に機能していたかのように思えてしまいがちです．歴史を考えるときは，「文字として残されていない世界」にもつねに想像力を働かせる必要があるでしょう．

ちなみに，この1588年の北条氏と秀吉の一触即発の緊張状態は，韮山城代の北条氏規が上洛し，秀吉に謁見することで，ひとまず緩和されます．ですから，実際にはこのとき三沢郷の人々は，ほぼ直接的な軍事協力はせずに済んだと思われます．ところが，2年後，ついに秀吉の大軍勢が関東に襲来します．そのとき八王子城はわずか一日の攻撃で落城し，多くの将兵や籠城した婦女子が命を落としました．いま八王子城跡の御主殿跡の曳橋のそばに「御主殿の滝」とよばれる小さな滝が残されています．落城のさいに逃げ場を失った人々は自刃し，この滝に身を投じ，その血で川の水は三日三晩赤く染まったと伝えられています．

第5章　戦国大名と百姓──75

　この悲劇のただなかで，2年前に動員命令をうけた，あの三沢郷の人たちはどうしていたのでしょう？　じつは三沢郷には八王子城の落城前の日付の秀吉の文書が残されています．どうも三沢郷の人々は北条氏には早々に見切りをつけ，落城前に秀吉軍に服属していたようなのです．氏照が必死で語った「お国」の論理が，当時の人々にさほどの説得力をもっていなかったであろうことは，この事実がなによりも雄弁に物語っているように私には思えます．

3　「禁制」と地域社会

　JR高尾駅をはさんで八王子城跡とは反対の南側に，高乗寺という大きなお寺があります．このお寺は戦国時代からこの地にあったのですが，ここにも次のような一通の秀吉が発給した文書が伝わっています（図5-3）．

禁制
　武州椚田郷ならびに高乗寺門前ともに
一，軍勢，甲乙人ら，濫妨狼藉の事
一，放火の事
一，地下人百姓に対し，非分の儀申し懸くる事
　右の条々堅く停止せしめおわんぬ．もし違犯の輩においては，たちまち厳科に処せらるべきものなり．
　天正十八年四月　日　（秀吉朱印）

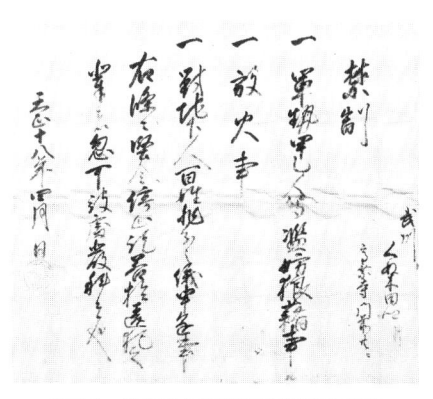

図5-3　豊臣秀吉禁制（初沢町高乗寺蔵，八王子市郷土資料館寄託）

　この文書は禁制とよばれる形式の文書です．文末の日付の下に発給者である秀吉の朱印が捺してあり，冒頭の「禁制」という文字の下にある「武州椚田郷ならびに高乗寺門前ともに」というのが，この文書の宛先になります．通常，禁制は奇数の箇条書きで，宛先の場所に対して配下の軍隊が非法行為を行わないように禁じる内容になっています．この場合は，第一条で「濫妨狼藉」（掠奪と暴行），第二条で「放火」，第三条で住人に対する「非分の儀」（不当な課税や

徴発)をすることが禁じられており，最後に「もしこの禁制に違反する者はすみやかに厳罰に処する」と書かれています．

　文書の日付は天正18年(1590)4月です．この年の3月1日に秀吉は北条氏を攻めるべく京都を出発し，同29日には伊豆の山中城を陥落させ，4月6日には小田原城を包囲します．その後も北条氏は持ちこたえ，八王子城が落城するのは6月23日．小田原城が落城し，北条氏が降伏するのは7月11日のことです．つまり，この文書はまだ八王子城が落城するまえに，その城下の寺院に対して秀吉が保護をあたえるために発給した文書，ということになります．前節で，2年前に氏照の動員令をうけた三沢郷の人たちが八王子城の落城する以前に秀吉の文書をもらっているという事実を紹介しましたが，じつはそれもこの文書と同じく禁制とよばれる形式の文書なのです．現在，秀吉が1590年4月付で発給した同内容の禁制は，関東地方に190通近く残されています．

　こうした文書を目にすると，秀吉は北条氏が降伏するまえから，たいへん用意周到に占領地域への施策を行っていたように思えるかもしれません．ところが，実態は少し異なります．じつはこの禁制とよばれる文書は，一般的には受け取る側(この場合は高乗寺や三沢郷)が，みずから文書発給者(この場合は秀吉)に交渉して発行してもらうものなのです．ですから，秀吉側は高乗寺や三沢郷がどういう場所であるか把握しないまま，申請されるままに禁制を発給していた可能性もあります．

　しかし，禁制を受け取る側からすれば，これを入手すれば得体の知れない侵略者からみずからの生命財産を守ることができるわけですから，とても重要な文書です．禁制の文中に「濫妨狼藉」という言葉がありましたが，当時の戦場では侵攻してきた敵軍が一般民衆の財産を掠奪したり，家族を拉致して売り飛ばすというようなことが後を絶ちませんでした．そうした災厄から逃れるためにも，人々が禁制をなんとしても入手したいと思うのは当然です．ところが，禁制を発給してもらうためには，多額の金銭を支払わなくてはなりませんでしたし，もし敵軍に多額の金銭を支払って禁制を入手していることが北条氏にばれてしまったら，敵方とみなされ攻撃をうけてしまう危険性すらありました．禁制はそう簡単に手に入るものではなく，経済的・軍事的なリスクをともなうものだったのです．

高乗寺には，この禁制を入手した後の経緯が書かれている，とても珍しい江戸時代の記録も残されています．その一節を以下に紹介しましょう．

　天正十八年四月，八王子一乱の時，太閤様より御囲処(おかこいどころ)の御朱印(ごしゅいん)弐通下され，壱通は総門(そうもん)に張り，壱通は堂ヶ峰に張り候について，方々より取り込み，小屋懸(が)けす．すなわち小屋銭永楽四拾文(こやせん)ずつ取り申し候．右の小屋銭永楽九拾三貫あり．遣(つか)い残り四拾九貫あり．これをもって山門ならびに十六羅漢新造するものなり．ならびに米山小宮山なり新右衛門永楽三貫文寄進するものなり．ならびに米山小宮山なり民部高乗寺中興開基なり．
　　ときに文禄三甲午歳二月日　　　　　　龍雲山高乗八世太祝叟判

　上の史料によれば，「八王子一乱」(八王子城落城)のとき，高乗寺は秀吉から「御囲処(おかこいどころ)」(保護地)としての朱印状を二通入手しました．この二通のうち一通は寺の「総門」に貼り，もう一通は寺の後背地の南西の境界「堂ヶ峰」に貼りだした，ということです．このように禁制を受け取った側は，それを門前に貼りだして，進駐軍に提示することで，彼らの理不尽な暴力を回避していたのです．一種の平和領域宣言といえるでしょう．後世の記録とはいえ，こうした禁制の使用方法がわかるという点でも，この記録はたいへん興味深いものです．
　さらに興味深いのは，そうして禁制を掲げて「御囲処」であることを宣言したところ，周囲の村人たちが次々と寺内に駆け込んできて，「小屋懸け(こやがけ)」(避難用の仮設住宅の設営)をしたというのです．当時の村人たちはたくましく，ただ戦禍に右往左往していたわけではなく，みずから安全な場所を求めて能動的な行動を起こしていたことが，ここからわかります．これに対して寺側は避難してきた村人たちから小屋1軒につき永楽銭で40文の場所代を徴収したそうです(現在の価値にすると約4000～5000円)．すると，総額は93貫文にもなったということです(現在の価値にすると約1000万円以上)．ここで簡単な計算をしてみましょう．X世帯に場所代40文を課したところ，総額93貫文になった($X \times 40$文 = 93貫文)というのですから，このとき高乗寺に避難してきた世帯数は，2325世帯にもおよぶことになります．そんなに大勢の家族が寺のなかのどこに仮設住宅を作ったのだろうと思うかもしれませんが，江戸前期の

図5-4 高乗寺絵図(部分．初沢町高乗寺蔵，八王子市郷土資料館寄託)

　高乗寺の絵図をみると，後背地の山のなか(現在の分譲墓地のあたり)に「小屋場」という地名が3カ所確認できます(図5-4)．おそらく村人たちはここに立て籠もって，城攻めの成り行きを見定めていたのでしょう．

　なお，集めた小屋銭は必要経費を差し引くと残額が49貫文になったので，その額で寺の山門と十六羅漢像を新調したとも書いてあります．おそらく，この必要経費は秀吉軍から禁制を入手するために支払った交渉費でしょう．差し引きすると，高乗寺は禁制2通を入手するのに44貫文(現在の価値で約500万円以上)も支払ったことになります．

　戦国時代というと，華々しい合戦絵巻や雄々しい武将たちの活躍ばかりに目がいってしまいますが，すこし視点を変えるだけで，ずいぶん生々しい世界が垣間見えてくることがおわかりいただけたでしょうか．戦国大名というと，現在ではそのリーダーシップや領国支配の手腕などが注目され，彼らの英雄的な活躍が経営者やサラリーマンのお手本にすらされています．また，かつて日本陸軍の参謀本部などは，近代戦の戦略に資するため，大真面目に戦国大名や戦国合戦の研究をしました．いまでもインターネットなどで外国に対して排他的で強硬な主張をする一部の人たちは，しばしば威勢よく「有事」や「戦争」という言葉を簡単に口にしますが，そういう人たちに限って，無意識に自分自身を「大名」や「大将」の立場に置いて，「戦争」をゲームのように考えているように思えます．

　有名な大名や武将たちの周囲で多くの人々がどのような過酷な環境に陥り，それでもそのなかで必死に生き抜いていったのか．そうした甚大なリスクに対

するリアリティーのない"お花畑"のような歴史は空疎ですし，かりにそこから何らかの「戦略」を学ぶにしても，おそらく戦場の現実を直視しない「戦略」には勝算は見込めないでしょう．ドラマやマンガの世界の「戦国時代」は，それはそれで魅力的ですが，学問としてそれを見極め（まして，そこから何らかの示唆を得）ようというときには，より幅広い視野を育んでほしいと思います．

ブックガイド（より深い理解のために）

▶峰岸純夫『中世 災害・戦乱の社会史』吉川弘文館，2001 年
　　幾多の災害と戦乱に見舞われた中世社会の過酷さと，そのなかで「禁制」の習俗などを駆使して生き抜いていった人々の姿を描き出した論文集．
▶藤木久志『新版 雑兵たちの戦場』朝日選書，2005 年．初版 1995 年
　　実際の戦場で起きていた掠奪とその担い手たちの姿を解明して，従来の大名・武将中心の戦国時代イメージを大きく転換させた 1 冊．
▶千田嘉博『戦国の城を歩く』ちくま学芸文庫，2009 年．初版 2003 年
　　知っているようで知らない戦国時代の城の実態を平易に解説．基礎知識のない人も，歴史マニアも同時に満足させる内容となっている．

第6章
江戸時代の村
――鉄火裁判と神々の黄昏――

> **この章のねらい**
>
> 日本の伝統社会においてセーフティネットの役割を果たした村共同体が，どのような実態をもっていたのかを知る．あわせて中世的な宗教・呪術観念がどのようにして払拭され，合理的精神が芽生えたのかを理解する．

図 6-1a　近江の綿向神社

図 6-1b　会津の勝者，青津次郎衛門夫妻の墓(ともに筆者撮影)

第6章 関連年表

天正18年(1590)	小田原平定(全国統一の完成)
天正19年(1591)	豊臣秀吉が全国に御前帳(検地帳)の提出を命じる
	人掃令(身分移動の禁止，～92)
文禄 元年(1592)	文禄の役(第1次朝鮮出兵，～93)
慶長 元年(1596)	サンフェリペ号事件．26聖人殉教事件
慶長 2年(1597)	慶長の役(第2次朝鮮出兵，～98)
慶長 3年(1598)	豊臣秀吉死去
慶長 5年(1600)	リーフデ号が漂着する．徳川家康がウイリアム・アダムスを引見する
	関ヶ原の戦い(家康が石田三成をやぶる)
慶長 8年(1603)	出雲阿国がかぶき踊りをはじめる
	家康が征夷大将軍になる
慶長 9年(1604)	糸割符制度開始
	幕府が諸大名に国絵図・郷帳を作らせる(慶長国絵図)
慶長10年(1605)	徳川秀忠が征夷大将軍になる
慶長12年(1607)	朝鮮通信使がはじめて来日する
慶長14年(1609)	島津家久が琉球に出兵する
	己酉条約を締結する
	幕府がオランダに貿易を許可する．オランダ人が平戸に商館を建設する
	幕府が村落間の武力行使を禁じる(徳川喧嘩停止令)
慶長17年(1612)	幕府が直轄領に禁教令を発する(翌年に全国化)
慶長18年(1613)	伊達政宗の家臣・支倉常長がメキシコに向け出帆(～1620年帰国)
	幕府がキリスト教を禁止する
慶長19年(1614)	大坂冬の陣
元和 元年(1615)	大坂夏の陣(豊臣氏滅亡)
	一国一城令．武家諸法度元和令．禁中並公家諸法度発布
元和 2年(1616)	徳川家康死去
元和 3年(1617)	幕府が大名・公家に領知宛行状・朱印状をあたえる
	日光東照宮の造営
元和 5年(1619)	福島正則(広島城主)の改易
	近江日野と陸奥会津で鉄火起請が行われる

● 時代背景 ●

　尾張・美濃国(愛知西部・岐阜南部)を支配下においていた織田信長(1534-82)は，1568年に入京を果たし，足利義昭(1537-97)を室町幕府15代将軍に擁立します．これ以後，信長は浅井氏・朝倉氏・比叡山延暦寺・室町幕府・一向一揆・武田氏などを次々と打ち滅ぼし，国内の軍事的統一を進めてゆきます．しかし，織田政権は土地支配制度については抜本的な施策を打ち出せないまま，1582年，明智光秀の裏切りにより崩壊します．

　かわって統一事業を継承したのが，信長の家臣であった豊臣秀吉(1536-98)です．秀吉は刀狩り(帯刀を指標とした身分規制)や惣無事令(大名間の私戦禁止指令)，海賊停止令(海上治安指令)，喧嘩停止令(村落間の私闘禁止指令)などを発令し，人々が中世以来行ってきた自力救済行為に規制を加え，武士と百姓の身分関係の整理をめざしました．また，村内では太閤検地を実施し，中世の荘園制的な土地制度を解体し，所有関係を本百姓を基本としたものへと再編成しました．

　秀吉の死後，1600年に関ヶ原の戦いに勝利し，江戸幕府を築いた徳川家康(1542-1616)は，それぞれの大名領国(藩)の地方統治("自分仕置")を認めつつも，武家諸法度や禁中並公家諸法度などを定め，幕府による全国支配を実現しました．こうして幕府と藩によって二重に構成された近世の国制のことを，幕藩体制といいます．

　信長・秀吉・家康の3人の治世は，日本史上でも希有な激動の時代でしたが，そうした激動を経て国内では精緻な支配機構が確立してゆきます．一方，中世以来，主体的な動きを見せていた村落や町場などの民衆の自治組織も，その機能を存続させ，引き続き幕藩体制の支配機構を下支えしてゆくことになります．

　ただし，100年間続いた戦国の気風は，その後も容易に払拭されることはありませんでした．17世紀前半に華美で放埓な出立ちで市中を跋扈した「かぶき者」とよばれる無頼漢たちは，武勇を誇り，強烈な仲間意識と反体制的な志向をもっていました．彼らの刀の鞘には「生き過ぎたりや二十五(歳)」という心意気が記されていたと伝わりますが，そこには死に場所を失い，平和な時代に長生きをしてしまったという悔悟の念と戦国への憧れが見てとれます．また，「男気」と，主君との精神的紐帯の強さを示すために行われた殉死も，同様の価値観を背景にして当時，流行しました．「生類憐み」を唱えた徳川綱吉(1646-1709)の政治も，基本的にはこうした戦国以来の殺伐とした気風を払拭し，生命を尊重する泰平の時代へと人々の価値観を転換することを企図したものだったのです．

　近世社会を形容する言葉として，しばしば"徳川の平和"という言葉が使われます．その言葉のとおり，近世の人々は，様々な統制や負担はあったにせよ，とりあえず，自律的な中間団体を基礎とした社会制度のもと，300年間におよぶ"平和"を享受することになったのです．

1 村と町の成熟

失われてゆく村や町

　あなたは，お隣に住んでいる人の顔を知っていますか？　ちょっとした旅行で家を空けるとき，お隣さんと声をかけ合うような関係をつくっていますか？

　いま，日本各地で"地域"のつながりが薄らいでいるといわれています．1960年代の高度経済成長以降，日本中のあちこちで都市化と，他方で農村部の過疎化が進みました．その結果，農村部では人口流出と高齢化がすすみ，かつてのムラ共同体を維持してゆくことが難しくなっています．また，一方の都市部でも，新規住民は既存の町内会(マチ共同体)に加わるのを避ける傾向が強く，古くからの商店街も解体の危機に瀕しています．第4章でも述べたとおり，15世紀頃に一般化し，その後の日本社会を下支えしてきた村や町を基礎とした生活は，いま確実に崩壊へと向かっています．

　もちろん，それ自体は社会構造の変化や個人主義の成熟などの結果であって，利便性やプライバシーという観点を重視すれば，一概に悪いこととはいえません．ただ，よく考えてみてください．私たちは，これまで村や町が歴史的に果たしてきた役割に代わるものを手にしているのでしょうか？　たとえば，隣家で児童虐待や孤独死があっても誰も気づかないというような，最近よく耳にする悲劇は，かつての日本社会ではおよそ考えられないことでした．町内会の消防団や防災組織はどこも形骸化していますが，警察や消防署も対応できないような災害が起こったとき，初期消火や救援物資の保管・分配は誰が担うのでしょうか(阪神・淡路大震災や東日本大震災のときに，各地で一時的に地域共同体が復活したという話はよく聞かれました)．

　経済格差や災害対策が大きな課題となっている今日，私たちの社会には，いざというときに個人を支援する効果的なセーフティネット(安全網・社会保障)が必要だとされていますが，日本の長い歴史のなかで村や町は，まさにそのセーフティネットとしての役割を果たしてきたのです．しかし，残念ながら現在の私たちの社会は，村や町が崩壊した後，それにかわるセーフティネットをいまだ確立していません．このことは，今後の日本社会を考えるとき，きわめて

深刻な問題であると思われます．とはいえ，さすがに，かつての村や町を今さら復活させることは難しいでしょう．それでも，過去の人々が村や町にどのような機能を期待していたのか，その存在意義を見つめ直すことは，決して無意味なこととは思われません．本章では，近世初期の村落社会の実態を見つめることで，当時の人々が村共同体にどのような意義を認めていたのかを，考えていきたいと思います．

荘園制から村町制へ

近世の村落を考える前提として，まず中世国家の地方支配のあり方から確認しておきましょう．中世の土地制度の基本は，あくまで荘園制（荘園公領制）です．それは，京都などの巨大都市に住む貴族や寺社が荘園領主として，地方社会から年貢・公事・夫役を収取する大土地所有システムでした．荘園領主と現地の耕作者の間には，「給主（きゅうしゅ）」や「預所（あずかりどころ）」「下司（げし）」「沙汰人（さたにん）」などとよばれる様々な人物が重層的に介在し，荘園支配のための義務と権利を分有していました．彼らのもつ義務と権利は「給主職」「預所職」「下司職」など，「職（しき）」とよばれました．こうした様々な「職」が一つの土地に重層化していたのも，日本の荘園制の大きな特徴です．

たとえば，中世は一方で「武士の時代」とも形容されます．彼ら武士たちは在地領主として地方社会で勢力を徐々に拡大していきました．ただ，その武士たちも多くは荘園や公領の何らかの職をもっており，その職を根拠にして荘園内に勢力を拡げてゆくのが常でした．その点に注目すれば，彼ら武士たちも荘園制の破壊者というよりは，その制度に依拠し，荘園制を構成する一要素であったといえます．また，彼ら武士集団を束ねる鎌倉幕府・室町幕府も，その経済基盤は公家や寺社などと同じく荘園であり，彼ら自身，一面で巨大な荘園領主でもありました．その点で，荘園制は，公家や武家などの相違を越えて，中世社会の基幹となる土地制度であったといえます．

荘園の内部構成は荘園領主の性格や立地する地域の個性に応じて様々ですが，一般的には「名（みょう）」とよばれる小単位から構成されています．「名」には「名主（みょうしゅ）」が存在し，彼らは名主職をあたえられ，名内部の百姓たちからの徴税を行うことになります．ただし，この「名」はあくまで徴税単位であり，必ずしも

空間的なまとまりをもっていません（空間的にまとまっている場合もあります）．だから，この名はあくまで制度上の枠組みにすぎず，中世百姓の生活空間とは必ずしも一致しません．一方で中世百姓は荘園制という支配制度とは別に「村」をつくり，そこを生活・生業の舞台としていたのです．

　13世紀後半になると畿内で，これらのなかに独自に治安維持を行い，村掟などを定める村が現れるようになります．また，場合によっては，村単位で荘園領主から独自に年貢徴収を請け負う村も現れるようになります．本来，村は荘園制の制度外の存在だったはずなのですが，自治の進展とともに，名などの形式的な徴税単位に依拠するよりは，現実的な生活・生業空間である村を基礎単位にして徴税を行ったほうが，合理的であるという判断が支配者側にも被支配者側にも働いたようです．こうした村による年貢請負のことを「地下請」とか「村請」とよびます．

　この後，畿内やその近国などでは14〜16世紀にかけて，自治を進める村や町が多く出現します．これらの村や町には，①指導層を中心にした宮座での自治が確認され，②村法・町法が定められ，③共有財産を保有し，④村・町単位の年貢請負がなされる，などの特徴が見られました．かつては，中世後期に顕著に確認されるようになる，こうした自治的な共同体のことを研究者は「惣村」などとよんでいました．しかし，現在では「惣村」という語には本来，村落自治の語義はないこと（正確には「村のすべて」というほどの意味しかない）や，「惣村」といってしまうと同時代に同じ性格をもって存在した「町」の自治が抜け落ちてしまうこと，また自治共同体が近世に接続しない中世後期だけの特殊な存在であるかのような誤解をあたえてしまうこと，などから，ほとんど使われることはなくなりました．

　こうして形成された村や町は，一定の武力を保持しており，15世紀には徳政一揆や土一揆，惣国一揆などの基礎単位ともなりましたし，生業をかけた近隣とのトラブルのさいには運命共同体となり，住民は協力して外敵と戦いました．16世紀に現れた戦国大名や統一政権は，こうした村や町の武力行使については取り締まりの対象としましたが，決して彼らの自治を否定することはありませんでした．そのため中世に培われた村や町の自治は，荘園制が解体した後も，ほぼそのまま近世社会に連続してゆくことになります．近世においても，

基本的に年貢は村単位の村請でしたし，村や町内部で起きた犯罪についても引き続き共同体内部での処理に委ねられていました．近年の研究では，中世後期に荘園制内部から用意され，その後，近世を通じて維持される，村や町を基礎単位とした社会のあり方を「村町制」とよんでいます．

以下では，鉄火起請とよばれる奇妙な裁判を題材にして，16世紀後半（戦国後期）から17世紀前半（江戸初期）にかけての村のあり方を見てゆくことにしましょう．

2　古記録と伝承のなかの鉄火裁判

古代社会においては，「盟神探湯」とよばれる不思議な裁判がありました（『古事記』『日本書紀』）．これは刑事事件の被疑者が熱湯に手を入れ，火傷の有無で有罪・無罪を決めたり，争う双方が熱湯に手を入れ，火傷のひどい方を負けとするという裁判で，正しい者は神のご加護により火傷はしないだろうという信仰にもとづいていました．こうした神に善悪の判断を委ねる裁判は，前近代の世界各地で行われており，「神判」とよばれます．

日本社会の場合は，盟神探湯が途絶えた後，神判の存在はあまり確認できませんが，室町時代になると「湯起請」という形態で大流行します．これも熱湯に手を入れて正邪を判断する神判です．この後，戦国後期から江戸初期になると，湯起請はよりエスカレートして「鉄火起請」に姿を変えます．これは焼けた鉄の棒を握って，その火傷の具合によって正邪を判定しようという裁判です．中世から近世初期にかけて，一方で双方の「理非」を究める裁判も行われてはいましたが，一方で，こうした神判もそれなりの比重を占めて存在していたのです．これらは現代の私たちの感覚からすれば，およそ信じがたい狂信的な裁判のように思えますが，現在，古文書などで確認できるかぎり，鉄火起請は16世紀後半から17世紀前半のわずかの期間に40例以上が確認できます．しかも興味深いことには，この鉄火起請については，各地にその伝承が今も多く残されているのです．まずは，これら古文書や伝承からわかる鉄火起請の具体的な経緯について，二つのエピソードを少し細かく紹介してみましょう．

〔エピソード1〕近江国蒲生郡の事例

契機　江戸初期,近江国蒲生郡(滋賀県蒲生郡)では東郷九カ村と西郷九カ村が日野山の領有をめぐって,延々10年にわたる山争いを繰り広げていた.当初,争いは周辺の寺院があいだに入って調停が試みられたが,けっきょく妥結を見ることはなく,ついに元和5年(1619)になって,西郷側から東郷側に鉄火起請による裁決が提案されることになる.

代表者選考　そもそも西郷側から鉄火起請が提案されたのには,西郷のうち石原村に住む角兵衛という「才智ある者」がこれを提案し,みずからその取り手に名乗り出るという背景があった.角兵衛は石原村で長い間扶養されていた「浪人」であったが,彼は村への恩返しとして鉄火の取り手を立候補したらしい.これに対し,東郷側は日野村井横町の九郎左衛門という者が,取り手の役目を引き受ける.しかし,その後,西郷との交渉にあたった音羽村の喜助という者に役目が替えられる.

鉄火起請　かくして江戸幕府からの検使の立ち会いのもと,日野町の綿向神社(本章冒頭頁 図6-1a)で鉄火起請が行われることになる.角兵衛と喜助の二人には,焼けた鉄棒を手に載せ,それをそのまま約9メートル離れた神棚まで運ぶことが義務づけられる.緊張の一瞬――.喜助は鉄火を受け取ると,さすがに熱かったのか,すぐさま5メートルばかり走り込み,そのまま神棚に鉄火を投げ入れる.一方,角兵衛は,あまりの熱さに堪えることができず,そのまま鉄火を投げ落としてしまう.これにより,角兵衛は幕府の役人たちにその場で取り押さえられ,翌日,郷内を引き回されたうえ磔にかけられることになる.こうして東郷側の勝利が確定した.

後に伝えられるところによれば,「いささか奸智ある者」であった角兵衛は,焼いても熱くならない鉄棒を用意し,これを使うことで鉄火起請に勝利しようとしていた.ところが,裁判の直前に両者の用意した鉄棒が交換されてしまったために企てが失敗し,敗れてしまったのだという.角兵衛の悲惨な末路とは対照的に,その後,喜助には褒美として東郷から土地があたえられたとされる.以上の出来事は,綿向神社に伝えられる古記録『山論鉄火裁許之訳書』に書かれている.

語り継がれる伝承　この不思議な裁判の顛末は,古記録のうえだけの話では

なく，いまも現地で"生きた歴史"として語り伝えられている．現在でも綿向神社では，鉄火起請に勝利した喜助の子孫たちによって，新暦10月18日（かつては鉄火起請当日の旧暦9月18日）に，喜助の勇気を讃える「鉄火祭」という祭事が執り行われている．また，音羽村の雲迎寺（うんこう）は喜助の菩提寺とされ，いまも境内には喜助の顕彰碑が建てられている．

〔エピソード2〕陸奥国会津の事例

契機 まったく同じ年の元和5年(1619)，陸奥国西会津（福島県西会津町）の綱沢村（つな・さわ）と松尾村という二つの村でも鉄火起請が行われている．この二つの村も互いに利用している綱沢山という山の境界をめぐって，山争いを展開していた．この争いは最初，会津藩に持ち込まれたものの，あまりに事情が込み入っているために会津藩も簡単に裁定を下すことができず，藩としては和解調停案を提示することが精一杯だった．そのため，双方の村は「ぜひ鉄火の勝負に仕るべし」と，ここでも自主的に鉄火起請での解決を藩に願い出る．

代表者選考 このとき一方の綱沢村では，最初，誰もが火傷を怖れて鉄火の取り手に名乗り出なかった．そのなかで，肝煎（きもいり）の青津次郎右衛門は勇気をふりしぼり，名乗りをあげる．ただし彼は，ひとたび鉄火を握れば火傷によって農作業ができなくなってしまうとして，鉄火の取り手を担うかわりに，以後の農作業について村人たちに助成を願い出る．これをうけて，村人たちも次郎右衛門に対して長期の経済補償（農作業の援助）を約束する．

鉄火起請 かくして鉄火起請は，地域の惣鎮守（そうちんじゅ）であった野沢本町の諏方神社で，会津藩の役人の立ち会いのもと執り行われることとなった．綱沢村の代表は青津次郎右衛門，松尾村の代表は長谷川清左衛門だった．二人は礼服で神前に臨み，役人は炎のなかから焼けた鉄火を挟み出し，彼らの手のうえに載せる．すると，綱沢村の次郎右衛門は平然として鉄火を神前まで運ぶことができたものの，松尾村の清左衛門は熱さのあまり鉄火を投げ捨て，そのまま倒れ伏し，息絶えてしまった（一説には，その場で処刑されたとも伝わる）．かくして鉄火起請は綱沢村の勝利に終わる．勝利した次郎右衛門には，約束どおり村人からの経済補償がなされ，その補償は古文書から確認できるかぎり，彼の6代後の子孫の時代，19世紀まで続いている．以上の出来事は，近世後期に編纂され

た『新編会津風土記』や，青津家に伝わる「青津文書」に記されている．

語り継がれる伝承　この会津の鉄火起請についても，現地では生々しい伝承が語り継がれている．まず，勝利した次郎右衛門の墓所は村内の広谷寺に現存するが(本章冒頭頁　図6-1b)，この村ではいまでもお彼岸になると，村人総出で彼の墓の掃除を行うことになっているという．一方，負けた松尾村の清左衛門は，その遺体をバラバラに切り刻まれ，その遺体は新しく決まった両村の境界線上に首・胴・足を3カ所に分けて埋められ，以後，この三つの塚が両村の境界点とされたという．

3　自力の村

自力救済社会の現実

では，以上に紹介した少々ショッキングなエピソードから，中世末～近世初期の地域社会のあり方について，考えてみましょう．

まず，おさえておきたいのは，いずれも村と村との間の山林の領有を契機として，争いが起きているという点です．実際，この時期の鉄火起請は，こうした村と村の領有権争いに多く使われました．この中世末～近世初期という時期は，各地で村々の境界争いが多発していました．その背景としては，一つには戦国争乱による大名家の滅亡や統一政権による国替によって支配関係が頻繁に変更されたことにともない，多くの村々の領有関係が不明確になってしまったという事情がありました．

また，もう一つには，戦乱や飢饉が多発するなかで，村人たちは山林に分け入って，田畠以外に薪炭(燃料)や下草(したくさ)(肥料)など様々な山林の恵みを享受しようとしました．そのため結果的に，以前よりも山林の用益が拡大し，村と村との間で山野をめぐる競合が激化してしまったという事情もあったようです．

こうした問題は生活や生業が関わっているだけに根深い問題であり，話し合いだけでは簡単に決着をつけることができませんでした．中世では，村落どうしの山や川の領有をめぐる争いが「弓矢」をともなう「合戦」にまでエスカレートして，多数の死者が出ることも少なくありませんでした．彼らは一人の村人が受けた損害を，村全体の損害として受け止める強烈な連帯感をもっており，

それがしばしば争いを激化させる要因ともなったのです．彼らは村の構成員である以上，村の争いには積極的に協力して，ときには身命を捧げなければなりませんでしたが，他方で彼らは村を離れて個人で生きてゆくことなどできない以上，率先して村のために行動することも辞さなかったのです．自らの失った権利を裁判権力や警察権力に頼らずに自分で回復することを法律用語で「自力救済」といいますが，まさに中世は自力救済の社会だったのです．そして，そうした社会を生きてゆくとき，村は彼らの生命と生業を守るための重要な「自力」の拠点だったのです．

　これに対し，戦国大名や統一政権には，まだそうした村々の間の紛争に明解な裁決を下す信頼も権威もありませんでした．ともすれば，公権力が不用意な裁定を出してしまうと，どちらか一方から深い恨みを買ったり，後に現地の勢力関係の転換により，公権力の出した結論が覆されてしまう危険もありました．ですから，公権力としても，こうした問題に不用意に介入したくないという気持ちがあったのでしょう．エピソード2では，会津藩もその裁定に二の足を踏んでいる様子が確認できます．

　そうしたなかで，神の名による裁判である鉄火起請というのは，当事者双方も納得できる最後の手段だったようです．当時の人々は，双方の村が血みどろの殺し合いを行って，多くの生命財産が失われるよりは，裁定を「神」にゆだね，少ない犠牲で紛争を決着させるほうが，より賢明であると考えたのです．焼けた鉄棒を握る裁判などと聞くと，とてつもなく野蛮で狂信的な行為のように思えるかもしれませんが，そこには彼らなりの「暴力の制御」という知恵が働いていたのです．戦国争乱の克服は，決して信長や秀吉の軍事行動のみによって実現されたわけではなく，自力救済の行使に倦んだ一般の人々の暴力の自己抑制によって実現された側面があったことも無視できません．

村の犠牲と補償

　次に注目してもらいたいのは，鉄火を取る村の代表者が選ばれる経緯です．とくに会津の事例では，代表者を名乗り出た次郎右衛門が交換条件として，村からの農作業の援助を願い出ています．それだけ鉄火起請とは過酷な裁判だったのでしょう．実際，この裁判に勝利した次郎右衛門に対して，村は長く農作

業の援助を惜しみませんでした．また，当初からの約束ではありませんでしたが，近江の事例でも，勝者となった喜助に対して東郷から土地があたえられています．中～近世の村は独自の財政基盤(惣有財産)をもち，自力で物事を解決していましたが，このように村の功労者に対して，独自に褒賞をあたえることもよく行われていました．その後の伝説のなかでも，鉄火起請に勝利した代表者に対して"村の英雄"ともいうべき手厚い顕彰がなされ，その営為が語り継がれていました．これらの伝説も何もないところから生み出されたものではなく，中～近世の村の独自裁量が基礎となっていることは疑いないでしょう．

　しかし，この鉄火起請の取り手に誰も名乗り出なかった場合は，どうするのでしょう？　史料や伝説のうえでは，そうしたトラブルは伝えられてはいませんが，他の中世村落の事例などを見てみると，村の誰もがやりたがらない仕事(領主からの夫役など)は，村のなかで低い立場にある者に押し付けられてしまうことがあったようです．ときには，中世村落は，そんなときのために乞食や浪人を扶養しておき，いざというときには彼らに何らかの交換条件を提示して，そうした仕事を押し付けることもありました．中世村落の自治の裏側にあった残酷な仕組みといえましょう．でも，この話を念頭において，あらためてさきのエピソードをふり返ってみると，不思議なことに気づかないでしょうか．

　そうです．近江の事例では，最初，角兵衛という「才智ある者」が奸計を企み，自主的に名乗り出たということになっていますが，彼はそもそも石原村の「浪人」でした．よくよく考えてみれば，焼いても熱くならない鉄など存在するはずがないですから，この角兵衛の奸計のエピソードは後年の創作と考えるべきでしょう．あるいは裁判に勝利した側によって，敗者の側がことさらに悪く描かれたのかもしれません．だとすれば，角兵衛のエピソードをそのままに信じるわけにはいきませんが，わざわざ角兵衛が村に扶養されている「浪人」だったと書いているのは，少しひっかかります．あるいは，この角兵衛こそは西郷側に鉄火の取り手を押し付けられてしまった"村の犠牲者"だったのかもしれません．そう考えると，東郷側でも最初，九郎右衛門が取り手だったはずなのに，途中から喜助に代わったという経緯も，やや不自然に思えてきます．喜助はもともと庄屋だったと伝えられていますが，ひょっとすると東郷内部でも"村の犠牲者"の選出をめぐって，史料には残らない隠微な駆け引きがあっ

たのかもしれません．

"村の功労者"は独自に褒賞・顕彰し，それが見つからない場合は"村の犠牲者"を隠微に調達する．いずれにしても，鉄火起請の経緯からは，良くも悪しくも中世から近世にまで存続した村の独自裁量の根強さがうかがえます．過酷な時代を生き抜いていかねばならなかった当時の人々にとって，村は一種の運命共同体であり，村のために貢献した個人に対しては村ぐるみで懇切なケアをせねばなりませんでしたし，ときには村全体の利益のために一人が犠牲になることも必要とされたのです．こうした社会組織(中間団体)の成熟が，近世の幕藩制社会を用意したといえるでしょう．

「伝説」の歴史学

そして，そうした鉄火起請の史実が，江戸時代をこえて400年以上を経た今にいたるまで語り継がれてきたことにも，同じく大きな意味があるといえます．現代に続く地域社会の枠組みや集落のあり方は，地域差はありますが，ほぼ江戸初期に形づくられたといわれています．戦国期までの流動的な地域社会のあり方から徐々に村々の境界や用益権が確定し，現在の地域社会の祖型ができあがったのが，この頃なのです．鉄火起請の史実を伝える現地に行ってみると，鉄火起請で確定した境界が，現在でも二つの地域の境界として継承されていることがほとんどです．そう考えたとき，鉄火起請の逸話を伝えている村々にとって，鉄火起請による勝利は"村の創業神話"として重大な意味をもったことがわかると思います．それらの村々にとって鉄火起請の逸話は，決して遠い過去の孤立したエピソードではなく，現在につながる"村の歴史の出発点"だったのです．

でも，歴史の研究に「伝説」を利用する，というと，変に思う人もいるかもしれません．一般的には「伝説」というのは荒唐無稽なもので，そこから「史実」を導き出すのは危険だと考えられているからでしょう．しかし，伝説の背後には，それを語り伝えてきた人たちの強い思いやこだわりが必ずあります．その内容自体はたとえ荒唐無稽なものだったとしても，彼らがそれを語らずにはいられなかったことの意味は，それ自体，立派な歴史学(主に近代史)の対象といえるでしょう．最近の歴史学では，伝説についても，その真偽をこえて

「伝えられてきたことの意味」そのものを分析・検討してゆこうという気運が生まれてきています．そのことに留意すれば，伝説は決して史実に迫るためのノイズではなく，それ自体，貴重な史料となりうるのです．鉄火裁判の伝説についても，史実を補完するものというだけではなく，そうしたアプローチによって様々な意味を見い出すことができるでしょう．

　本章では，長い歴史のなかで人々のセーフティネットの機能を果たしてきた村の役割を見つめることを心がけてきました．もちろん戦国や江戸の初めと現代では社会環境もちがいますから，安易にそこから将来の教訓や有効策をえることはできないでしょう．ただ，いま私たちが捨て去ろうとしているもののなかに，過去の人々が託してきた喜びや哀しみを知っておくことは，今後，私たちが新しい社会組織を築くときにも必要なことのように思えます．みなさんのなかで，それらに興味をもった人は，さしあたり，身近な地域の民俗や伝説などに目を向けて，それらを掘り起こしてみるのも良いかもしれません．

4　中世から近世へ

　ところで，鉄火起請をめぐる中～近世移行期の村々の争いを見てゆくと，そこからはもう一つ，神仏とともに生きてきた"中世"という時代の終焉を見てとることができます．最後に，そのことも考えておきましょう．

　たとえば，これまで見てきた村々では，村を代表して鉄火起請を行う者に対する，たいへんきめ細かな褒賞や補償の仕組みが用意されていたことが，確認できました．しかし，考えてみれば，本当に自分たちの主張していることに自信があり，それを神仏が聞き入れてくれるという確信があるのだったら，そもそもこのような褒賞や補償は必要ないのではないでしょうか．にもかかわらず，そうしたシステムを彼らが整えていたということは，どういうことでしょう．

　また，二つのエピソードでは，どちらも最初からストレートに鉄火起請が選択されたわけではなく，それぞれ周辺寺院や藩の和解調停が破綻したすえに鉄火起請が選択されていました．これも鉄火起請によって本当に真実がわかると考えているのならば，ずいぶん迂遠な方法のように思えます．じつは，彼らにとっても鉄火起請の"神"は半信半疑の存在だったのではないでしょうか．

さらにいえば，近江のエピソードでは，西郷側の角兵衛は熱くない鉄を用意したものの，それがすり替えられてしまったために，負けてしまったといいます．ということは，逆にいえば東郷側が勝利した理由は，"神"が味方したからではなく，たまたま熱くない鉄を手にしたため，ということになりはしないでしょうか．これについても，東郷側が書き残した古記録には，そのあたりの矛盾を思慮した形跡はありません．おそらく彼らの子孫は，焼けた鉄を握っても先祖が火傷しなかったことについて，神仏の加護によって説明するよりは，より合理的な説明をあたえようとしたのでしょう．

　これらの事例からわかるように，どうも当時の人たちも闇雲に神仏を信じていたわけではなく，少しずつそれに疑いをもちはじめるようになっていたようなのです．彼らも私たちと同じく，神仏にすがるときもあり，それを客観視して自分たちの都合のいいように利用しようとしていた面もあったのです．鉄火起請の経緯をみるかぎり，彼らは鉄火起請を最後の手段と考え，一種の運だめし，度胸だめしとして選択していた形跡が濃厚です．とはいえ，彼らも神仏の存在をまったく信じていないのならば，そもそも鉄火起請など採用しないでしょう．鉄火起請は，神仏への信仰心と合理的精神が相半ばするなかで生まれてきた習俗だったのです．

　なお，鉄火起請と，幕府や藩などの俗権力との関係も，同じく微妙なものがありました．そもそも鉄火起請は神判であり，火傷はそれ自体が虚偽を主張した神罰と意識されていました．また，元来，鉄火起請が俗権力の法廷などで行われずに，地域社会の中核となっている神社で行われていたという点も，それが本来は地域社会で自生的に育まれた紛争解決法であったことを示唆しているように思えます．だとすれば，鉄火起請で敗北した側の代表者に対して，火傷という神罰に加えて，俗権力が磔などの処刑や遺体を境界に埋めるなどの処置を科するのは，ずいぶん余計なお節介といえるでしょう．にもかかわらず，ほとんどの鉄火起請の事例では，その執行は地域社会だけで完結しておらず，かならず俗権力の立ち会いや俗権力による処刑がともなっています．これは，それ以前の室町時代に流行した湯起請などには見られなかった傾向です．この事実は，神の秩序に基づく神判が徐々に俗権力の裁判に取り込まれていく過程を象徴している事態です．たしかに，この時期の幕府や藩の裁判権は不安定であ

り，それを補うために神判が多用されていました．しかし，やがて17世紀中頃になると，鉄火裁判はほとんど行われなくなってゆきます．それは人々のなかに神判に対する不信が決定的になったのに加えて，かわりに俗権力の裁判制度が整備されていったためと考えられます．

　中世までの国家では，「マツリゴト」という言葉が文字どおり「政事」と「祭事」の両義をもっていたことからもわかるように，政治と宗教は不可分の関係にありました．当時は「王法と仏法は車の両輪」という言葉があったほどです．ところが，織田信長の比叡山延暦寺の焼き打ち(1571年)などに象徴されるように，近世以降の社会では，それまで並列の関係にあった政治と宗教の関係が，明確に上下の関係に組み替えられるようになります．江戸幕府のもとでは，宗教勢力は新たに武家勢力の体制内に組み込まれ，本末体制や寺請制度のようなかたちに再編成されてしまいます．こうした傾向が進展してゆく背景には，信長・秀吉・家康などの為政者の個性よりも，むしろ一般の民衆レベルで神仏への崇敬心が薄らいできたということのほうが大きな役割を果たしていたと考えられます．鉄火起請の経緯のなかから，人々の合理的な発想が一面でうかがえるのも，そうした当時の傾向を反映したものといえるでしょう．こうして，呪術や信仰が大きな意味をもった"中世"は終わりを迎え，私たちの社会は新たに"近世"という時代を迎えることになるのです．

ブックガイド(より深い理解のために)

▶高埜利彦『元禄・享保の時代(集英社版日本の歴史13)』集英社，1992年
　　現代にまでつながる"泰平の世"の価値観はどのように形成されたのか．戦国以来の殺伐の気風を払拭した「静かな転換」を見つめる．
▶藤木久志『刀狩り』岩波新書，2005年
　　秀吉による武装解除は真実なのか？　豊富な史実で「通説」を覆し，話題は「日本人と武装」という根源的なテーマにまでおよぶ．
▶清水克行『日本神判史』中公新書，2010年
　　盟神探湯から湯起請をへて鉄火起請へと展開するわが国の神判の1000年の歴史をたどりながら，人々の信仰心の変化を探る．

第7章
士農工商？
——身分間を移動する人びと——

> **この章のねらい**
> 江戸時代の身分の様相を，時代の推移とともに考える．江戸時代に生きた個人のライフコースから，身分間での移動といったことも取り上げる．

図7-1　国定忠治処刑場の跡（筆者撮影）

第7章 関連年表

元和 6年(1620)	桂離宮の造営(〜24)
	徳川和子(秀忠娘,東福門院)が入内する
元和 8年(1622)	元和大殉教
	本多正純(宇都宮城主)の改易
元和 9年(1623)	徳川家光が征夷大将軍になる
寛永 元年(1624)	スペイン船の来航禁止
寛永 6年(1629)	紫衣事件
寛永 8年(1631)	奉書船以外の海外渡航禁止
寛永 9年(1632)	徳川秀忠死去
	加藤忠広(熊本城主),徳川忠長(駿府城主)の改易
寛永 12年(1635)	日本人の海外渡航・帰国禁止
	武家諸法度寛永令(参勤交代の制度化)
寛永 14年(1637)	**島原天草一揆**(島原の乱,〜38)
寛永 16年(1639)	ポルトガル人の来航禁止
寛永 17年(1640)	**幕府,宗門改役を設置**
寛永 18年(1641)	平戸のオランダ商館を長崎出島に移す
寛永 19年(1642)	寛永の飢饉
寛永 20年(1643)	田畑永代売買の禁令
正保 元年(1644)	幕府が全国に国絵図・郷帳を作成させる(正保絵図)
慶安 2年(1649)	「検地掟二七ケ条」制定 慶安検地実施
慶安 4年(1651)	徳川家光死去,由井正雪の乱
	徳川家綱が征夷大将軍となる 末期養子の禁を緩和
承応 元年(1652)	幕府,江戸のかぶき者を追捕する
明暦 3年(1657)	明暦の大火
寛文 3年(1663)	武家諸法度寛文令(殉死の禁止)
寛文 4年(1664)	幕府が諸大名に領知の判物・朱印状をあたえる(寛文印知)
寛文 5年(1665)	諸宗寺院法度,諸社禰宜神主法度
寛文 9年(1669)	シャクシャインの戦い(アイヌの抵抗運動)
延宝 元年(1673)	分地制限令

第7章 士農工商？

● 時代背景 ●

　関ヶ原の戦いに勝利した徳川家康は，翌年，検地を実施して大規模な大名の配置換えを実行，密かに石田三成と通じていた佐竹義宣の領地(常陸)を奪い，10男の徳川頼宣に与えています(のちの水戸藩の誕生です)．この時期，幕藩体制の基盤となるさまざまな制度が形成されています．検地による領地の把握，武家諸法度・禁中並公家諸法度による大名・朝廷統制，禁教と鎖国，農政整備，そして身分制度です．

　江戸時代の身分制度に関する研究は，1980年代以降，飛躍的に進展しました．いわゆる「士農工商，穢多・非人」など以外にも，僧侶・儒者・役者といった人びとが存在していた事実に注目し，「士農工商，穢多・非人」を基幹的身分，それ以外の多様な存在を周縁的身分という概念で理解し，とくに周縁的身分の実相を解明する研究が進みました．

　江戸時代の身分の展開について，時期を大きく三つに区分することができます．

① 豊臣政権から寛永期（16世紀後半から17世紀前半）：軍役体制の形成がすすみ，「兵・農・商・職人」の分業が進行

② 寛文から享保期(17世紀後半から18世紀前半)：儀礼が整備され「士農工商，穢多・非人」(基幹的身分)が形成され，その他の人びとも集団(周縁的身分)を形成

③ 文化期から幕末まで(19世紀前半)：幕藩体制は崩壊に向かい，基幹的身分の流動化が起こり，さらなる周縁的身分も登場

　本章では，江戸時代の身分について，通史的に具体的事例を盛り込みながら解説していきます．ただし，後述するように叙述の中心は②③の時期となります——この時期の時代背景に関しては，第8章，第9章を参照して下さい——．

　また，具体的様相を見るために，当時流行した浄瑠璃・歌舞伎の著名な作品も登場させてあります．これらの戯曲はもちろんフィクションです．しかし，その作品がロングランを記録し，当時の人びとに受け入れられたという事実は重要です．その作品には，観客(民衆)の言語化できない，もやもやとした思い(集合心性)を代弁する力があったのです．登場人物に対して観客の感情移入をスムースに行わせるため，ドラマツルギーはリアリティを追求する必要があります．つまり，登場人物たちのバックグラウンドやプロフィールには，当該時期の社会状況が反映されていると考えられるのです．

1　豊臣政権から寛永期

　この時代の身分に関しては，どのように近世的身分が形成されたのか，という問題が重要となります．しかし，史料があまり残されていないこともあり具体的事例はあまり分かっていません．また，紙幅の都合もあり，ここでは研究史を紹介するに留めます．

　それぞれの労働(役)負担に準じて身分は決定された(高木昭作)，もしくは，検地帳に登録されることによって身分は確定された(峯岸賢太郎)，という意見があります．これらは，権力が上から身分編成を行った，という理解です．一方，豊臣政権が形成される以前から，村や町は存在していたのであり，村や町が百姓身分や町人身分を自律的に決定していた(朝尾直弘)との見解もあります．

　以上は，基幹的身分をめぐる議論でしたが，周縁的身分への関心が高まる中で，各集団が依拠する職場(場)という空間を重視する研究がはじまりました(久留島浩他編『シリーズ近世の身分的周縁』)．治者と被治者＝「士」と「農工商」との間に大きな線引きが成されたが，それ以外においては身分間の移動といった現象が起こっていたことが解明され，「身上がり」と呼ばれた身分上昇も，まったく不可能ではなかったことも分かってきました――実際はごくまれな事態でした――．

　さらに近年では，場のみならず性別・年齢・世代といった「人の属性」に注目して，個人のライフコースにおける身分変更や身分意識という課題を解明し，東アジアの身分制的展開を踏まえて捉え直すといった方向性が出ています(深谷克己他編『〈江戸〉の人と身分』全六巻，深谷克己・須田努編『近世人の事典』)．

2　寛文から享保期

　島原天草一揆後，幕府は宗門改役(しゅうもんあらためやく)を設置し，幕府領において隠れキリシタンの摘発と弾圧を強化し，寛文期にはこれを全国に拡大，寺院が民を把握する寺請(てらうけ)制度とともに宗門人別帳(宗旨人別帳)を作らせ，全国の住民をこれに登録させていきました――大名以外の武士にも適応させる建前でした――．

このシステムによって基幹的身分は確定されました．職業にかかわらず，村の宗門人別帳に登録された者は百姓，町の宗門人別帳に登録されたものは町人（職人・商人）といった具合です．漁業に従事していても，商業を営んでいても村の宗門人別帳に登録されていれば身分は百姓です．

百姓身分は，田畑を所持した本百姓と，田畑を所持できない水呑百姓に大きく分けられます．この時期，全国規模で新田開発が進展したため，水呑百姓が本百姓に上昇することや，分家による新規の百姓家の形成，といったことが可能でした．

問題は，穢多・非人の存在です．彼らに関しては，百姓や町人とは別個に宗門人別帳が作成されていました．便宜的に農工商グループを平民，穢多・非人グループを賤民とすると，江戸時代の基幹的身分は，武士・平民・賤民という三つにわけられていたことが分かります．ただし，これらの身分は地域によって相当の偏差・差異があったことも付け加えておきます．武士には帯刀（二本差し）が特権として認められていました．帯刀が，武士身分を表象するコードとなったわけです．二本差し＝武士という視覚的に分かりやすい仕組みです．武士とそれ以外の身分（平民・賤民）とが大きく区分されたわけです．平民の領域においては，身分間での移動は可能でした．ただし，移動先がそれを受け入れるかどうかという問題は残ります．

次に，賤民身分を見ていきましょう．穢多は，死んだ牛馬の処理，皮革の加工や雪踏の製作に携わっていました．問題は，穢多が武士・平民身分からひどい差別をうけていた事実です．穢多の居住地は，百姓が居住する村に従属する枝村——多くは劣悪な環境でした——として区別され，武士はもちろん平民身分との間での婚姻忌避や，飲食の器もともにしないなどの接触忌避さえ行われ，他の身分との交流を断たれ，暴力もふるわれていました．一方，物乞い（乞食）や遊芸で生活していた人びとが非人です．彼らは町村内への居住（主に非人小屋）が許され，他の身分との交流も可能でした．

穢多・非人ともに集団を形成し，関東においては，江戸の弾左衛門の支配下におかれました．このシステムが形成されるのも寛文年間（17世紀後半）です．なお，享保年間（18世紀前半）には，弾左衛門の下に車善七が属し，江戸の非人の管理を行うことになりました．

江戸時代は世襲の身分制社会となり，社会は安定する一方，豊臣秀吉を典型とするような下剋上は不可能となりました．同時代の中国や朝鮮には科挙があり，理念としては，庶民でも厳しい試験にさえ合格すれば，官僚となって国家を動かすことができました．このように東アジアへ視点を広げると，江戸時代の世襲身分制が，前近代のスタンダードであったとは言えない，ということが分かります．それはともかく，世襲身分制であるがゆえに，基幹的身分に所属する人びとの間では身分内での競争が激化していきました．少しでも，家格を上げたいという意識です．養子縁組・婚姻・婿入りといったものが，もっとも手っ取り早い手段でした――これも東アジアのスタンダードとは言えません――．江戸時代とは決して"のどかな"時代ではなかったのです．

世襲身分制の下，人びとは，独立した経営体であり家産を有する「家」を維持し，少しでも家格を上げることに必死であったのです．

基幹的身分――河内屋可正(1636-1713)

河内国石川郡大ケ塚村の庄屋・河内屋可正(壺井五兵衛)を見ていきましょう．可正は寛永13年(1636)に生まれ，正徳3年(1713)に死去した裕福な百姓で，元禄(17世紀末)～宝永(18世紀初)年間にかけて，『河内屋可正旧記』(以下，『旧記』)と呼ばれる記録を残しました．ここには，自村の由来や，地域の特性などが記され，百姓の「家」を存続させるための教訓が語られています．

河内屋は，清和源氏の出とされ，祖父が永禄8年(1565)に上河内村から大ケ塚村に移住したとの由緒を持っています．可正の祖父・源助は，慶長19年(1614)，大坂冬の陣に参加，鉄砲に当たり討ち死にしました．子の清右衛門が酒造・商売に出精し，奉公人を多数使うなど富裕な百姓となり，大ケ塚村の庄屋に就任しました．裕福な環境に生まれた可正は，儒学と仏教を学び，和歌・俳句，能楽もたしなむ在村文人として安定した生涯をおくりました．

『旧記』には，没落していった百姓の行状が記されており，そこには可正の身分意識や「家」認識が反映されています．ここでは，身分に関連した記述のいくつかを紹介しましょう．可正は，以下のように，遠方から当地(乾町・大ケ塚村)に移住した人(家)や，当地から出て行った者(家)の様子を具体的に記しています．

仁兵衛家

カレント畑(ママ)という所から来た者で、乾町の髪結を勤めた後、家を買い求めて町人となった。仁兵衛の長男市兵衛は乾町の親の家を相続した。

市右衛門家

市右衛門は水分村の出身であったが、富田林村へ移住した後、当地(大ケ塚村)へ来た。長男の久右衛門は別家をしたが、多額の借金を抱えたため、当地から夜逃げをして、和州の奥山へ行ってしまった。その後、彼は飢饉の際に悪事を行ったため、人びとから打擲（ちょうちゃく）をうけ、足腰がたたなくなり、乞食となって死んでしまった。

このように、17世紀末期には、百姓の移住や、百姓から町人という身分間移動が行われていたことが分かります。『旧記』を読む限り、可正や大ケ塚村の人びとがその移動を拒絶している様子は見えません。

『旧記』には可正の身分観が何カ所かで示されています。以下はその典型であり、儒学的価値観が反映されたものと言えるでしょう。

　　士農工商の四民は国の宝であり、天下になくてはならない者である。諸職人と諸商人の多いことは、国のたからのように見えてそうではない。なぜかといえば、これらは遊民に近いからである。百姓のみが無上の宝である。

可正に見るように、戦乱が終わった17世紀末期、百姓身分となった者(された者)が、自らの身分を意識し、そこにアイデンティティを見出していたということが分かります。このような自意識・身分観が形成されていることは、当時の社会を考える上で重要であると言えます。

周縁的身分――佐々宗淳(1640-98)

周縁的身分の様相は多様ですが、儒者を事例として見ていきましょう。ここで登場してもらうのは『水戸黄門漫遊記』や、かつてあったテレビドラマ「水戸黄門」に出ていた「助さん」のモデルといわれる佐々宗淳（さっさそうじゅん）です。

宗淳は、戦国大名・佐々成政の血統にあたります。父・佐々直尚は、加藤清正・忠広親子に仕えましたが、寛永9年(1632)に忠広が改易されたため、讃岐（さぬき）高松に移り、生駒高俊に仕えました。ところが、寛永17年(1640)、生駒家で御家騒動が勃発、直尚はこれに関与したため、家族とともに高松を去り、瀬戸

内海の小島に移住しました．直尚は浪人となったのです．同年，宗淳はこの小島で，直尚の5男として生まれました．直尚生誕の直後，佐々家は大和宇陀に移住，宗淳はここで成長し，15歳になった承応3年(1654)，京都の妙心寺に入り修行をはじめています．万治3年(1660)，宗淳は来日した隠元の下で黄檗宗の修行を行いつつ，延暦寺や興福寺をも訪れています．修行・学問に熱心な青年の姿が浮かんできます．

　彼は延宝元年(1673)頃，還俗して江戸に出て，儒学を学びはじめ，翌年，35歳の時に水戸藩に出仕しています．しかし，この間の宗淳の学問形成の様相などよく分かっていません．また徳川光圀がなぜ宗淳を評価し採用したのかについても詳細は分かりません．宗淳は進物番兼彰考館編修という肩書きで採用されています．浪人の5男であった宗淳は，学問を通じて武士身分に上昇したわけです．

　彰考館とは，水戸光圀が『大日本史』編纂のために江戸小石川の水戸藩上屋敷内に造営したものです．宗淳はいわばここの研究員というわけです．主な仕事は，『大日本史』編纂のための史料調査・蒐集です．この成果が認められ，元禄元年(1688)には彰考館総裁に抜擢されています．

　光圀は元禄3年(1690)に致仕，翌年水戸藩領内の久慈郡新宿村に隠居しつつも，在地で活動しています．元禄4年(1691)から翌年にかけ，下野国那須郡武茂郷湯津上村(現・栃木県那須郡那珂川町)の侍塚古墳発掘調査や，同じく湯津上村に存在する「那須国造碑」の修理などを実行しました(本書第8章)．この調査の実務を担当したのも宗淳です．元禄9年(1696)，宗淳は彰考館総裁を辞任，光圀の隠居地近くに居住し，最期まで光圀を支え，元禄11年(1698)に病没しています．宗淳には男子がいなかったため，元禄6年に，血縁から藤蔵宗立を養子に迎え，水戸藩士としての佐々家を相続させています．つまり，宗淳は水戸藩士としての身分を子に継承させ，「家」を存続させることが認められたのです．ただし，その後，宗立に男子が産まれなかったために佐々「家」は断絶となっています．宗淳のライフコースは浪人の子→僧侶→還俗→水戸藩士というものでした．

メディアで描かれた身分——近松門左衛門(1653-1725)「曽根崎心中」

「曽根崎心中」は元禄 16 年(1703)4 月に大坂曽根崎天神の森で起こった心中事件にヒントを得て，近松門左衛門が創作した浄瑠璃の名作です．同年 5 月，大坂竹本座で初演され，ロングランを記録し，人びとにも大きな影響を与えました．心中をした主人公は北新地の天満屋の遊女・お初と，大坂内本町の醬油商平野屋の手代・徳兵衛です．元禄の作品に，遊女という周縁的身分が登場しているのです．

天満屋を抜け出した二人が「心中道行」の後，たどりついた曽根崎の森，これから死んでゆくという場面です．お初は両親を思い浮かべ「たよりはこの春聞いたれども，逢うたは去年の初秋の……」と語ります．近松は，お初の生まれをこれ以上詳しく語ったりはしません．たとえ，フィクションであっても，遊女のバックグラウンドなど，客は知りたくもないであろう，と近松は斟酌したのでしょうか．お初の断片的な語りから，わたしたちは，彼女が両親から別れ天満屋に年期を掛けて売られてきた，ということを推測するわけです．

一方，徳兵衛のプロフィールに関して，近松は語り込んでいます．「在所の母はまま母なるが」という徳兵衛の台詞は，観客たちに徳兵衛の出自を大坂の在の百姓であると悟らせます．百姓として生まれた徳兵衛は，幼少のころ，両親と死別し，血縁の叔父である平野屋の主人(町人)の世話となり奉公をし始め，実直な態度を認められて，主人の娘との結婚(婿入り)となった，という設定です．しかし，彼は，お初という恋人への思いを断ち切れずまた，婿養子という立場では「一生女房の機嫌取り」，この徳兵衛の男が立つものか，という意地によって，この縁組みを断り，物語は悲劇へと進んでいくわけです．徳兵衛は，百姓→奉公人→町人という身分変更の途を歩み始めようとしていたのです．

つまり，元禄時代には，親から別れ，売られていった遊女や，入り婿によって百姓から町人へと身分変更する人びとが少なからずいた，という推論が成り立つわけです．日本近世史の視点からみると，「曽根崎心中」の面白さは，「家」という経営体が前提になって身分は安定し，多くの人びとが，その「家」を持ちたいと願っているが，「家」は個人を縛りつけ，その自由や欲望を否定するものでもあった，と語っている点にあります．

3　文化期から幕末まで

　享保期(18世紀前半)，新田開発は限界を迎えました．限られた土地を保全し，資源の有効利用を図る必要から，18世紀後半頃から村人たちは本百姓の数に制限を設け，これを株として固定したのです．つまり，幕藩領主ではなく百姓自らが，百姓身分のあり方を規定していたのです．

　基本的に長男が本百姓の「家」を相続します．村の規制があるために，百姓家の2，3男が，新たな本百姓として独立(分家)することは難しく，一生長男の「やっかい」として生きていくしかありません．

　一方，天明期(18世紀後半)以降，経済格差・地域格差が拡大していました．一大消費地江戸を抱える関東地域ではこの傾向が強く，街道や河川によって江戸と直結した宿場町・河岸(かし)に富が集中していきます．すると，分家もできずに，くすぶっていた若者たちが，村を捨て宗門人別帳から離脱，「無宿」となり，宿場町・河岸に流入していったのです．新しい周縁的身分の登場です．

　この時期，江戸など大都市においても，さまざまな職業に株が設定され，他所からの新規参入が困難となってきました．先述したように，平民間での身分移動は可能ですが，天明期以降，肝心の行き先の"門"が閉ざされてしまったのです．このような閉塞状況の下における19世紀初頭とは，若者たちの将来に夢も希望もない絶望的な時代であった，とわたしは考えています．ただし，「無宿」となった若者たちにも数少ないリクルート先がありました．それは，急速に経済発展した宿場町・河岸を舞台とした博徒(ばくと)集団です．資産や特定の能力を持たない若者が，八方ふさがりの現状から脱却するもっとも簡単なすべは暴力です．これが，文化から嘉永という時期の社会的特徴といえます．

　一方，この時期は「身上がり」への希求が強まっていた時代とも言えます．事実，財政難により困窮化しはじめた下級武士の中には，自家の相続を金銀でやりとりをする者たちが出はじめました．持参金付きの養子縁組です．こうして，多額の献金によって武士身分を買い取る平民が出てきました．

　19世紀前半とは，百姓身分から離脱した「無宿」・博徒といった新しいタイプの周縁的身分が登場し，一方で武士への「身上がり」の途が少しだけ広がっ

た時代といえます．

基幹的身分——菅野八郎(1813-88)

　百姓が「身上がり」を希求し行動した典型として菅野八郎を紹介しましょう．菅野八郎は文化10年(1813)，陸奥国伊達郡金原田村(現・福島県伊達市保原町)に生まれました．彼は，父・和蔵とともに，地域の安定と自家の家格上昇とを強く意識し行動した百姓でした．嘉永6年(1853)には自宅近くに菅野家の「開祖五百五〇回記念」の石碑を建立しています．

　嘉永7年2月，ペリー来航の情報を得た八郎は「菅野八郎遺書」を作成し決意を固め，「東照太神君」の「霊夢」を見たとして，海防策を献策するため江戸に出て，老中・阿部正弘に駕籠訴を決行し，その後，箱訴も行いました．これは，地域社会の安定と，家格の上昇という日常的な課題を国家的危機に仮託していく，という政治的行動でした．幕府はまったく相手にしなかったのですが，当人はこの行為を「自慢」としています．彼は，菅野家と地域社会の人びとに読ませる目的で自己の「自慢」の行動を『夢咄し』という名の著作に記しました．このような八郎の行動は，すべて地域内における家格上昇意識が反映されたものと理解できます．安政2年(1855)，八郎は，水戸藩士となっていた太宰清右衛門(義理の弟)を通じて，水戸藩への仕官を企図します．

　ここで少々，太宰清右衛門に触れておきましょう．太宰家は保原で「淀屋」という真綿糸問屋を経営する豪商で(身分は百姓です)，江戸本石町に支店を出していました．清右衛門は文政11年(1828)「淀屋」の長男として誕生，八郎の妻の妹と所帯を持ちました．清右衛門は妻の死後，店を弟に譲り江戸に出て，江戸店の店長に収まり，千葉周作の道場(玄武館)に通い始めます．千葉周作が徳川斉昭の要請から水戸藩剣術師範に登用されて以降，玄武館には水戸藩士が多く入門していました．資産を有する太宰清右衛門は，玄武館で水戸藩士たちと懇意になり，献金によって水戸藩士の身分を獲得したのです．清右衛門は，水戸藩の尊王攘夷思想に影響を受け，草莽志士として活動しはじめ，安政の大獄で幕府に追われる身となり，万延元年(1860)の桜田門外の変に関与し，さらに元治元年(1864)の天狗党の乱に関係したとして幕府・水戸藩諸生派から追われ，自害しています．清右衛門こそ，19世紀型「身上がり」の典型であり，

尊王攘夷運動といういわば，暴力の世界に入り，自己実現を図ろうとして暴力によって滅びていった幕末社会を象徴する若者であったとも言えます．

話を八郎に戻します．安政4年(1857)，八郎は太宰清右衛門を通して水戸家奉公を出願しました．ところが，清右衛門が逃亡したため，八郎は「身上がり」に失敗，あろうことか，幕政を批判した書き付けが，清右衛門宅で幕吏に発見され，八郎も安政の大獄に連座，江戸伝馬町の牢舎に入れられてしまうのです——百姓が安政の大獄という政治事件に連座したのですから，八郎はこれも「自慢」しています——．

八郎の「身上がり」の夢は安政の大獄によって完全に潰され，彼は政治犯として八丈島に流罪とされました．八郎は，八丈島の流人生活の中で，さまざまな文人の流人たちと交流をもち，とくに梅辻規清（神学者）から強い影響を受け，いままでの活動を百姓の「分限」を超えたものであると自省し，「家」の相続を第一義とすべし，との考えに至りました．そしてそれを，子孫への教訓として執筆した『八老十ヶ条』に記しています．

井伊直弼暗殺後，朝廷からの圧力によって幕府は安政の大獄に連座した"政治犯"の赦免を行いました．元治元年(1864)，八郎も八丈島から帰郷することができました．しかし，八郎の故郷は，博徒の跳梁などによって治安が悪化，政治も混沌としていました．地域リーダーとしての自覚をもった八郎は，剣術組織をつくり治安維持のために活動し始めます．そのような中で，慶応2年(1866)，信達地域において世直し騒動が発生します．地域社会のねたみの対象とされた八郎は，騒動の頭取の疑いを受け，梁川陣屋の牢に入れられてしまいます．

そしてついに，戊辰戦争が始まります．仙台藩・会津藩・幕府の政治を批判していた八郎は，当初官軍に期待を寄せますが，信達地域が戦場となると，なぜ日本人どうしが殺し合うのか，「浅ましい世の果て」であるとして，官軍をも批判していくのです．

このように，菅野八郎と彼の関係者には，19世紀前半という時代特有の身分的特徴が見て取れるのです．ただし，八郎は「身上がり」を希求しましたが，そのために暴力という行為を選択しなかった，ということを強調しておきたいと思います．

周縁的身分——国定忠治(1810-51)

19世紀前半の社会や周縁的身分の具体像を考えるうえで，面白い事象があります．著名な博徒の親分，国定忠治と笹川繁蔵とがともに文化7年(1810)に生まれ，ほぼ同じ時期に武闘派として頭角を現し，死んでいったという事実です．両者ともに活動の舞台は関東で，忠治は上州，繁蔵は総州です．繁蔵は下総国香取郡の百姓で，江戸に出て相撲取りとなりましたが挫折，帰郷した後，常陸芝宿の博徒の親分・文吉の跡目を継ぎました．天保期以来の飯岡助五郎との縄張り争いの激化から弘化4年(1847)，助五郎の身内に殺害されました．

次は，国定忠治です．国定村の代官も務め天保改革に参画した羽倉外記が，忠治の伝記を書き残しているので，彼のライフコースは詳しく分かっています．高橋敏が詳細な研究をしていますので，それを頼りに忠治の生涯を紹介していきます．

忠治の本名は長岡忠次郎，上州佐位郡国定村・長岡与五左衛門の長男です．長岡家は江戸時代初期から続く由緒ある百姓家でした．忠治は子供のころから乱暴者で，17歳で人を殺し「無宿」となりました――弟・友蔵が長岡家を相続しています――．

忠治の場合，村の有力百姓の長男であり，読み書きもでき，家産の相続も可能であったが，ここから離脱し「無宿」となり博徒の親分にのし上がった，という訳です．

関東地域は，大藩が存在せず幕府領や旗本領が入り組んだ複雑な支配のため，警察力が脆弱であり，19世紀前半以降，治安は悪化の一途をたどっていました．また，戦国時代以来，武術が盛んで，江戸時代に入っても，農村剣術の流派が多く存在していました．忠治は赤堀村(国定村の隣村)の本間仙五郎応吉から本間念流を学んだ，と伝えられています．彼は，経済格差が拡大し，治安が悪化する関東において，暴力への指向性と幕藩領主への不信感を強く持った青年であったのでしょう．

天保5年(1834)，博徒の大親分・大前田栄五郎の庇護をうけていた25歳の忠治は，日光例幣使街道の木崎宿を拠点とし，縄張りを広げていた博徒の親分・島村伊三郎を殺害しています．その直後，忠治は信州に逃亡しますが，ほとぼりがさめた頃舞い戻り，伊三郎の縄張りも奪って，忠治一家を構えます．

500～600人いたとされる子分の一人，日光円蔵を紹介しましょう．彼は，中山道板橋宿の百姓の生まれで，幼少期僧侶となりましたが，15歳のころ「無宿」・博徒となっています．円蔵は忠治一家の中で「軍師」として一目置かれていたようです．

関東取締出役が，忠治をマークし始めます．忠治の動静は「道案内」三室勘助によって関東取締出役に密告されていました．「道案内」とは，関東取締出役が手先としてリクルートした，地元のことをよく知る「無宿」・博徒のことで，いわゆる「二足のわらじ」というやつで，忠治がもっとも嫌ったと伝えられています．天保13年(1842)，勘助の密告に激怒した忠治は，子分の浅次郎（勘助の甥）に勘助を殺害させました．惨いことをさせたものです．

「道案内」を殺害された関東取締出役は，忠治捕縛に必死となります．また，この頃は，天保改革の真っ最中で，老中・水野忠邦は将軍家慶の日光社参を企図，例幣使街道周辺の治安維持のため，「無宿」・博徒取締を徹底化し始めました．幕府は関東取締出役のみならず，川越藩・高崎藩にも博徒捕縛の命令を出しました．

身の危険を感じた忠治は，上州からの出奔を図りますが，幕府によって信州に至る街道をすべて固められたため，奥州へ逃亡しています．弘化3年(1846)，忠治はこっそり上州にもどって来ました．しかし，彼が留守にしていた間に，日光円蔵をはじめ，おもだった子分は捕縛されたり，無残な最期を遂げていました．

嘉永2年(1849)，忠治は中風に斃れます．忠治一家は壊滅です．彼を庇護していた大前田栄五郎は，忠治に自決を勧めたと言います．発病し，気弱になった忠治は，田部井村に潜んでいた所を関東取締出役（中山誠一郎）と配下に急襲され，ついに捕縛されてしまいます．彼は特製の唐丸駕籠で江戸に送られ，死罪が確定，嘉永3年(1850)，上州大戸の関所で公開処刑となりました．1000人を越える"観客"を前に，上州の銘酒を一杯乾し，槍を14回受け死んでいったと伝えられています（本章冒頭頁 図7-1）．

国定忠治とその子分，関係者を見ていくと，19世紀前半特有の周縁的身分，「無宿」・博徒の様相や，暴力を選択した若者たちの凄惨な様子が分かってきます．

メディアに描かれた身分
——4代目鶴屋南北(1755-1829)「浮世柄比翼稲妻」「東海道四谷怪談」

「浮世柄比翼稲妻」は文政6年(1823),市村座で初演,現在でも上演される鶴屋南北の代表作の一つです.白井権八・幡随院長兵衛と名古屋山三・不破伴左衛門の二つの物語が絡みあう複雑な展開となっています.白井権八・名古屋山三・不破伴左衛門は浪人,幡随院長兵衛はおそらく町人,という設定です.また,不破伴左衛門の家来であった佐渡嶋又平は,主人が浪人したため見世物師となり,娘のお国を蛇遣いにして客を集めている,という場面もあります.以上,紹介した登場人物は,基幹的身分からの離脱者たちで,周辺的身分の者達として理解できます.

さらに,この物語の終盤では,非人が登場しています.庵崎蘭蝶に身請けされてしまった小紫が,非人小屋に連れてこられる,という場面で,小紫は蘭蝶が非人乞食の頭だったと知らされるのです.ところが,彼女は困惑するものの,非人という存在を嫌悪する言動はとっていません.その後,蘭蝶の正体が明かされます.彼は,白井権八の兄で,権八に白井家の家督を嗣がせるために出奔した浪人であった,と言うのです.つまり,蘭蝶の身分は,武士の長男→浪人→非人頭と移動した,という設定になっているのです.

もちろん,「浮世柄比翼稲妻」という歌舞伎はフィクションです.しかし,このような歌舞伎が創作され,ヒットしたことを重視すべきなのです.文政期(19世紀初頭)における江戸の観客は,このようなドラマツルギーを受け入れたのです.つまり,先述した身分移動や,経済的に裕福な非人がいて遊女を身請けする,ということが可能かもしれない時代であったというわけです.

次に,著名な「東海道四谷怪談」(文政8年〈1825〉中村座初演)について,登場人物だけを紹介しておきましょう.この作品には,周縁的身分の者たちが多く出てきています.主人公・民谷伊右衛門は,元塩冶藩士(浪人)です.高師直の家臣・伊藤喜兵衛の孫娘・お梅が,二枚目の伊右衛門に恋慕,伊右衛門は高家への仕官を条件にお梅との縁組を承諾します.「東海道四谷怪談」には「忠臣蔵」のストーリーが絡んでいるので元塩冶浪人が多数登場します.伊右衛門にとって,高家は主君の敵なのですが,伊右衛門は旧主への忠義よりも自己の出世を優先させ,自らの欲望のため,妻のお岩をも裏切る冷酷無比な人物とし

て描かれています．

　脇役たちを見ていきましょう．奥田庄三郎(塩冶浪人)は，非人となって主君の敵である高家の動静をうかがう，という設定となっており，伊右衛門に殺害される四谷左門(お岩の父)も塩冶浪人，お袖(お岩の妹)の夫・佐藤与茂七も浪人，奥田庄三郎の下僕の直助権兵衛は「うなぎ掻き」，按摩・宅悦にいたっては「地獄屋」(非合法の売春宿)の経営者です．このように，周縁的身分の者たちによってこの物語は進行していくのです．

　以上，江戸時代の身分を基幹的身分・周縁的身分と分けて解説しましたが，それは固定的なものではなく，時代により変化(流動化)し，身分間での移動も不可能ではなかったのです．ただし，賤民とくに穢多は別でした．明治維新によって，江戸時代の身分制度は解体しました．しかし，明治政府は社会基盤の整備，人道的な社会的啓蒙といったことをせず，「解放令」を出したため，近代化政策に不安を覚えていた人びとは(本書第 11 章)，被差別部落を襲撃し元穢多たちにすさまじい暴力を行使したのです．差別とは何か，という根源的なものが突きつけられる事実です．

ブックガイド(より深い理解のために)

▶深谷克己『近世人の研究』名著刊行会，2003 年
　　武士・郷士・町人・百姓たちの日記を分析し，彼らを時代の中に位置づけている．
▶須田努編『逸脱する百姓』東京堂出版，2010 年
　　菅野八郎を総合的に分析し，幕末社会の様相と地域リーダーのあり方を論じたもの．
▶高橋敏『国定忠治』岩波新書，2000 年
　　国定忠治の生涯が，詳細かつ分かりやすく解説されている．

第 8 章
鎖国の内実
―― 江戸時代の人びとの自他認識 ――

> この章のねらい
> 　江戸時代の対外関係の特色を考え，さらに 18 世紀，鎖国下において人びとが抱いた他国・自国認識の様相を見ていく．

図 8-1　三重県津市伊勢津八幡宮「唐人踊り」(筆者撮影)

第8章　関連年表

延宝　8年（1680）	徳川綱吉が征夷大将軍になる
天和　2年（1682）	勘定吟味役創設
	『好色一代男』刊行
天和　3年（1683）	武家諸法度天和令発令
貞享　2年（1685）	竹本義太夫が大坂に竹本座創立
貞享　4年（1687）	生類憐み令発令
元禄14年（1701）	赤穂藩浅野長矩が江戸城中で吉良義央に斬りつけ，改易となる
元禄15年（1702）	赤穂浪士が吉良義央を討つ
元禄16年（1703）	「曽根崎心中」初演
宝永　元年（1704）	浅間山噴火
宝永　6年（1709）	徳川家宣が征夷大将軍になる　新井白石を登用
正徳　元年（1711）	**朝鮮通信使の待遇簡素化，将軍称号を「日本国王」とする**
正徳　5年（1715）	「国性爺合戦」初演
享保　元年（1716）	徳川吉宗が征夷大将軍になる　新井白石ら罷免
享保　2年（1717）	武家所法度の条文を天和令に復する
	朝鮮通信使の待遇を戻し，将軍称号を「日本国大君」に復す
享保　4年（1719）	相対済し令公布　「**本朝三国志**」初演
享保　8年（1723）	足高の制　日本橋に町人請負新田の開発奨励高札を出す
享保10年（1725）	大坂に米相場会所の設立を許可
享保17年（1732）	享保の飢饉
享保18年（1733）	江戸で最初の打ちこわし発生
元文　元年（1736）	元文金銀鋳造
元文　3年（1738）	磐城平藩で百姓一揆発生（磐城平元文一揆）
延享　元年（1744）	勘定奉行神尾春央が幕領で年貢増徴
延享　2年（1745）	徳川家重が征夷大将軍になる
寛延　3年（1750）	百姓の徒党・強訴・逃散を厳禁する
宝暦　4年（1754）	美濃郡上藩で百姓一揆発生（宝暦郡上一揆）

● 時代背景 ●

　二つの政治理念が幕藩体制を支えていました．一つめは，「偃武」＝平和を作り出したのは徳川家であり，その「偃武」の社会を保全しているのは幕藩領主であるということを前提に，幕藩領主は百姓たちに重い年貢を課す一方，百姓の生命と家の相続を公法的に保障しなければならない，という考え方で，研究者はこれを仁政イデオロギーと呼んでいます．二つ目は，幕藩領主は強大な武力を独占し治者として君臨するが，実際に武力を行使することなく，民を恐れさせ支配を貫徹させるという考え方で，武威と言います．元禄から享保期(18世紀前半)，徳川綱吉から吉宗の治世に，この二つの政治理念は社会に定着し，江戸時代の中で政治・社会がもっとも安定した時代となりました．

　綱吉は治者となった武士に儒学を理解させ，「偃武」の世への意識を高めさせるために，武家諸法度天和令を発布，服忌令や生類憐み令を出し，人びとの日常にまで介入して，強引な民衆教化を行いました．

　18世紀に入ると，米価が下落・物価上昇という傾向が続き，幕府は財政難に陥りました．吉宗は享保改革で，この難問に挑みました．富裕な町人に出資させて新田開発を行わせ，また神尾春央を登用して年貢増徴を図る一方，大坂に米相場会所(のち，堂島米会所)の設立を許可，幕府が米取引に介入し，江戸では米商人の高間伝兵衛らに米取引を独占させ，大坂と江戸で米価の上昇を図らせました．吉宗が「米公方」と呼称されるゆえんです．

　享保期以降，幕領のみならず藩領などの私領でも年貢増徴策がとられた結果，百姓一揆が急増していきます．そして，享保の飢饉により江戸で米価が急騰，困窮化した江戸の民衆は，高間伝兵衛家を打ちこわしたのです．

1　江戸時代の特異性

　江戸時代の特徴とは何でしょうか，これは難問です．江戸時代の政治体制は，西欧に存在した封建制度の特徴と合致する，という見解があります．一方，21世紀に入ると，東アジアレベルでの比較が必要である，との認識が広がりました．この研究によると，東アジアの近世を規定する要素は以下の2点となります．
　① 小農社会の成立による集約的稲作農法の確立
　② 朱子学の国教化と，これにもとづく科挙制度の定着
　日本の場合①は該当しますが——日本ではもっとも集約的稲作農法が進歩したといえます——，②はまったく当てはまりません．江戸時代に科挙制度はありません．ドメスティックな視点から見ると，江戸時代は戦国時代に比べ，はるかに平和・文明化され，成熟した民間社会が形成されたと言えます．しかし，暴力の担い手(武士)が治者となったため，日本では，文優位・武蔑視の文明観をもつ儒教を基盤にした国家支配体制が樹立されなかったのです．東アジアへ視点を広げると，江戸時代の政治体制・社会とはかなり特異なものであったと言えます．

2　日本型華夷意識の形成

　近代，大日本帝国が朝鮮を植民地として暴力的支配を行ったが，江戸時代には朝鮮通信使を通じて対等な「善隣外交」が展開された，という研究が多くあります．江戸時代の「善隣外交」をことさらに強調することは，大日本帝国の時代を異質なものとして日本の歴史から切り離し，日本の暴力的植民地支配をイレギュラーなものとして忘れてしまおう，という意識につながりかねません．本書『現代を生きる日本史』ではこのような緊張感のない歴史叙述はしません．さらに述べると，当時の日朝関係では，朝鮮からの使節は来日しましたが，日本からの使節が漢城(現・ソウル)を来訪することは認められませんでした．倭寇および秀吉の侵略があったため，朝鮮王朝は日本を警戒していたからです．

このような一方的な外交を，対等な「善隣外交」などと評価することはできません．

17世紀半ば，明は滅亡し夷狄とされていた北方民族が清を建国しました(華夷変態)．夷狄が中華を奪取したのですから，儒学を共有する東アジア諸国にとって，これは大問題となりました．朝鮮の知識人たちは，中華文明は崩壊したと認識し，朱子学の本質＝「道」を体現できる文明国は朝鮮だけである，とする小中華意識を形成しました．

一方，日本の治者・知識人たちも元禄期頃，自国優位の対外観を普遍化させていきます．これを研究者は，日本型華夷意識と呼んでいます．本場中国の華夷意識は儒教文明の優劣に基づくものですが，日本型華夷意識とは，武威に裏付けされた支配の正統性を権威化しつつ，武威に偏重した自国優位の志向をもつというものです．

3　18世紀の対外関係

1980年代の研究において，江戸時代の日本は四つの窓口(対馬(つしま)→朝鮮，長崎→オランダ・中国，松前(まつまえ)→アイヌ，薩摩(さつま)→琉球(りゅうきゅう))を通じて，海外と関係をもっていたとして，当時の対外関係を理解するには，鎖国ではなく中国の対外政策とおなじ海禁という概念でとらえたほうがよい，という学説が提起され定着しました．しかし，わたしは以下のように考えています．

> 海禁政策とは密貿易を防止することを目的とした規制であり，他国が中国皇帝の威徳を前提として朝貢関係に参入するならば，交易は認められる可能性があったが，日本の対外政策ははるかに厳しく，また民間貿易の可能性は絶無であったため，これは海禁ではなく，やはり鎖国という概念でとらえたほうがよい．

そこで，本論では江戸時代の対外関係の枠組みを説明する場合，鎖国という語彙を使用していきます．

寛永期(17世紀前半)，江戸時代の対外関係の大枠が固まりました．これによりオランダと中国の商人の来航は長崎に限定されていましたので，19世紀以前において，当時の民衆が実際に"経験"できた異人は朝鮮人と琉球人でした．

表1　朝鮮通信使一覧

	西暦(和暦)	正使	使命	総員	特記事項
1次	1607(慶長12)	呂祐吉	修好	467	回答兼刷還使
2次	1617(元和 3)	呉允謙	大坂平定 日域統合の賀	428	被虜人刷還
3次	1624(寛永 元)	鄭昱	家光の襲職	414	鉄砲購入
4次	1636(寛永13)	仁絾	泰平の賀	475	日光東照宮参詣 今切河事件
5次	1643(寛永20)	尹順之	家綱の誕生	462	日光東照宮参詣
6次	1655(明暦 元)	趙珩	家綱の襲職	488	日光東照宮参詣
7次	1682(天和 2)	尹趾完	綱吉の襲職	475	
8次	1711(正徳 元)	趙泰億	家宣の襲職	500	新井白石による聘礼改変
9次	1719(享保 4)	洪致中	吉宗の襲職	475	
10次	1748(寛延 元)	洪啓禧	家重の襲職	475	
11次	1764(宝暦14)	趙曮	家治の襲職	472	崔天宗殺害事件
12次	1811(文化 8)	金履喬	家斉の襲職	336	易地通信

姜在彦『朝鮮通信使がみた日本』明石書店，2002年．鄭章植『使行録に見る朝鮮通信使の日本観』明石書店，2006年より作成．

朝鮮人は朝鮮通信使，琉球人は慶賀使・謝恩使として，それぞれ本州・江戸を訪れていたからです．

　通信使の初来日は慶長12年(1607)，最後は文化8年(1811)です(表1)．最後の通信使(12次)は，幕府の財政難から，江戸まで招聘することができず，対馬の藩主邸で迎え入れる「易地聘礼」となりました．11次の通信使は，宝暦14年(1764)なので，日本列島の人びとが朝鮮人を見聞することができたのは18世紀後半までであったということになります．以上を前提として，まず，18世紀に生きた人びとの朝鮮・朝鮮人観につき考察しましょう．

4　治者・知識人の朝鮮観

林羅山(1583-1657)

　林羅山は，徳川家康・秀忠・家光に儒者として仕え，「武家諸法度」寛永令を起草した人物として有名です．彼は寛永13年(1636)，幕府を代表して4次の朝鮮通信使の応対も行っていました．その際，幕府は朝貢使節が将軍に謁見しているかのように演出していました．将軍の政治権威上昇のために通信使を利用したのです．羅山は朝鮮を日本の下位に位置づけ，通信使の来日を「来

貢」と見なすための論理を構築していきます．彼は『日本書紀』にある「神功皇后三韓征討」を持ち出し，「高麗王者日本国ノ犬也」という石碑が朝鮮にあった，とまで語っています．儒者である羅山が，武威への関心から日本の上国意識の補填を図っていたのです．

新井白石(1657-1725)

6代将軍徳川家宣の侍講である新井白石は，朝鮮外交に関して大きな変更＝「聘礼改変」を行いました．「聘礼改変」は，多岐に及びますが，「日本国大君」から「日本国王」への将軍称号の変更がもっとも重大な問題であったといえます．朝鮮への国書に署名する際，徳川将軍の呼称は「日本国大君」となっていました．しかし，正徳元年(1711)，白石はこの外交慣習を一方的に改変し，今後，将軍呼称は「日本国王」にする，と朝鮮側に通告したのです．この唐突な「聘礼改変」を，朝鮮側はいちじるしく礼を欠く行為と意識し，反発しました．この将軍称号の変更には，白石の朝鮮認識と日本型華夷意識が反映されています．白石の論理を整理すると以下となります．

① 日本では武家政権が現実の政治支配を行っている
② 室町時代，足利将軍は「日本国王」の称号を用いた
③ 足利将軍は，天皇から委任をうけた正統な武家政権であった
④ 徳川将軍も，天皇から委任をうけた正統な武家政権である
⑤ ①〜④を理由として，徳川将軍も「日本国王」の称号を用いるべきである
⑥ 「朝鮮国王」に対して「日本国王」とすることによって両国は対等な外交関係を形成できる

①〜④を理解すると，⑥が欺瞞であり，③と④に本質があり，それは朝鮮を日本の下位に位置づけようとするものだ，ということがわかります．つまり，伝統的な武家政権国家である日本では，将軍＝「日本国王」に政治を委任する上位主体として天皇が存在している．ゆえに，将軍＝「日本国王」と「朝鮮国王」が対等であるとすると，日本の天皇は「朝鮮国王」より上位になり，それはとりもなおさず，日本が朝鮮よりも上国である，ということになるのです．かつて，日本の侵略をうけた朝鮮は，武威に劣るのであり日本より一段低い，

という意識です．

　白石の有名な随筆『折たく柴の記』を確認すると，以下のような文章を目にすることができます（大意）．

　　日本の侵略をうけた朝鮮は武では日本に及ばない，そのため，朝鮮は文によってその恥をそそごうとしており，日本を馬鹿にしている，朝鮮通信使は文化的復讐のために来日しているのである．

新井白石の朝鮮観は，朝鮮儒教に対するコンプレックスと，日本型華夷意識とが交差して形成された，いびつなものといえます．

　なお，吉宗が8代将軍に就任すると，新井白石ら前政権関係者は解任されます．日朝外交関係は旧例に戻され，将軍呼称も「日本国大君」に復すことになり，李朝側もこれを歓迎しています．

5　民衆の朝鮮・朝鮮人観

　民衆の朝鮮・朝鮮人観をみていきましょう．多くの民衆は史料を残しません．そこで，江戸時代，民衆に絶大な人気を誇った娯楽である，浄瑠璃・歌舞伎作品の分析から，民衆の意識・心性を分析してみましょう．浄瑠璃・歌舞伎を興行する座の興隆を背負った作家たちは，先行する作品の世界（テーマ）を模倣・踏襲しつつも，時代に応じ新たな趣向（演出）を取り入れ，同時代の観客にうける作品を創作していきました．現在のわたしたちを取り巻くテレビなどの放送メディアやインターネットのwebサイトに現代のわたしたちの社会が投影されているように，浄瑠璃や歌舞伎には江戸時代の人びとの心性が反映されていたといえます．フランスの哲学者，ルイ・アルチュセールのイデオロギー分析の方法論に依拠すると，近松門左衛門は上位文化——日本型華夷意識などの政治思想——を下位文化（民衆心性）へつなぐ仲介者として位置づけることができます．

　享保4年（1719），徳川吉宗の将軍就任を祝うために9次朝鮮通信使が来日しました．朝鮮通信使は，船で瀬戸内海を航行し大坂湾で和船に乗り換え，淀川を京都まで遡上しますが，途中大坂では難波橋あたりで上陸し，本願寺（津村別院）を宿館として数日間滞在しました．この間，多くの大坂の人びとが朝鮮

通信使一行を見物し歓迎したのです．

　朝鮮通信使の書記を務めた金仁謙の日記『日東壮遊歌』には，「見物人が雲霞のように集まっている」と記されています．幕府は朝鮮通信使の来航のたび，淀川の整備や，道路普請などを大坂周辺の村々に命じています．大坂の人びとは朝鮮通信使が来日(来坂)することを事前に知っていたのです．そして，この国家的事業を当て込んで，当時大坂で人気を誇った二大浄瑠璃作家，近松門左衛門と紀海音（きのかいおん）とが朝鮮を題材とする浄瑠璃作品を創作していました．

近松門左衛門「本朝三国志」

　享保4年(1719)，朝鮮通信使が大坂を訪れる前の竹本座で近松門左衛門作「本朝三国志」が初演されました．この浄瑠璃作品には，「真柴久吉」＝豊臣秀吉の朝鮮侵略が描かれ，朝鮮は「加藤正清」＝加藤清正と「小西弥十郎」＝小西行長の軍勢によって滅ぼされた，となっています．

　物語の終盤には耳塚が登場します．豊臣秀吉の朝鮮侵略の際，日本の武将たちは秀吉からの賞賛を得るために，朝鮮人の鼻を削ぎ塩漬けにして秀吉の下に送付しました．秀吉は，これを供養するとして塚をつくりましたが，江戸時代以降，それは耳塚と呼称されるようになりました．耳塚は現在，京都の豊臣秀吉を祀った豊国神社の前に史跡として残っています(**図8-2**)．近松は，観客に日本の勝利を印象づけるために，京都・大坂の庶民が，知っている耳塚の噺を

図8-2　京都・耳塚(筆者撮影)

「本朝三国志」では，朝鮮側の軍人は戦闘で「日本武者」にかなわない，ということが強調されています．捕縛された遼東王は日本に服従し「日本の奴」となるから，命を助けてもらいたいと哀訴します．加藤と小西は，遼東王の助命は受け入れますが，その家臣たちを惨殺していきます．最後に語られるのは「日本武者」の凄まじい暴力なのです．

紀海音（1663-1742）「神功皇后三韓責」

近松と人気を二分した紀海音も「神功皇后三韓責(じんぐうこうごうさんかんぜめ)」という朝鮮を意識した浄瑠璃作品を創作していました．この作品も，享保4年(1719)，朝鮮通信使が来日する前に大坂豊竹座で初演されました．物語の後半が「三韓征伐」の物語となっています．紀海音は，日本を「神国」，日本の軍勢を「神兵」と表現する一方，朝鮮人を「三かんのやつら」「蛮賊」としています．住之江神社の「神力」がやどった日本軍＝「神軍」は，新羅に大勝利します．そして捕縛された新羅の大王は助命のかわりに「末世末代」まで，日本に服属することを誓わされ，そのことを「代々の末迄」残そうとして，「三韓王は日本の犬なり」と文字に彫った，となっています．この衝撃的な文言「三韓王は日本の犬」は，後の浄瑠璃・歌舞伎作品に影響をおよぼしていきます．

表2　朝鮮・朝鮮人が登場する浄瑠璃・歌舞伎

	西暦(和暦)	作　家	演目(出典)
①	1719(享保　4)	近松門左衛門	「本朝三国志」(『近松全集第11』)
②	1719(享保　4)	紀海音	「神功皇后三韓責」(『紀海音全集5』)
③	1753(宝暦　3)	壕越二三治	「冠競和黒主」(『歌舞伎年表3』)
④	1757(宝暦　7)	並木正三	「天竺徳兵衛聞書往来」(『歌舞伎台帳集成10』)
⑤	1759(宝暦　9)	市山ト平	「仮名草紙国性爺実録」(『歌舞伎台帳集成13』)
⑥	1763(宝暦13)	近松半二	「天竺徳兵衛郷鏡」(『未翻刻戯曲集5』)
⑦	1763(宝暦13)	近松半二	「山城の国畜生塚」(『近松半二浄瑠璃集1』)
⑧	1767(明和　4)		「皆覚百合若大臣」(『歌舞伎年表4』)
⑨	1768(明和　5)		「天竺徳兵衛故郷取樨」(『歌舞伎年表4』)
⑩	1768(明和　5)		「傾城桃山錦」(『歌舞伎年表4』)
⑪	1804(文化元)	鶴屋南北	「天竺徳兵衛韓噺」(『世話狂言傑作集2』)
⑫	1804(文化元)	鶴屋南北	「天竺徳兵衛万里入船」(『鶴屋南北全集1』)
⑬	1809(文化　6)	鶴屋南北	「高麗大和皇白浪」(『鶴屋南北全集1』)

第 8 章　鎖国の内実 —— 123

図 8-3　歌川国芳画「天竺徳兵衛」
(『没後 150 年歌川国芳展』日本経済新聞社, 2011 年)

　左の表 2 は，18 世紀に創作された朝鮮・朝鮮人が登場する浄瑠璃・歌舞伎作品を集めたものです．これらのうち，③④⑥⑧⑨の作品で，「三韓王は日本の犬」という台詞が使われています．武力に優れる日本の武士，柔弱で恥ずべき朝鮮人という認識が江戸時代を通じて伝承され，演じられ続けたのです．

並木正三 (1730-73)「天竺徳兵衛聞書往来」
　宝暦 7 年 (1757)，並木正三が，天竺徳兵衛という朝鮮人による謀叛劇＝「天竺徳兵衛聞書往来」を創作し，大坂大西芝居で初演したところ，大ヒットとなりました．主人公の天竺徳兵衛とは，島原天草一揆で一族を滅ぼされた「七草四郎」＝天草四郎であるが，実は朝鮮人であった，という設定であり，一族と祖国を滅ぼされた怨みから謀叛を起こすが失敗する，という物語となっています．このヒットに影響され，その後も天竺徳兵衛を主人公とする謀叛劇＝「天徳物」が創作されていきます (表 2 の④⑥⑨⑪⑫) (図 8-3)．

近松半二 (1725-83)「天竺徳兵衛郷鏡」「山城の国畜生塚」
　「山城の国畜生塚」は，近松半二が「天竺徳兵衛郷鏡」とセットで創作し

た浄瑠璃作品です．宝暦 13 年 (1763)，大坂竹本座で初演されました．「真柴久吉」の朝鮮侵略によって国を滅ぼされた朝鮮国王の臣下・木曽官(もくそかん)が日本に渡り，国家転覆を計画するという内容となっています．近松半二は，近松門左衛門の「本朝三国志」を踏襲し，「真柴久吉」＝豊臣秀吉を登場させ，日本の武威に怯して，我れ先に逃げ走る朝鮮人の様子を描きました．この作品には「武威」という語彙が台詞として登場しているのです．

日本による 2 度の侵略──朝鮮人にとっては 2 度の「恥辱」──が，「山城の国畜生塚」の中で統合されたといえます．この作品では日本の武威が力説される一方，祖国を滅ぼされた朝鮮人の恨みも強調されているのです．

日本各地に残された朝鮮文化

以上から江戸時代の民衆が武威に塗り固められた上国意識を持ち，朝鮮・朝鮮人を柔弱であると侮蔑していた，と単純化するわけにはいきません．西日本から東海地方の祭礼に，朝鮮人を模倣した踊りが残されています．現在でも，朝鮮通信使が寄港した備前牛窓(びぜんうしまど)(現・岡山県瀬戸内市)疫神社には「唐子踊り」，藩主藤堂家が勧請した伊勢津(現・三重県津市)八幡宮には「唐人踊り」，そして，東海道に面した三河豊川(現・愛知県豊川市)には「笹踊り」などが伝えられています．江戸時代の民衆が異国(朝鮮)のきらびやかな文化に関心や憧れをもっていたことの証と言えましょう(本章冒頭頁 図8-1)．次に，18 世紀に生きた人びとの中国・中国人観をみていきます．

6　治者・知識人の中国観

徳川光圀・大金重貞(みつくに)(1630-1713)

水戸藩主・徳川光圀が儒学の大義名分論に依拠して『大日本史』編纂を行ったことは有名です．寛文 10 年 (1670)，林羅山・鵞峰による歴史書『本朝通鑑』全 310 巻が完成しました．これに刺激をうけた光圀は，寛文 12 年 (1672)，『大日本史』編纂事業を本格化させました．『大日本史』の叙述スタイルは紀伝体となっています．このような歴史書の編纂は，中国正史のスタンダードであり，光圀はこれを強く意識していたと考えられます．文章は漢文です．中国文明が

光圀の教養のベースになっていたのです.

　大金重貞は,下野国那須郡小口村(水戸藩領,石高386石)の名主で,幼少期から勉学に励み『那須記』という漢文体の地誌を叙述した在村知識人です.

　17世紀後半以降,幕藩領主や民間知識人たちによって,漢文体の地誌編纂が多く行われていました.重貞による『那須記』執筆もこのような知的環境を背景としたものです.「偃武」環境の下,被治者である在村知識人も,中国文明の受容者として位置づけることができます.

　元禄4年(1691),徳川光圀と大金重貞とが協力して,下野国那須郡武茂郷湯津上村(現・栃木県那須郡那珂川町)にあった「那須国造碑」の修理,侍塚古墳の発掘調査を行いました.光圀は侍塚古墳に埋葬された人物が那須国造ではないか,との仮説を立てていたようです.しかし,この調査において,文献史料を発見することはできませんでした.光圀・重貞ともに,侍塚古墳から発掘された遺物に関心を持っていません——遺物の保存には特別の注意を払っています——.この事実からも,光圀・重貞の教養は中国文明・漢字文化至上主義から形成されたものであったことが分かります.

　なお,蒲生君平(1768-1813)が,古墳そのものに関心を示し,享和元年(1801)に『山陵志』を執筆したことに見るように,知識人の物質文化に対する関心は,18世紀末から19世紀前半(寛政から天保期)まで待たねばなりません.その背景には,漢字に依らない日本独自の文化を希求する国学の萌芽があるわけです.

山鹿素行(1622-85)

　山鹿素行は,会津若松に浪人の子として誕生,その後一家は江戸に移住,素行は9歳で林羅山に入門,早熟の秀才として頭角を現しました.同時に,歌学・神道を学び,武芸・兵法も修業しています.承応元年(1652),播磨国赤穂藩主浅野長直に仕えますが(禄高1000石),江戸居住のまま,広く学問を教えていました.万治3年(1660)には浅野家を致仕しています.寛文期から,朱子学を批判し「周公孔子の書」に直接に依拠すべきとする「聖学」を提唱,寛文5年(1665)『聖教要録』を刊行します.しかし,この書物は幕府によって「不届」とされ,素行は赤穂藩浅野家へ流罪とされました.この間に執筆したのが『中朝事実』です.

以下，寛文9年(1669)刊行の『中朝事実』から素行の中国観を見てみましょう．「中朝事実序文」には，

> 愚中華文明の土に生まれて，未だ其の美を知らず，専ら外朝の経典を嗜み，嘐嘐として其の人物を慕う（中略），夫れ中国の水土は万邦に卓爾として，人物は八紘に精秀たり

とあります．ここに記された「中華文明の土」「中国」とは日本を指しています．序文の冒頭にこのようなセンセーショナルな記載があるのです．しかし，素行は儒学を否定しているわけではありません．古代中国の聖人が示した儒学の教えや理念が日本において実現していた，と言うのです．本書のタイトル『中朝事実』の「中朝」とは日本，「事実」とは歴史です．日本こそが「中国」であり，儒学の政治理念が日本＝「中国」で実現されていることを論証するために，日本史が叙述されているわけです．

素行は『古事記』『日本書紀』を史料として，神武天皇以来の「皇統」の継続を強調し，さらに「三韓征伐」を重視して，「西戎」＝朝鮮が日本の「武徳」を恐れて属国になったと語っています．彼は『記紀』の記述を歴史的事実と理解しているわけですが，それは近代歴史学による史料批判が行われる以前の歴史認識であり，しかたがないと言えます．問題は，他国を「夷戎」とする発想と日本の「武徳」を強調している点にあります．素行は，華夷変態による清を「中国」「中華」とは認めていません．さらに朝鮮を日本に劣る「西戎」としたのです．山鹿素行の『中朝事実』により，日本型華夷意識が明確化され，大きな影響力をもっていきます．

7 民衆の中国観

近松門左衛門「国性爺合戦」

近松門左衛門の代表作に，鄭成功の活躍を描いた「国性爺合戦」(正徳5〈1715〉)があります．岡本綺堂は，この作品を分析して，日本人の「力というものを極度に高調し」「異国を対象として」日本を意識している，と論じています．明清交代を舞台としたこの作品が創作された背景に日本型華夷意識による新たな自己像（自国認識）の形成を認めようとする意見もあります．

近松は明清交代，鄭氏と清との交戦に関する知識を，寛文年間に刊行された『明清闘記』から得ていたとされています．「国性爺合戦」の中では，「大明」「韃靼」と比較して，日本・日本人とは何か，ということが神国・義理・武というキーワードとともに語られていますが，とくに強調されるのは武なのです．近松は中国を"鏡"として，日本の武威を浮かび上がらせたのです．

　「国性爺合戦」とは，日本人の血が入り，日本の「軍法の秘密」を会得した「和藤内」＝鄭成功が「唐土」に渡り「大明韃靼両国を一呑にせん」と活躍する物語です．そこには，前時代へのノスタルジーが溢れています．

　ところが疑問が残ります．明の滅亡は1644年であり，また鄭氏と清との交戦は鄭氏台湾政権の滅亡(1683年)により決着がついていますし，先述したように『中朝事実』の公刊は寛文9年(1669)なのです．なぜ，「国性爺合戦」は，このアジアの激動や，日本型華夷意識の形成といったエポックから50年も経過した正徳期(18世紀前半)に創られたのでしょうか．

　元禄期以降，平和になった社会において，本来戦闘者であった武士には治者としての自覚が求められ，さらに財務官僚としての能力まで要求されるようになっていました．こういった政治的・社会的帰趨に対する武士の反発は，幕府によって弾圧されていきます．また，鎖国により閉鎖された社会において，幕藩領主の権力は民衆の世界に入り込み，民衆の日常生活までも規制するようになりました．身分の枠が固定され，支配の網の目が細かく張り巡らされ，人びとはこの閉じた社会関係の中で，"世間"の目を意識して生きていくという，均質的に規律化された社会が到来したのです．一方，戦国時代(16世紀)は，苛酷な暴力の世ではあるが，民衆レベルには自律の気運があり，自己の才覚によりハイリスクではあるが，ハイリターンも可能であり，対外貿易も盛んで，日本人が海外へ出ていった時代でもあったのです．

　近松は「国性爺合戦」において海外に飛翔する日本人を描きました．彼は，逼塞する社会を意識し幕藩体制に対して，消極的抵抗を試みたのではないでしょうか，前時代へのノスタルジーという形で．そして，この作品が観客に受け入れられたということは，当時の人びとも，近松と同じ意識を持っていたに違いありません．

　江戸時代中期の民衆が，日本型華夷意識といった上位思想を理解していたと

は思えません．近松はこの思想の本質が武威にあることを理解しつつ，わかりやすい浄瑠璃というメディアを使い，日本＝武の国というメッセージを民衆に提供していったのです．「国性爺合戦」は享保期(18世紀前半)から慶応期(19世紀前半)まで，歌舞伎作品として95回上演されつづけました．まさに，名作といえます．7代目松本幸四郎によると，「和藤内」＝鄭成功は，6尺2寸もの大刀を3本さした武張った形で登場していたということです．「国性爺合戦」で表象された日本＝武威の国という自国認識は，江戸時代を通じて再生産されていったのです．

8　武威の国という自負

　近松門左衛門や紀海音，その後の作家が描いた世界(設定)は歴史事実に基づくものではありません．しかし，先述したように江戸時代の人びとに，歴史的事実とフィクションとの区別はできません．それは，作者の近松・海音も同様であったのです．二人には，歴史を捏造しているという意識はなかったと思います．

　紀海音「神功皇后三韓責」創作の基底にある「神功皇后三韓征伐」という物語は，『日本書紀』や『八幡愚童訓』『太平記』などによって，文字情報として伝承されていたものです．

　近松門左衛門の「本朝三国志」は小瀬甫庵(おぜふあん)の『太閤記』(寛永2年〈1625〉)を種本にしていたと考えられます．『太閤記』とはおもしろさと痛快さを強調した秀吉の立身出世物語であり，その記述は秀吉の死で終了していますので，文禄の役に関しては威勢よく記述されているのですが，慶長の役に関してはごくわずかで，秀吉の死により秀吉軍が朝鮮から逃げ帰った，という場面は一切ないのです．『太閤記』の叙述からは，柔弱な朝鮮を簡単に屈服させた"勇壮"な秀吉軍，といったイメージだけが浮かび上がってきます．近松はこの"勇壮"な場面ばかりを浄瑠璃という娯楽のメディアに仕立てたのです．

　江戸時代中期(18世紀)の平和な民間社会——それは，日常まで幕藩領主の規制をうける規律化された逼塞したものでもありました——にあって，武士の戦闘者としての側面は薄れる一方，『葉隠』(はがくれ)に見るような，理念的な武士像が創

られ，敗者が生きて捕虜となることは恥辱であり，潔く自死すべきである，という武士認識が形成されたのでした．「本朝三国志」「神功皇后三韓責」を観た京都・大坂の人びとが，「朝鮮は神功皇后と豊臣秀吉の二人の"勇壮"な日本人に，2度も征服された弱い国．朝鮮人は柔弱で，朝鮮国王は助命嘆願の結果，日本に従属することとなった恥ずべき指導者」という思いを抱き，大坂を訪れた朝鮮通信使一行を見学した可能性は十分に考えられるのです．そこで想起されるのは，柔弱な朝鮮に対して，武威に秀でた日本という認識です．日本型華夷意識は，浄瑠璃・歌舞伎といったメディアを通じて，民衆の間にも理屈ではなく感覚として広まっていったのです．

明治時代，帝国への途を進む過程において，日本の人びとの中に，近代化におくれた朝鮮・中国に対する蔑視が形成されていきます(本書第12章)．しかし，その深淵には江戸時代に形成された日本＝武威の国という心性があったのです．

ブックガイド(より深い理解のために)
▶池内敏『大君外交と「武威」』名古屋大学出版会，2006年
　　江戸時代の東アジア外交の特質と，武威という概念について解説する．
▶前田勉『近世日本の儒学と兵学』ぺりかん社，1996年
　　日本の儒学の特異性について詳細に論証する．
▶吉野誠『東アジア史のなかの日本と朝鮮』明石書店，2004年
　　新井白石の朝鮮観も含め，前近代の日朝関係について詳細に解説している．

第9章
暴力化する社会
——経済格差と私慾の広がり——

> この章のねらい
> 19世紀，幕藩体制を支えていた政治理念の一つ，仁政イデオロギーが揺らぎ，百姓一揆が変質した．幕藩体制の崩壊は民間社会から始まる．

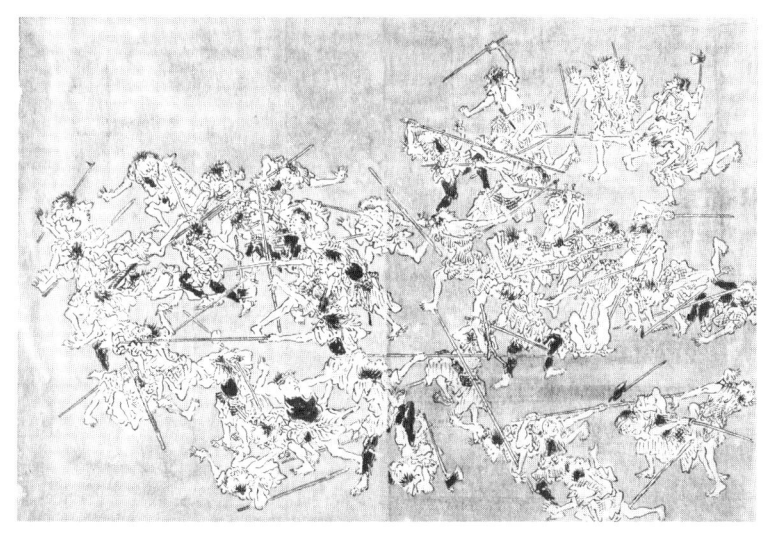

図9-1　武州世直し騒動　根岸家防衛の様子
(『根岸家諸記録』国立国会図書館蔵)

第9章 関連年表

明和 元年(1764)	伝馬騒動	
明和 4年(1767)	明和事件	
明和 6年(1769)	幕府，百姓一揆禁令を強化	
明和 7年(1770)	田沼意次，老中就任	
天明 元年(1781)	上州絹一揆　天明の飢饉	
天明 4年(1784)	佐野政言が田沼意知を刺殺	
天明 6年(1786)	田沼意次，老中失脚	
天明 7年(1787)	江戸打ちこわし　松平定信，老中首座就任，寛政改革開始	
寛政 元年(1789)	棄捐令	
寛政 2年(1790)	寛政異学の禁	
寛政 5年(1793)	松平定信，老中辞職	
文化 2年(1805)	百姓の武芸稽古を禁止　関東取締出役設置	
文化 6年(1809)	**根岸友山誕生**	
文化 7年(1810)	**国定忠治・笹川繁蔵誕生**	
文政10年(1827)	若者組取り締まり　佐藤彦五郎誕生　文政改革	
天保 4年(1833)	**天保飢饉**　加古川騒動	
天保 7年(1836)	**甲州騒動**　加茂一揆	
天保 8年(1837)	大塩平八郎の乱	
天保10年(1839)	**天然理心流試衛館開設**	
天保11年(1840)	三方領知替反対一揆	
天保12年(1842)	**天保改革開始**	
弘化 4年(1847)	笹川繁蔵，殺害される	
嘉永 3年(1850)	国定忠治，処刑される	
文久 3年(1863)	「悪党」取り締まり	
	江川農兵銃隊取り立て許可	
元治 元年(1864)	**江川農兵銃隊設置　天狗党の乱**	
慶応 2年(1866)	**武州世直し騒動**	
慶応 4年(1868)	戊辰戦争　上州世直し騒動　野州世直し騒動	

● 時代背景 ●

　二つの政治理念(本書第8章)と，兵農分離という幕藩領主の規制の下，人びとは自律的に暴力を封印し，トラブルは訴訟へ，領主に対する要求は訴願で，という方法を選択しました．そして，盗みと放火をも規制し，集団で訴え(強訴),幕藩領主の「お救い」を引き出す，百姓一揆という抵抗運動が生まれました．百姓一揆の場面において，幕藩領主は百姓たちを殺害したりしません——ただし一揆沈静後，リーダーは処刑されました——．その前提には，仁政イデオロギーに基づいた撫民＝「お救い」が実行されるという，民衆と幕藩領主との間における一定の信頼関係が必要となります．研究者はこれを"合意の構造"と名付けています．

　天明期(18世紀後半)，田沼意次が老中首座に就任し，重商主義政策を展開，この儲け重視(私慾偏重)の社会的風潮は全国的に拡散，経済格差が広がっていきました．そのような中，天明の飢饉が発生，幕藩領主の中には「お救い」を行うどころか，自領の米を上方に廻送し，利益を上げようとする藩まで出てきました．江戸で，米穀商などを襲撃する打ちこわしが発生し——田沼意次はこの渦中で失脚します——，各地でも百姓一揆・打ちこわしが多発しています．さらに，文化・文政期(19世紀初頭)，仁政イデオロギーの揺らぎとともに治安が悪化，経済力をつけた宿場・河岸を拠点にした博徒集団の跳梁跋扈が始まります．

　天保12年(1841)から水野忠邦による天保改革が始まりますが，わずか2年で失敗に終わります．水戸藩主・徳川斉昭が『戊戌封事』で語ったように，時代は「内憂外患」へと向かっていくのです．一方，地域社会には自力によって，治安を立て直そうという地域指導者が生まれてきます．彼らは，豪農経営を営む村役人たちで，剣術修行も熱心に行っています．慶応期(19世紀前)，この地域指導者が世直し騒動を鎮圧していったのです．

1　天保の飢饉

　治安の悪化が社会問題となっていた天保期，人びとの脳裏には50年前の天明の飢饉の惨状が記憶として残っていました．そろそろ大きな「けかち」＝飢饉が発生するかもしれない，と日記に記す村役人もいました．人びとの恐れは当たり，天保4年(1833)から7年にかけて，飢饉が全国をおそいました．原因は大洪水・冷害等さまざまですが，被害を大きくした背景には，幕藩領主の対応の遅れ，というよりも無策がありました．この問題を，ほとんどが幕領であった甲州地域(現・山梨県)を事例に見ていきましょう．

　天保4年，甲州地域は飢饉状態となりました．とくに山間の郡内地域(現・大月市周辺)の状況は深刻でした．郡内地域は，水田がほとんどない養蚕地域であり，飯米を他所からの移入に頼っていました．ところが，飢饉のさなか，甲州に隣接する信州の諏訪藩・高遠藩は穀留を行い，甲府町や鰍沢宿(現・南巨摩郡富士川町)の米穀商は利益を上げるべく，甲州米を他国に売り出していました．郡内地域への米穀流入は人為的に途絶されてしまったのです．この間，ここを支配する石和代官は，飢饉対策を一切行っていません．

2　甲州騒動

　天保7年(1836)8月21日，郡内の百姓たちは，石和代官に窮状を訴えましたが，埒があきません．そこで，彼らは自力救済の途を選択し，米穀の買い占めを行っていたとされる熊野堂村奥右衛門に米の強借を行うため，笹子峠を越え国中地域(甲府盆地)に入りました．甲州全域を揺るがせた甲州騒動の始まりです．

　22日から23日，勝沼宿周辺の百姓たちも加わり，総勢700人ほどとなった郡内勢は，熊野堂村奥右衛門家に米穀の強借を試みましたが拒否されたため，同家を微塵に打ちこわしました．この頃から，長脇差を帯び，「異形の姿」をした国中地域の百姓・「無宿」が大勢参加，米穀商に限らず富家を打ちこわし，金銀・脇差・衣類などを盗み始めました．打ちこわしは，暴力をともなう騒動

図9-2 伝 熊野堂村奥右衛門家 長屋門

に激化したのです(図9-2).

　多くの史料に騒動勢は「悪党」であると記されています.石和代官所の手附・手代は,笛吹川の渡船場に至った騒動勢に対して発砲(空砲)しますが,騒動勢は激昂,行動はさらに激化していきます.従来の百姓一揆・打ちこわしにおいて,参加した百姓たちは幕藩領主に対して訴願(強訴)を行っていました.しかし,「悪党」は出張ってきた石和代官手附・手代になんら要求を行っていません.この頃,郡内勢はこの事態にあきれ,帰村しています.ここから国中地域を中心とした「悪党」たちの騒動となりました.

　2000人にも膨れあがった騒動勢の一部は,甲府町(城下)に乱入,米穀商人・質屋らを打ちこわし,甲州でもっとも富裕といわれた竹原田藤兵衛家に放火しました.武器の使用・盗み・放火が行われた甲州騒動は前代未聞,異常な騒動となったのです.騒動勢の一部は,富士川街道を南下し鰍沢宿の米穀商を打ちこわしています.これらの行為は,天保飢饉下において米穀を他所に売り,利益を上げている私慾の穀物商人に対する社会的制裁といえるでしょう.なおこのグループは,市川大門村(市川代官陣屋所在地)を襲撃しましたが,市川代官・山口鉄五郎は病気と称して陣屋から出ず,騒動勢との応対は手附・手代に任せたままでした.幕府代官の無責任さが露呈されていきます.彼らは領民を護ることができなかったのです(図9-3).

　24日から26日にかけて,騒動勢は甲府代官手代の手勢と,村々の暴力によって殺害・捕縛され,騒動は完全に鎮圧されました.この様相を見ていきましょう.これも異常なのです.

　その前に「悪党」と呼ばれた人びとの具体像を確認しておきます.騒動鎮圧

図9-3　市川大門代官所跡

ののち，捕縛され吟味のため江戸まで送られた者たちの名前，在所を書き上げた史料が残っています．彼らは，騒動の頭取もしくは，中心となった人物たちで，「悪党」とされた者たちです．彼らの年齢構成を見ると，10代―2人，20代―17人，30代―8人となっています．彼らの多くは国中地域の若者たちです．おそらく，みなその日暮らしの貧民でしょう．この中に「江尻窪村源八倅 周吉（せがれ）」という23歳の若者がいました．周吉は革羽織を着用，赤の紐を襷にし，長脇差しを帯び，騒動を指揮していました．彼は大工職で，家屋を壊すことにも習熟していたため，頭取（とうどり）になったのです．周吉は，代官手附・手代に対して長脇差しを抜いて手向かったとされ，石和で磔（はりつけ）との刑が確定しました（刑執行以前に牢死）．若者・周吉は，打ちこわしという制裁行為の中で，自分の居場所を見出していたのです．

　日常において，貧困もしくはディアスポラな状態の若者たちが，騒動という貧富の力関係が逆転する非日常の空間において，一時的にせよ社会的な主導権を握ったのです．貧困の状態に置かれた若者たちの日常の憤懣が暴力として爆発したのではないでしょうか．しかし，百姓一揆の作法を崩し，暴力を選択した彼らの多くは「悪党」とみなされ，殺害されたり，捕縛→入牢→牢死へと追いやられたのです．

3　自衛する村

　8月23日，騒動の拡大をくいとめることができなかった甲府代官・井上十左衛門は，隣接する諏訪藩への出兵要請を決定します．そして，24日，井上十左衛門は騒動勢を暴力と盗みを行う「悪党」とした上で，甲州村々に騒動勢を殺害してよい，との命令を発しました．この殺害命令は国中地域の村々に伝達されていきます．18世紀までの百姓一揆・打ちこわしの場面ではあり得ない命令です．

　ところで，幕府の殺害命令が出る以前，村々はどうしていたのでしょうか．この様子を確認しておきましょう．8月23日，甲府から富士川街道を北上した河原部村（現・韮崎市）の村役人たちは，直接村人を派遣して甲府町方の打ちこわしの情報を集積し，独自に分析して議論を始めました．「悪党」を殺し，村を防衛すべしとの意見が出る一方，慎重論も出ています．そして，河原部村では防衛をとりやめたのです．この結果，河原部村は打ちこわしを受けてしまいますが，村人・騒動勢双方ともに一人の怪我人・死者も出ていません．

　横手村（現・北杜市）の村人たちも，甲府町方での打ちこわしの情報を収集し，家屋への放火が行われていたことを確認していました．横手村に居住する甲州浪人の由緒をもつ横手彦三右衛門は単身，台ケ原宿（現・北杜市）まで出向き，横手村を回避してもらうよう，騒動勢の頭取（若者）との話し合いを持ちましたが，彼らに無視されてしまいます．帰村した彦三右衛門は，騒動勢を「強盗共」とした上で，彼らを殺害してでも村を防衛すべきであると主張しています．

　このように，幕府からの「悪党」殺害命令が出る以前に，国中地域の村々は，幕府を当てにせず，独自の判断において情報を収集し対策を立てていたのです．

　村の防衛を決定し，暴力を選択する際に，村人たちが，騒動勢を「悪党」「強盗共」と見なしていたことは重要です．武器を持ち，家に放火し，盗みを行っている者は，われわれ百姓とはちがう「悪党」や「強盗」である，というのです．

　このような状況下，幕府から騒動勢殺害命令が出されたのです．24日，横手村にこの命令がもたらされると，横手彦三右衛門は「これで騒動勢を心おき

なく殺害できる」と述べ，防衛人数と鉄砲の数を増やしています．

25日，台ケ原宿では騒動勢殺害命令が出たことを理由に，鉄砲・真剣・竹鎗・鳶口(とびくち)・六尺棒などによって，騒動勢の頭取ら2名を殺害し，多くを捕縛しています．幕府の殺害許可は，村々の防衛体制を増強させ，村人たちの暴力発動に正当性を与えていったのです．

ところで，甲府には3名の代官がいましたが，そのうち，騒動鎮圧に奔走していたのは，井上十左衛門だけでした．石和代官・西村貞太郎は越後水原代官から新たに石和代官に着任する予定でしたが，騒動発生当時江戸に滞在したまま，現地の手附・手代から報告を受けているにもかかわらず，現地へ向かいませんでした．先述したように，市川代官・山口鉄五郎は騒動の最中，病気と称して陣屋に引きこもったままでした．

騒動勢殺害命令も含めて，幕府代官のこれらの対応は，重大な以下の問題を含んでいます．

① 領民たちが武装し，騒動を起こした場合，幕藩領主の武力でこれを鎮圧することができないことが露呈されてしまった
② 幕府は兵農分離の原則を破り，領民保護の責務を放棄し，民衆による自衛の道を拓いてしまった

甲州において，幕府は天保の飢饉への対応をまったく怠りましたが，これは幕藩領主総体に当てはまることでした．こうして，天保期に幕藩領主への信頼感(恩頼感)は限りなく低下していきます．幕藩領主から見放され「お救い」の途を閉ざされた人びとは，自助の"海"に投げ出されたのです．しかし，彼らは黙っていませんでした．自力救済の途を選択したのです．

甲州騒動をリードした「悪党」は，幕藩領主とコミュニケーションをとろうとせず，幕藩領主を無視しています．抜き身を引っ提げ，飢饉の最中に利益を上げている穀物商や富家を襲撃していったのです．天保期，政治理念の一つ，仁政イデオロギーは崩壊したのです．そして，武器を使用しない，放火や盗みも行わない，という百姓一揆の作法は吹き飛んだのです．もちろん，幕藩領主への恩頼感の低下と仁政イデオロギーの崩壊とが，幕藩体制の終焉に直結するわけではありません．明治維新は，これから40年も先の出来事なのです．この40年間とはどのような時代であったか，という点を重視すべきでしょう．

次にこの問題を見ていきます．

4　農兵銃隊の結成

　多摩地域の幕領を支配する世襲代官・江川英龍は甲州騒動の異常さに反応し，危機意識を強めていました．英龍は幕領の警察力の脆弱さを認識し，多摩地域において，百姓を対象とする防衛組織(農兵)の設立を企図，幕閣に農兵の組織化を建議しましたが，実現できませんでした．文久3年(1863)，死去した英龍の子・英武の時，幕府によって農兵銃隊――江川農兵はゲベール銃で武装していましたので，農兵銃隊と呼称します――の設置が許可され，同年11月15日，多摩地域に農兵銃隊取り立てが命じられました．ちょうどこの頃，幕府は多摩地域の村々に対して，「悪党」を捕縛せよとの命令を出しました．すると多摩地域の村々は幕府に対して，「悪党」は槍や鉄砲で武装しているので，これに対抗するために，われわれは「高島流小筒」＝最新のゲベール銃で武装したい，と願い出ていたのです．治安悪化を背景として，村人たちの意識と，幕府の思惑とが合致したのです．これは，村人たちによる自衛のための暴力が幕府によって公的に認められ，正統性と正当性を獲得した，ということを意味します．

　翌元治元年(1864)，多摩地域において，幕府からゲベール銃を支給された農兵銃隊の具体的編成が始まります．農兵銃隊は，415人を動員する計画とされ，石高を基準に，およそ男子100人につき一人の割合で選出され，日野・五日市・蔵敷・田無・拝島などで組織されました．彼らの多くは豪農の次男・3男の若者たちで，諸費用は豪農などの献金でまかなわれました．地域防衛の責務を担うも，治安悪化に悩まされ，打ちこわしの際にはターゲットにされるであろう村役人や豪農たちが積極的に献金を行ったのです．

　農兵銃隊の調練は頻繁に行われました．たとえば，蔵敷村組合では，元治元年の組織当初，訓練は「下稽古」と称して毎日行われ，その後は5日おきとされましたが，参加者が多かったことが史料で確認できます．若者たちは積極的に訓練に参加していたのです．彼らは，農兵銃隊ごとに独自の制服・ユニホームや旗までも誂えています．江戸時代の村には火縄銃が存在していましたが，それは獣害を防ぐための農具でした．ゲベール銃は当時最新の対人殺傷兵器な

のです．農兵銃隊に参加した若者たちは，村・地域を防衛するという名誉と特権とを手に入れたのです．

5　豪農の剣術習得

　近藤勇・土方歳三らによる新選組の母体はなぜ多摩地域で生まれたのでしょうか．文化期における天然理心流の門人は，日野・八王子地域の千人同心の子弟たちが中心でしたが，天保9年(1838)以降，門人の多くは，村役人層の跡継ぎたちとなります．在村文化を研究し独自の文化史の領域を拓いた杉仁は，明らかに甲州騒動の影響であると論じています．

　甲州騒動の異常な様相は周辺地域へ情報として広がり，商人たちのネットワークを通じて遠方まで拡散していきました．天保期以降，治安はさらに悪化し，人びとの間では村の平和と自家の財産，家族の安全は自分で護る，という自力救済の意識が広がっていったのです．わたしはこれを"万人の戦争状態"と呼称しています．重要なことは，剣術修行を行っているのが村役人層の跡継ぎであるという点です．彼らは，村・地域の防衛を責務と感じていたのです．その典型が日野宿(現・日野市)の名主・佐藤彦五郎と，甲山村(現・熊谷市)の名主・根岸友山です．

6　地域指導者の動向

佐藤彦五郎(1827-1902)

　天然理心流の近藤道場には，跡継ぎ近藤勇のほか，日野宿周辺の土方歳三や井上源三郎らも入門しています．歳三の姉の嫁ぎ先が佐藤彦五郎家でした．嘉永2年(1849)，彦五郎は火事の最中に祖母えいが賊に斬殺されるという惨劇を経験しました．彼は，この事件をきっかけに天然理心流・近藤道場に入門することになるのです．彦五郎の剣術修行は，名主としての地域の治安維持という責務からの行動でもありました．

　彦五郎は，自宅を改造し道場を造りました．天然理心流の多摩地域での出稽古は，ここで行われるようになり，多摩地域における天然理心流入門者は増加

していきます．彦五郎は地域の治安をまもるべく，剣術修行という個人技を名主の統制下にコントロールし，組織化していったのです．

慶応3年(1867)，薩摩藩士らが甲府城を乗っ取るため，江戸から甲州街道を西に向かった，との情報が佐藤彦五郎の下にもたらされます——多摩地域は幕領であり，彦五郎は最幕末に至るも，佐幕を貫きました——．幕府代官・江川英武の手代・増山健次郎は，薩摩藩士の討ち取りを彦五郎に依頼します．彦五郎は佐藤道場の剣士4名を率いて，日野宿の壺伊勢屋に宿泊していた薩摩藩士を斬り殺したのです（壺伊勢屋事件）．彦五郎は天然理心流免許皆伝です．日野市にある「佐藤彦五郎新選組資料館」には彦五郎が使用したという無骨な刀が展示してありますが，刃こぼれしたままで，さびが蜘蛛の巣のように入っています．もしかしたら，壺伊勢屋事件の時使用したままなのかもしれません．

慶応4年(1868)，鳥羽伏見の戦いで幕府軍は敗れ，新選組は隊士を減らしつつも江戸へ戻って来ます．新政府軍との戦闘を避けようとする勝海舟から甲府城を防衛せよ，との名目を与えられた新選組の生き残りは，甲陽鎮撫隊を組織し甲州街道を西に向かいます．彼らは，多摩の英雄です．彦五郎は，多摩の若者たちを率いて春日隊を結成し，甲陽鎮撫隊に追従していきますが，勝沼戦争で敗退します．彦五郎たちは身を潜めます．地域の治安を護ってきた彦五郎を多摩の人びとは匿ったのです．

明治維新後，彦五郎は公職に復帰し，初代日野町長・南多摩郡長を歴任しています．ちなみに，明治10年代，明治天皇は日野に2度も行幸し，佐藤家にも立ち寄っています．明治政府は，一君万民による国民国家の形成を企図しました．天皇が国民に姿を見せる行幸は，江戸時代，各藩ごとにばらばらに支配されていた民衆を，天皇の下に臣民として編成するために必要な政治的パフォーマンスでした．明治政府は，佐幕色の強固であった多摩の取り込みを意識していたのでしょう．

根岸友山(1809-90)

すこし視点を関東の北に移して，武蔵国大里郡甲山村（現・熊谷市）の地域指導者・根岸友山を紹介しましょう．甲山村は，幕領と旗本領からなる村高390石余ほどの村でした．根岸家は享保期から代々名主をつとめる家柄で，80町

余りを所持する周辺地域きっての豪農です．根岸友山は文政6年(1823)に名主に就任します．天保10年(1839)，友山たちは，荒川堤防工事に関連した不正事件を幕府に強訴します．幕府は強訴を問題として，友山を捕縛，「江戸十里四方追放」としてしまいます．安政6年(1859)に赦免されるまでの20年間，彼は甲山村から離れた生活を余儀なくされました．

赦免後，50代になった友山は，千葉周作の玄武館に入門し，江戸の長州藩邸にも出入りして，長州藩・尊王攘夷派や諸藩草莽志士とのネットワークを形成，彼らに資金を提供していきます．"遅咲きの草莽志士"といったところでしょうか．千葉周作は水戸藩・弘道館師範をつとめた関係から，彼の道場・玄武館には水戸藩に限らず，全国の尊王攘夷派が集まっていました．またこの時期に，友山は平田派の権田直助から国学を学んでいます．本書第7章で触れた，国定忠治も友山と同年代で名主の家出身でした．同時代，それも治安の悪化する関東という同様の社会状況の中にいて，友山が，忠治のように博徒の途に進まなかった理由は，彼の教養と人的ネットワークによるものと思われます．友山は，玄武館での修業の成果を生かし，甲山村に振武所という道場を開き，地域の若者に剣術を教えはじめます．悪化する治安，地域を護るための自衛の途です．

文久3年(1863)2月，54歳の友山は清河八郎の新徴組に参加し上京，「一番組小頭」に任命され重用されますが，新徴組の計画が頓挫したため，帰村しています．なおこの時，近藤勇・土方歳三たち，のち新選組を結成することになる天然理心流のメンバーも，新徴組の末端に参加しています．

文久期以降，友山は尊王攘夷から反幕，さらに倒幕へと傾斜していきます．元治元年(1864)，友山は天狗党の乱に呼応しようとしましたが，失敗しています．慶応3年(1867)，友山は出流山挙兵の竹内啓らに加わる計画をたてましたが，またもや失敗しています．

翌慶応4年，尊王攘夷運動から倒幕運動へと実践した友山ですが，元関東取締出役・渋谷鷲郎を支援したという嫌疑をうけ，一時，官軍に捕縛されてしまいます．

明治維新以降，60代になった友山は，政治活動から完全に引退し，古墳の保存運動など地域内での文化・啓蒙活動を展開していきます．幕末という，彼

にとっての政治と暴力の時代は終わりました．

7 慶応2年世直し騒動

　慶応2年(1866)6月，開港後の物価上昇を原因として，武州世直し騒動が発生しました．困窮した武州秩父郡名栗村(現・飯能市)の人びとが飯能町の米穀商に米の安売り要求を行うことが発端でした．しかし，これが打ちこわしへと激化し，さらに名栗の人びとが帰村した後，多摩地域を含む武州全域に拡大する騒動となったのです．一見すると先に触れた甲州騒動と似ています．しかし，まったく相違する点があります．多摩地域の村々にはゲベール銃で武装した農兵銃隊があり，地域指導者の下，剣術修行をした若者たちがいるのです．

　史料を確認すると，村役人や豪農たちが，世直し勢とコミュニケーションをはかった様子はありません．世直し勢は鉄砲で武装し，村を襲撃して盗みと放火をする「悪党」である，との風聞が一挙に広まっています．

　武州では，田無村組合・五日市村組合・日野宿組合・駒木野宿組合・八王子宿などの農兵銃隊が出動しました．代官・江川英武の手代・井上連吉は，蔵敷村組合に対して農兵銃隊の出動準備を命じ，田無村組合では，村々の要請で農兵銃隊が出動し，世直し勢を殺害しています．佐藤彦五郎も，日野宿の農兵銃隊を率いて，世直し勢を鎮圧しています．

　世直し勢の一部は，武州北部へ至り，豪農である根岸友山家を襲撃しました．友山は，剣術道場の門人たちを動員して防衛し，世直し勢を殺害しています(本章冒頭頁 図9-1)．友山は史料の中で「米価上昇で困窮し，施行も拒否された名栗の人びとには同情するが，根岸家を襲撃してくる世直し勢は，放火・盗みをしている」とし「武器で向かってくる者を斬り伏せた」と語っています．友山には，自家を防衛するために幕藩領主を頼ろうとする意識は一切ありません．

　幕藩領主が危機管理能力を低下させ，人びとから信頼されなくなり，治安と安寧を維持できなくなった時，自助の"海"に投げ出された人びとは生存のために暴力を行使していったのです．現代，民衆の暴力という問題，このような歴史と向き合うことも求められているのではないでしょうか．

ブックガイド(より深い理解のために)
▶深谷克己『深谷克己近世史論集』第4巻・第5巻,校倉書房,2010年
　百姓一揆研究のバイブルとも呼べるもの.
▶杉仁『近世の地域と在村文化』吉川弘文館,2001年
　俳諧・剣術などを在村という概念からとらえ,豪農の文化活動を評価した実証研究.
▶須田努『幕末の世直し 万人の戦争状態』吉川弘文館,2010年
　慶応期に関東地域で発生した世直し騒動に至る,社会の変容を叙述する.

第10章
ペリー来航のショック
―― 日本とはなにかという問いかけ ――

> この章のねらい
>
> 　欧米列強の接近を契機に，幕藩体制の政治理念の一つであった武威が崩れる一方，同時期に形成された尊王攘夷と富国強兵の論理のもつ意味について考える．

図 10-1　松下村塾(山口県萩市，筆者撮影)

第10章　関連年表

安永　7 年 (1778)	ロシア船が蝦夷地厚岸に来航，松前藩に通商を要求
天明　3 年 (1783)	『赤蝦夷風説考』
天明　6 年 (1786)	最上徳内が蝦夷地探検
寛政　元年 (1789)	クナシリ・メナシ地方のアイヌ決起「蝦夷騒動」
寛政　4 年 (1792)	ロシア使節ラクスマンが根室来航
寛政 10 年 (1798)	近藤重蔵がエトロフ島に「大日本恵登呂府」の標柱を建てる
亨和　2 年 (1802)	蝦夷奉行設置
文化　元年 (1804)	ロシア使節レザノフが長崎来航
文化　4 年 (1807)	ロシア使節がカラフト・エトロフ島に来航，会所襲撃
	ロシア船打払を命じる
文化　5 年 (1808)	間宮林蔵がカラフトが島であることを発見
	フェートン号事件
文化　8 年 (1811)	ゴロウニン事件
文政　7 年 (1824)	大津浜事件
文政　8 年 (1825)	異国船打払令
天保　9 年 (1838)	モリソン号事件
天保 13 年 (1842)	薪水給与令
弘化　3 年 (1846)	アメリカ東インド艦隊司令官ビッドルが浦賀来航
	フランスインドシナ艦隊司令官セシュが長崎来航
	デンマーク軍艦，相模沖来航　イギリス軍艦，那覇来航
嘉永　元年 (1848)	この頃から列強，日本近海にしきりに来航
嘉永　6 年 (1853)	アメリカ東インド艦隊司令長官ペリーが浦賀来航
	ロシア使節プチャーチンが長崎来航
安政　元年 (1854)	日米和親条約・日露和親条約調印
安政　3 年 (1856)	米駐日総領事ハリスが下田来航
安政　5 年 (1858)	日米修好通商条約調印　安政の大獄
安政　6 年 (1859)	吉田松陰処刑
万延　元年 (1860)	桜田門外の変
文久　2 年 (1862)	坂下門外の変　生麦事件
文久　3 年 (1863)	長州藩，下関で米商船砲撃　薩英戦争
元治　元年 (1864)	禁門の変　第 1 次長州戦争　下関砲撃事件　天狗党の乱
慶応　元年 (1865)	薩長同盟　第 2 次長州戦争
慶応　3 年 (1867)	大政奉還
慶応　4 年 (1868)	戊辰戦争

第 10 章　ペリー来航のショック —— 147

● 時代背景 ●

　19 世紀，ロシア・イギリス・アメリカという列強の接近（ウエスタン・インパクト）を契機として，尊王攘夷とともに，富国強兵という意識が生まれました．この富国強兵の論理こそが，近代の日本が達成した国民国家——視点を変えるならば帝国——の国是となりました（本書第 12 章）．本章では，その思想的深淵を考察します．まず前提として，列強接近の様相と，これによりもたらされた政治・社会の混乱状況を把握しておきましょう．

　列強の接近を時系列で類型化すると，ロシア→イギリス→アメリカとなります．慶応 3 年（1867），王政復古の宣言に「癸丑以来未曾有ノ国難」とあります．「癸丑」とはペリー来航の嘉永 6 年（1853）のことで，ここから幕末の政治・社会の混乱がはじまった，ということです．ただし，この時点から幕府の滅亡（明治維新）は 15 年も先のことです．

　尊王攘夷運動の展開の中，列強は「夷狄」とされ，アメリカの砲艦外交によって日本の国威は低下し，幕府の武威は揺らいだ，と社会各層が認識していきます．そして，安政年間，幕府はアメリカを嚆矢として列強各国と和親条約を，さらに通商条約をも締結しました．列強の軍事力の前に，鎖国という国制の変更が余儀なくされたのです．尊王攘夷派は幕府を軟弱であると批難する一方，開国によって来日した外国人を襲撃する「異人斬り」を起こします．ヒュースケン殺害事件・東禅寺事件・生麦事件などが著名なテロ事件です．

　大老に就任した井伊直弼は反対派・尊王攘夷派を弾圧，さらに井伊も桜田門外の変によって殺害されてしまいます．反対勢力を暴力によって駆逐する，という時代となったのです．文久期，政治の舞台は天皇が存在する京都に移り，尊王攘夷派の中から倒幕勢力が形成されていきます．攘夷は幕府への批判へと繋がり，北関東で幕府軍との戦闘を行った天狗党の乱も発生しています．

　慶応期，第 2 次長州戦争における幕府の敗北，さらに 15 代将軍徳川慶喜による大政奉還によって，江戸幕府は滅亡しました．

1 ロシアの接近と対外関係の見直し

　本書第8章では，江戸時代における対外関係を鎖国という概念で認識すべきとしました．しかし，これはあくまでも概念であり，江戸時代中期(18世紀)までの人びとには，国を閉ざしているという認識はなかった，ということが最近の研究で明らかになってきました．幕府は，諸外国との関係を体系的に整理していたわけではなかったのです．寛永期(17世紀前半)における禁令では，日本人の海外渡航とカトリックの南蛮国(スペイン・ポルトガル)の来訪を禁止したのみで，それ以上の規定はなかったのです．まあ，それでよかったということです．ところが，天明期(18世紀後半)に入ると，いままで関係を持っていなかった外国・ロシアが，蝦夷地周辺に接近してきました．老中・田沼意次は重商主義の観点から，ロシアとの交易を企図しました．面白いことに，田沼政権内ではこれを拒絶する議論が出ていないのです．ただし，江戸時代は慣習を重視し，「新儀」を忌避する保守的な社会でした．

　田沼が失脚して松平定信が老中首座に就任，いわゆる寛政改革を主導します．彼は朱子学者であり合理的かつ保守的な政治家でした．寛政元年(1789)，蝦夷地のクナシリ・メナシ地方において場所請負制の下，アイヌを奴隷のごとくあつかい暴利を得ていた飛騨屋という商人と，アイヌ女性に対して性的暴力を行使していた和人たちが，アイヌの人びとに襲撃されました．松前藩は鎮圧部隊を派遣し，投降した37人のアイヌ人を斬殺しています．定信は，この「蝦夷騒動」にロシアが介入するのではないか，と過剰に反応して危機感を抱き，異国船に関する規定を明確にしていきます．寛政3年(1791)には，南蛮船のみならず，それまで関係を持っていなかった異国船までも日本の海岸から遠ざける方針をたて，全国法令として布告しました．翌年，ロシア使節・ラクスマンが根室に来航し通商を要求します．これに対して，定信政権は，

　　兼て，通信なき異国の船，日本の地に来る時は，或は召捕，又は海上にて
　　打ち払うこと，いにしえより国法にして，今も其掟にたがうことなし
　　　(「寛政五年癸丑六月　異国人へ被仰渡書」)

と回答し，通商を拒絶しています．「いにしえより国法」とは，歴史的事実と

は異なるトリックです．松平定信政権は，関係を持っていない国を「通信なき異国」と位置づけ，これの排除を制度化したのです．

　定信の老中辞職後，ロシア使節・レザノフが長崎に来航，通商を要求します．幕府はこれを拒否，彼に教諭書を渡しました．そこには「通信」の国を中国（清）・朝鮮・琉球・オランダの4カ国に限定したことが記されています．幕府はこれ以上「通信」の国を増やさないという方針を明確にしたのです．

　レザノフは幕府の対応に強い不満を抱き，日本沿岸の攪乱を企図，部下たちがカラフトにあった日本の番所などを焼き討ちにしています．幕府は蝦夷地の防衛を強化するとともに，ロシア船を対象とする打払令を公布しました．その後，ロシア測量船の船長ゴロウニンらがクナシリ島で日本側に捕縛され，また幕府の御用商人・高田屋嘉兵衛がロシア側に拿捕されるというゴロウニン事件が発生し，日露関係の緊張はピークに達します．しかし，嘉兵衛の情報と仲介によって，日露双方の誤解が解け，ロシアは以後，日本の沿岸に接近しないことを誓約し，日露の緊張は緩和していきました．

　ロシアの接近を契機として，幕府は従来の対外関係を見直し，鎖国体制をより強化する一方，蝦夷地・北方への関心を持つに至ったのです．ただし，ロシア問題は，為政者や少数の知識人の危機意識を喚起しましたが，社会に広く影響を及ぼすことにはなりませんでした．

2　イギリスの接近と危機意識の形成

　文政7年(1824)5月28日に発生した大津浜事件をみていきましょう．常陸国(ひたち)水戸藩領（附家老・中山氏の知行地）大津浜(現・茨城県北茨城市)の沖合に異国船2艘が出現，12人の異人が大津浜に上陸，人家に立ち寄り食料を求めてきました．多くの漁民が，異人を見ようとして集まってきましたが，彼らには恐怖も，異人への敵愾心も見受けられません．漁民と異人との良好なコミュニケーションが展開されたのです．そこに，連絡をうけた中山家の家臣たちが駆けつけ，海岸に大筒を配置し警備を固め，異人たちが寝ている家屋を包囲して監視態勢をとりました．さらに，中山家から急報をうけた水戸藩では，翌29日，鉄砲・弓，大筒で武装した先遣隊を大津浜に差し向けました．異人との交渉役と

して，徳川斉昭(のちの水戸藩主)の信任あつい会沢正志斎(後述)が現地に赴いています．当初，会沢は異人たちをロシア人と認識していました．尋問が進む中で会沢は彼らをイギリスの捕鯨船員だと分かったようです．英語を話せない会沢がなぜ，このようなことを理解できたのでしょうか．史料には，大津浜の漁民が身振り手振りを交えた英語を，イギリス捕鯨船員も片言の日本語をしゃべっていた様子が記されています．大津浜事件以前の文政4年～文政7年の間，常陸近海にイギリス捕鯨船が数多く出没していたのです．これに関する史料を調べてみると，興味深い事例を見つけることができました．以下要約しておきます．

　　常陸の漁師たちが沖合に異国船を発見，様子をうかがうと捕鯨の最中であった．会瀬浜の漁師忠五郎は，「近年このようなことがよく起こっている．自分が異国船に乗り込み，船中の様子などを偵察してくる．自分が帰ることができなかったならば，以後，異国船には用心し，近寄らないことにすればよい」と語り，一人異人船に乗り込んでいった．

　　忠五郎は丁重に扱われ，船長に部屋に案内してもらい，酒食を出されもてなしてもらった．船長は，日本語を理解しようと積極的であった．

　　その後，忠五郎は再びイギリス船とコンタクトをとり3日間もイギリス船に留った．これ以降，常陸の漁師たちは，安心して異国船に接近，乗船までして，気安く交流して物々交換をしている．(『通航一覧 第六巻』)

異国船の日本近海への接近に対して，当初，常陸の漁民たちは不安を感じていたのです．しかし，彼らは好奇心旺盛でした．そして，忠五郎のように勇気ある人物がいたのです．これこそ，彼らが日常の中から体験した異人とのファースト・コンタクトだったのです．大津浜の漁民たちも，すでにこのような身体表現を用いたコミュニケーションを経験していたと推測できます．

　一方，会沢はイギリス捕鯨船員の話を信用せず，日本を侵略することがイギリスの最終目的であると判断しています．そこには，漁民と会沢との社会的立場の相違が現れています．水戸藩の政治に関与している会沢は，『千島異聞』を執筆し，ロシアの覇権的性格と強大な軍事力の具体的様相を述べ，蝦夷地への侵略を警戒すべき，と論じていました．この知識が固定概念となり，会沢はイギリスも日本を侵略するのでは，という疑念を引き起こしたのです．

幕府は代官・古山善吉，オランダ通詞・吉雄忠次郎，足立左内らを大津浜に派遣しました．オランダ通詞・吉雄は，文化5年のフェートン号事件を契機に英語も学習していたのです．幕府の通詞によって，イギリス捕鯨船員の大津浜上陸の目的は，生鮮食料品と敗血症治療のための薬を調達することにあったことが明確となりました．代官らは，彼らにリンゴ・鶏などの食料を持たせ，母船まで丁重に帰しています．英語を理解できた通詞の登場によって，ようやくコミュニケーションは円滑に行われ，平和的解決が図られたわけです．ただし，代官は「日本の法により，上陸は許可できないので，速やかに帰帆すること」と「横文字」で記した書状を渡しています．

このように，イギリスという新たな列強の登場に対して，幕府は鎖国を維持しつつも，穏便な対応を行っていたのです．ところが，幕府はこの大津浜事件の翌年には強硬な「異国船打払令」を公布しています．なぜでしょうか．この法令の冒頭には「去年，イギリス人が猥りに上陸している」とあります．これは，大津浜事件と宝浜事件――薩摩藩領のトカラ列島にイギリス人が上陸し，乱暴を働いた――を指しています．そして，以下のように続くわけです．

> 一体いぎりすに限らず，南蛮・西洋の儀は，御制禁邪教の国に候間，以来何れの浦方においても，異国船乗寄せ候を見受け候わば，其所に有合せ候人夫を以て，有無に及ばず，一図に打払……（『御触書天保集成』）

この過激な法令が制定される背景には，高橋景保・遠山景晋ら幕府奉行たちの献策がありました．高橋の意見書を見てみましょう．大津浜事件の時，現地に駆け付けた足立左内は高橋の直属の部下だったのです．高橋は足立から大津浜でのイギリス捕鯨船員とのコミュニケーションに関する詳細な情報を直接聞き及んでいたに違いありません．高橋は「近年英吉利漁船度々東海へ渡来仕候に付，愚意申上候書付」の中で，以下のように論じています．

> イギリス人は漁師であり，日本に対して侵略の意図を持っていないが，彼らと日本人漁師との交流によって，イギリス人と日本人との交易が始まるようになり，その結果，日本人がキリスト教の布教をうけるようになってしまうので，海岸の防衛を強固にして，通商御免の国以外を接近させないほうがよい．

遠山の意見書も同様の内容です．これらの意見を背景として，政策決定権を持

つ老中たちは鎖国堅持の方針に依拠し「異国船打払令」を発令したのです．幕府が恐れたのは，民衆が異人と接触することであり，キリスト教が民衆の間に広まることであったのです．イギリスの登場によって，欧米列強の接近が社会的影響を及ぼす大問題となってきたのです．

3　ペリー来航による武威の揺らぎ

さて，いよいよペリー来航です．そもそも，なぜアメリカは日本に開国を求めたのでしょうか．教科書的理解では，捕鯨船と中国貿易の寄港地確保ということが目的であったと説明されています．しかし，近年の研究では，

① サンフランシスコから，アリューシャン列島→千島列島→日本列島
　 →上海を最短で結ぶ太平洋航路を開設，太平洋岸での商業活動を企図
② 日本の資源(石炭・金銀・宝石)への関心
③ 日本の消費経済を評価し，市場として期待

といったことが分かってきました．おそらく，日本への開国要求の目的は上記①〜③が複合されたものだったのでしょう．

弘化〜嘉永期，幕府はアヘン戦争による清の敗北の衝撃から「異国船打払令」を取りやめ「薪水給与令」を公布，避戦へと傾斜していましたが，鎖国体制堅持を貫いていました．そのような中，弘化元年(1844)オランダ国王からの開国勧告が届けられます．幕府は天保改革の失敗の政治的混乱の中で，これを謝絶しています．日本は「祖法」として「通信」の国を朝鮮と琉球，「通商」の国をオランダと中国に限定してきた，ゆえに，「通信」の国ではないオランダからの国書をうけとることは「祖法」に反するという論理です．この時，「通信」「通商」の概念により外交関係を明確に区分し，それがいかにも，幕府の成立のころからの「祖法」であるという"伝統の創造"が行われたのです．

老中・阿部正弘は，弘化2年(1845)海防掛を常置にしました．このセクションは大目付・目付・勘定奉行・勘定吟味役から優秀な人材を抜擢して構成されましたが，幕府内部には勘定方と目付方との確執があり，これが海防掛にも影響していきます．目付方の主張する海防強化について，主導権を掌握していた勘定方が財政難を理由として反対していくのです．

第10章　ペリー来航のショック

　嘉永6年(1853)6月3日，アメリカ東インド艦隊司令長官ペリーが4隻の軍艦(蒸気船)を率いて江戸湾に入り浦賀沖に投錨，幕府に開国を要求してきました．幕府は1年以上前から，オランダを通じて情報を入手，この事態を予想し，彼我の圧倒的軍事力の違いも認識していました．ただし，その情報は秘匿され，阿部正弘周辺が知っていたに過ぎません．

　同年6月5日，阿部はこの件につき，徳川斉昭に直接手紙で諮問しています．斉昭は「打ち払うことは良策ではない．戦争になった場合，ペリー艦隊は伊豆の島を占領してしまう」という回答を出しました．最強硬派と思われた斉昭が戦闘を否定し幕閣の決定に従うというのです．阿部は堀田正睦・川路聖謨ら開明派大名・幕臣を用いて開国策を取り，ペリーが持参したアメリカ大統領の国書を受け取ることにしました．6月9日，浦賀奉行が久里浜応接所で応対，ペリーは浦賀奉行に国書・全権委任状を渡し，1年後の来日を表明して中国に引き揚げました．

　阿部は国書を諸大名や幕臣に開示し，意見を求めました．これはまったく異例の事態です．この措置によって，従来，幕政に直接関与できなかった親藩・外様大名たちの発言力が高まっていきます．阿部は庶民からの上書も受け付けました．意見書は700件以上集まったようです．有名なものは吉原遊女屋・久喜万字屋藤吉の以下の上書です．これは『藤岡家日記』に出ています．少々長いですが，紹介しておきましょう．

> 公儀は，私どもに漁船1000艘を自由にさせてもらいたい．私たちは，漁師のふりをして外国船に接近，乗船して，異国人が欲する薪水，食料を差し入れて懇意になり外国船の上で酒宴など催し，わざと騒ぎを起こし，「鯉庖丁」で彼らに襲いかかり，片っ端から斬り捨てる．さらに，火薬庫に火をつける．このやり方で，1000艘の漁船から4000人が乗り移れば，8隻の異国船に対して勝利を収めることができる．この作戦では，私たちも過半数が焼死するだろうが，「御国恩」のため覚悟はしている．

勇ましい限りの意見です．計画の実効性はまずありませんが，当時，民衆までがこのような意識をもっていたことは面白いと思います．ほぼ同じ時期の朝鮮も，日本と同様にウエスタン・インパクトに巻き込まれました．朝鮮の知識人や科挙官僚の危機意識は高まりましたが，それを民衆と共有することはありま

せんでした．日本においては，ペリー来航によって，国家意識や排外的感情――それが論理化されたものが尊王攘夷思想です――が民衆レベルにまで拡大されていったのです．

安政元年(1854)正月，7隻の軍艦を率いて再びペリーが来航し，老中・阿部正弘の命令を受けた全権・林韑(あきら)との間で，日米和親条約が締結されました．幕府は避戦を貫いたわけです．吉田松陰(後述)に見るように，和親条約とは遠路航海してきたアメリカ船に食料・水・燃料を与えるというものであり，一種の仁(じん)の施しである，という解釈もありました．しかし，アメリカの砲艦外交の前に鎖国という「祖法」を破らざるをえなかったことは紛れもない事実であり，幕府の武威は大きく揺らいでいったのです．

安政3年(1856)，米駐日総領事ハリスが下田に着任しました．彼は英・仏の軍事的脅威を強調しながら，幕府に通商条約の締結を迫っていきます．

ペリー来航から，日米和親条約の締結まで，リーダーシップを発揮した阿部正弘は，安政4年(1857)死去してしまいます．老中首座・堀田正睦は，避戦の方針を維持しつつ，孝明天皇の勅許により尊王攘夷派の反対を抑え，通商条約の締結にのぞむつもりでした．しかし，孝明天皇は勅許を拒否，条約締結問題は頓挫してしまいます．またこの時期，13代将軍・徳川家定の跡継ぎ問題も起こり，堀田は徳川斉昭らと与(く)して一橋慶喜を推し，徳川慶福(よしとみ)(紀州藩主)を支持する井伊直弼らと対立していきます．堀田が勅許問題に失敗した直後，井伊直弼は大老に就任，堀田を罷免して慶福を14代将軍に就け(家茂(いえもち))，日米修好通商条約の調印を断行します．

徳川斉昭ら一橋派や尊王攘夷派は，通商条約調印を天皇の意志を無視する違勅であるとして，幕府(井伊直弼)を批難します．一方，井伊直弼は反対派を徹底的に弾圧していきました．安政の大獄の始まりです．百余人が投獄され，橋本左内・吉田松陰ら8名が処刑されました．政治意見の対立を暴力によって解決するという，暴力＝政治的テロの扉が開いてしまったのです．

文化から天保期とは，若者たちの将来の夢が消えた時期でした(本書第7・9章)．しかし，安政期以降，尊王攘夷という暴力の正当性が生まれたのです．草莽志士として結集した若者たちが「憂国」への思いとともに，自己実現，現状からの脱却を求めていたことは事実です．ただし，暴力を選択した者は，そ

の暴力によって減んでいきました．

ペリー来航により，人びとは欧米列強の存在を知り，通商条約の締結によって欧米諸国との自由貿易が始まり，その影響から物価は上昇，人びとは肌で時代の変化を感じていきます．そして幕府の武威は揺らぎ，政治の混乱が始まったのです．次に，列強の接近を意識した知識人たちの行動と，時代を動かした思想を見ていきましょう．

4　会沢正志斎——「国体」と富国強兵

会沢正志斎(1782-1863)は後期水戸学を牽引した儒者で，ロシア・イギリスの接近にいち早く反応した人物です．彼の思想は，横井小楠・吉田松陰など多くの知識人に影響を与えました．彼が大津浜事件を重大な問題としてうけとめ，翌文政8年(1825)に著した『新論』は，幅広く流布し幕末の尊王攘夷運動のバイブルとされました．この長大な論文は以下のように始まります．

> 謹んで按ずるに，神州は太陽の出ずる所，元気の始まる所にして，天日之嗣，世宸極を御し，終古易らず，固より大地の元首にして，万国の綱紀なり，誠によろしく宇内に照臨し，皇化のおよぶ所，遠邇あることなかるべし，しかるに今，西荒の蛮夷，脛足の賤を以て，四海に奔走し，諸国を蹂躙し，眇視跛履，敢えて上国を凌駕せんと欲す．

会沢は日本を「神州」「上国」と規定しています．その直後の文章は『日本書紀』にある聖徳太子が小野妹子を隋に派遣した際の有名な文言「日出ずる処……」を意識したものですが，会沢の言説は根拠のない断定にすぎません．会沢によって「西荒の蛮夷」＝欧米列強が「上国」＝日本への侵略を企図している，という見解が明確にされた，ということが重要です．

『新論』は「国体」「形勢」「虜情」「守禦」「長計」の5章から成り立っています．ここでは「国体」の章に関して触れておきたいと思います．昭和戦前期において，日本型ファシズムの合い言葉となったあの「国体」です．この語句は，会沢が初めて使用したのです．会沢は，天皇とその祭祀を中核にして，国家を維持するための武力と，社会の安定のための忠孝とを重視した日本独自の政治・社会体制を「国体」と名付けたのです．

会沢が序文の「守禦」論において「以て国を富まし兵を強くするの要務を論ず」と語っている部分に注目すべきでしょう．彼は，海防（国防）という現実的課題を富国強兵という概念により永続的な政治課題としたのです．これも，会沢が初めて提起したと言えます．会沢を江戸時代後期（19世紀初頭）において「国体」と富国強兵論とを合体させた"先駆的"知識人と位置づけることができます．しかし，本来儒学とは，普遍性を追求するものであるために，合理的・論理的かつ平和的なものであり，富国強兵という発想はありません．会沢の言説は独善的であり，強い排他性と暴力性を持っていたのです．

　会沢の思想が影響力を持ち，多くの知識人が『新論』に惹かれたという事実は，既存の政治理念が揺らぎ秩序が不安定となり，社会不安が広まる社会的状況下において，論理よりも観念的かつ独善的な言説に吸引力がある，という典型的な出来事として理解できます．これは，現代でも同様です．

　ところが，『新論』は現実の幕藩体制との間に重大な矛盾をはらんでいました．会沢は「神州」日本を「守禦」するためには，天下に「攘夷の令」を布告し，「愚民」＝民衆をも動員しなければならないと説きます．そして，

　　愚夫・愚婦といえども，その心を悚動することなく能わずして，政教・禁
　　令，一に天を奉じ祖に報ゆるの義に出ずれば，すなわち民心いずくんぞ一
　　ならざるを得んや（中略），故に億兆心を一にすれば，すなわち天地の心専
　　らにして，その気以て壮んなり

と述べているのです．会沢は「億兆心を一にする」主体を明確に語っていません．幕藩体制下において，将軍・幕府は統一政権者として君臨していますが，軍事権は各藩に分与されていました．これでは「神州」を「守禦」することはできないのです．「心を一にする」中心は，誰（個人），何（組織）なのか，重要な論点であるにもかかわらず，この箇所は『新論』の中で歯切れが悪いのです．この場面に将軍や幕府は登場しません．『新論』によって，将軍・幕府の存在意義は相対化されてしまったのです．

　この時期，『新論』以外にも為政者・知識人に影響を与えた書物がありました．それは，アヘン戦争での敗北に危機感をもった清の魏源が著した『海国図志』です．そこには欧米の政治制度・社会文化の様相が細かく記されています．次に紹介する横井小楠・吉田松陰も『新論』とともに『海国図志』を読んでい

ます．ペリー来航を経験し，『海国図志』により欧米を知った二人はいかなる言動をとったのでしょうか．

5　横井小楠——「道」から富国強兵へ

　横井小楠(1809-69)は，肥後熊本藩士の子として生まれ，天保10年(1839)，江戸に遊学するなど研鑽を重ねますが，藩校・時習館の主流派と対立するなどして，熊本藩で重用されることはありませんでした．安政5年(1858)，彼は松平慶永に乞われ越前福井藩に移り，藩政改革を指導します．

　小楠は『海国図志』を読んだ後，万延元年(1860)に『国是三論』を執筆しています．先行研究では，「東アジア的な公共」を考える可能性がある，として『国是三論』を過大に評価しています．しかし，わたしは，小楠が「国是」の一つに「強兵論」を置いていることに着目すべきと考えています．小楠は，四方を海に囲まれたイギリスが日本と酷似しており，そのイギリスにならい日本も海軍の育成に力をいれるべきと論じています．そして，富国強兵を達成できれば，日本は外国の侮蔑をうけなくてすむ，とまで言い切っているのです．本来の儒教思想からは，「強兵」というような発想は生まれることはありません．

　近年の思想史研究の成果から，武士(武官)が為政者である江戸時代の日本社会において，儒教の考え方は不適合であり，それは武威という日本型華夷意識のなかで歪んで受容されていたことが明らかになっています．19世紀を代表する儒者(知識人)である小楠にとっても，武威の心性は強固であったのです．

6　吉田松陰——「君臣上下一体」と「国体」

　吉田松陰(1830-59)は，長州藩の下級藩士・杉家の次男に生まれ，長州藩の兵学師範吉田家の養子となり，兵学者としての途を歩み始め，全国各地に遊学しています．嘉永4年(1851)，江戸に遊学した松陰は佐久間象山に入門しています．その目的は思想や政治的訓導ではなく，兵学の知識を吸収するためでした．

　嘉永6年(1853)，ペリー来航の一報を聞いた松陰は浦賀に急行，自らの目で黒船を見ています．この実体験が兵学者松陰のその後を決定しました．アメリ

カの軍事力を恐怖と意識した松陰は，同年8月『将及私言(しょうきゅうしげん)』という海防論を執筆し，長州藩主に提出しています．この論文で注目すべきは，ペリー来航によって惹起された「万世の患」「国家危急」への対応として，「君臣上下一体」が提起されたことにあります．しかし，この概念が一君万民論に繋がり，それは幕府の否定に行きつく危険な論理を包含していることに，この時期の松陰は気付いていません．また，松陰は「国体」という語句を使用しても，それを「君臣上下一体」論とリンクさせていません．この時期，彼は「国体」という概念を内面化できていないのです．

　ペリー再来日の際，アメリカへの渡航に失敗した松陰は幕府に自首，江戸伝馬町の獄に入れられ，その後，萩に送られ野山獄で蟄居となります．野山獄での約1年間，松陰は猛烈なペースで読書を始め，『日本外史』『本朝通鑑』，そして『海国図志』を読破しています．獄中の松陰は幅広い教養，歴史認識などを身につけていったのです．さらにこの間，松陰は『講孟余話』という講義録をまとめています．この中で，松陰は「国体は一国の体」にして「独」なりとし，これをもっとも重視すべし，と語っています．そして，日本においては「天下は一人の天下」つまり，天下は天朝のものである，と断言しています．儒学の影響から「天下は一人の天下に非ず，天下の天下なり」などと言っていては，「国体を忘却」してしまう，と言うのです．松陰は日本独自の「国体」を護るべきものと提起したのです．

　松陰は『講孟余話』によって独自の「国体」論を創り上げ，「君臣上下一体」論と結び付けることに成功しました．自信を深めた松陰は，『講孟余話』を長州藩の朱子学の泰斗・山県太華(やまがたたいが)に献上し意見を求めました．しかし，松陰の論理はことごとく山県によって論破されてしまいます．「君臣上下一体」論の共有化・普遍化に頓挫した松陰は思想を捨て，自らを「狂」として，「草莽崛起(そうもうくっき)」＝直接行動へと行き着き，老中・間部詮勝(まなべあきかつ)の暗殺を企図します．さらに，彼は幕府の不甲斐ない対応によって「神州」の「国威」は地に堕ちたとして，これを回復するためには「大艦」を建造して世界に進出，各地に「館を設け将士」を置き，これによって交易の利益を得なければならない，と語り「富国強兵の大策」を打ち立てるべきである，とも述べています（『戊午幽室文稿』）．

　松陰の危機意識も，富国強兵論へと行き着いたのです．しかし，松下村塾(しょうかそんじゅく)で

松陰の教えを受けた高杉晋作・久坂玄瑞ら高弟たちは松陰から離れ，彼の孤立は決定的となってしまいました．松陰は長州藩家老・周布政之助によって幕府に渡され，伝馬町の獄に入れられ，安政6年(1859)10月27日，処刑されてしまうのです．

19世紀，欧米列強の接近により，為政者・知識人の中から海防意識と「国体」論，そして富国強兵論が形成されました．会沢正志斎は「国体」と富国強兵とをリンクさせました．普遍的価値を希求した横井小楠のウエスタン・インパクトへの対応策は富国強兵論へと帰着しました．そして吉田松陰は「武威常に海外に振う」ことこそが「神州」日本の国威回復に結びつく，という発想から富国強兵論へと至りました．すべてに共通するのは根深い武威の心性です．

危機意識を純化させた松陰の行動は，その後の久坂玄瑞や高杉晋作の行動を生み出し，明治維新へと行き着き，国家の独立も保てました．また小楠的発想はのちの福沢諭吉へとつながり，明治の日本は国民国家の形成を成し遂げました．この歴史的事実は，松陰と小楠とがもたらした大きな成果です．ここまでが，この二人の歴史的評価です．しかし，帝国日本へと引き継がれた富国強兵の"繁栄"はわずか80年ほどでしかなく，竹内好が語ったように，西洋型覇権主義と「文明一元観」の虜となった日本，その日本が自己の帰属する東アジアにもたらした惨禍は余りにも大きいのです．このことは本書第12章でみていきます．

ブックガイド(より深い理解のために)

▶上白石実『幕末の海防戦略』吉川弘文館，2010年
　　大津浜事件と，その後の幕府の海防政策などが詳しい．
▶三谷博『ペリー来航』吉川弘文館，2003年
　　ペリー来航を素材として，当時の政治情勢を描く．
▶田中彰『吉田松陰』中央公論社，2001年
　　吉田松陰のイメージがどのように創られたのか，その時代的特徴に触れ論証する．

第11章
文明開化のなかの大衆芸能
——松方デフレと三遊亭円朝——

> この章のねらい
>
> 国民国家形成の意味と，文明開化の様相を庶民レベルで見ていく．同時代に生きていた福沢諭吉と三遊亭円朝に登場してもらおう．

図11-1　三遊亭円朝（左，中年期の写真，国立劇場蔵）と円朝の墓（右，谷中・全生庵，筆者撮影）

第11章　関連年表

明治 元年(1868)	王政復古　五箇条の誓文　五榜の掲示　政体書
明治 2年(1869)	版籍奉還　戊辰戦争終結　五万石騒動　上田騒動
明治 3年(1870)	大教宣布の詔
明治 4年(1871)	戸籍法　廃藩置県　4鎮台設置　**東京府に邏卒3000人設置** 身分解放令　武一騒動
明治 5年(1872)	学制　**違式詿違条例**　大教院設置　三条の教則　『学問のすゝめ』
明治 6年(1873)	徴兵令　地租改正条例　明治6年の政変　美作血税一揆
明治 7年(1874)	**民撰議院設立建白書**　佐賀の乱　台湾出兵 『明六雑誌』刊行
明治 8年(1875)	千島・樺太交換条約　江華島事件　『文明論之概略』
明治 9年(1876)	廃刀令　秩禄処分　神風連の乱　秋月の乱　萩の乱 茨城県・三重県・東海地方で地租改正反対一揆
明治10年(1877)	地租軽減　西南戦争
明治11年(1878)	大久保利通暗殺　三新法　竹橋事件　「**塩原多助一代記**」
明治12年(1879)	教育令　梟首刑廃止
明治13年(1880)	国会期成同盟　集会条例
明治14年(1881)	**明治14年の政変**　国会開設の勅諭　自由党結成
明治15年(1882)	軍人勅諭　壬午軍乱　済物浦条約　福島事件
明治17年(1884)	加波山事件　自由党解散　秩父事件　甲申事変
明治18年(1885)	大阪事件　内閣制度
明治21年(1888)	三大事件建白運動　保安条例　川上音二郎「オッペケペー節」
明治22年(1889)	大日本帝国憲法　衆議院議員選挙法　「三遊塚」

● 時代背景 ●

　明治2年(1869)，戊辰戦争は終結しました．明治政府はその渦中において，版籍奉還を実行，さらに明治4年，薩長土の「御親兵」1万を東京に結集させ廃藩置県の詔を発しました．これにより，約300年続いた藩が消滅したのですが，これに抵抗する藩主・藩はありませんでした．免職された知藩事(旧藩主)には，家禄と華族・士族の身分が保証され，藩の抱えていた莫大な債務を政府が肩代りしたからです．この廃藩置県によって中央集権化は一挙に進みました．しかし，この頃，日本各地において上田騒動(長野県)など幕末以来の社会的混乱を背景とした暴力的な騒動や，明治政府の政策に反対する武一騒動(広島県)といった新政反対一揆が多発していました．政府はこれに対して徹底的な弾圧で臨みました——江戸時代よりもはるかに苛酷な処罰が行われています——．

　明治6年，征韓論をめぐる政府内部の権力闘争から，西郷隆盛・板垣退助・江藤新平らが下野します(明治6年政変)．この結果，大久保利通を頂点とする薩長藩閥政府の権力が確立される一方，佐賀の乱や萩の乱など，廃刀令や秩禄処分などの武士の特権を奪う政策に反対した不平士族の反乱が発生しています．その最大かつ最後のものが，西郷を盟主とした西南戦争です．徴兵制度による近代兵器を装備した国民軍が，最強と謳われた鹿児島の士族に勝利したのです．

　同時期，地租改正によって附加された税が江戸時代よりも重課であったことを理由として，全国各地で地租改正反対一揆が起こりました．茨城県や三重県・東海地域のものが著名です．これに危機感を抱いた大久保政権は，明治10年，地租を地価の3パーセントから2.5パーセントに軽減しています．

　明治7年，民撰議院設立建白書の提出を契機として，憲法制定・国会開設を要求する自由民権運動が始まります．明治政府が，憲法制定や国会開設を否定したことはありません．これらは，国民国家に必要な要素だからです．ただし，時期尚早であり改革は上から一元的に行う，というのが政府の見解でした．

　明治22年，大日本帝国憲法が発令され，国民は主権者とはならずに天皇の臣民とされました．翌明治23年，衆議院議員総選挙が行われ，民権派の系譜を引く民党が過半数を占めました．以降，国会では軍事費(海軍予算)をめぐって，薩長藩閥政府と民党との対立が続いていきます．

1　国民国家の形成

19世紀以降に世界史上に誕生した近代国家を認識する概念として，絶対主義国家という言葉が使用されていましたが，1980年代から，国民国家という枠組みで理解しようとする動きが始まりました．『日本大百科全書』を確認すると，国民国家とは「確定した領土をもち国民を主権者とする国家体制およびその概念」とあります．では，国民とは何でしょうか．18世紀末のフランス革命以降，西ヨーロッパにおいて，一定の国家領域に居住する市民（ブルジョワジー）が国民として認識されるようになりました．その後，19世紀を通じて国民の範疇は拡大され，20世紀における二つの世界大戦を経過して，女性・無産階級をも含むようになりました．ベネディクト・アンダーソンが論じたように，国民とは近代，資本主義が進展する中において「想像された共同体」として形成されたものでした．

福沢諭吉（1834-1901）は，明治8年（1875）刊行の『文明論之概略』の中で「日本国の歴史はなくして，日本政府の歴史あるのみ」「日本には政府ありて，国民（ネーション）なし」と語っています．これが，3度の渡欧米経験をもち，欧米の社会・文化を内面化した福沢の認識でした．江戸時代までの身分制社会の日本において，政治に参加し，国策の決定権を掌握したのは，武士などごく少数の支配者に限定され，多くの民衆は，被治者として生きていたわけです．福沢はこのような前近代的な被治者を独立市民や国民と区別して「人民」と呼称しています．幕藩体制が崩壊し，明治維新となり身分制度が消滅しても，多くの民衆の意識は被治者＝「人民」のままであり，国家の独立を担うことはできない，と認識した福沢は，「人民」を国民に上昇転化させるために啓蒙活動を行っていったのです．

ところで，エリック・ホブズボウムは，君主国家イギリスの古色豊かな儀礼的なページェントが，19世紀後半から20世紀に創り出された，と述べています．また，高木博志は，奈良・京都が日本の「歴史」「伝統」「文化」を具現するものとして近現代を通じて古都として創り出された，と論じています．このような議論の一つとして，身近な事例を紹介しましょう．日本人がもっとも好

む花といえば桜として異論はないと思います．その桜とはソメイヨシノです．しかし江戸時代——庶民も花見を楽しむようになりました——，花見の対象はヤマザクラでした．ソメイヨシノは，幕末に生み出された新しい品種で，明治時代以降，国民的・国家的行事の際に全国に植林されていったのです．隅田川堤，飛鳥山(あすかやま)は八代将軍・徳川吉宗が植樹を命じ，桜の名所となりました．この桜はヤマザクラでした．これらも明治時代にすべてソメイヨシノに変わりました．日本国中ソメイヨシノ一色になったのです．その理由につき，高木は，モダンなソメイヨシノが日本の近代を象徴する花としてふさわしかったから，と述べています．日米親善のためにワシントンのポトマック河畔に植えられた桜もソメイヨシノです．明治時代に入り，桜＝ソメイヨシノは近代日本を象徴する花＝国花として定着し，人びとはソメイヨシノを見て一斉に春を感じるようになったのです．

　近代の日本において，納税と徴兵という義務を課された成人男子を国民として統合するために，ナショナリズムの中心に天皇を置き，神話や古跡，国花といった新しい伝統が創り出されていったのです．そして，新たに創り出された国民を統合していくために，排他的論理が強く打ち出され，納税・徴兵の義務に耐えられない貧困者・身障者や，新しい伝統に係われない者への排除が行われていったのです．国民国家が存在する限り，この排除の論理は現代(今)でも生きています．たとえば，在日外国人に対する差別，貧困者切り捨てといったものがその典型です．

2　文明開化

　戊辰戦争終結後の明治3年(1870)から，大日本帝国憲法が制定された明治22年までの約20年間における文化・風俗・社会に関わる時代状況を文明開化と呼称します．

　文明開化という成句が最初に用いられたのは，慶応3年(1867)脱稿の福沢諭吉『西洋事情』外篇と言われています．ここには

　　歴史を察するに，人生の始めは莽昧(もうまい)にして，次第に文明開化に赴(おもむ)くものなり(中略)，文明開化に従て法を設け，世間一様にこれを施して，始めて真

の自由なるものを見るべし．

とあります．福沢は明治維新以前に，野蛮から文明へ開化され人は真の自由を手に入れる，ということを提起したのです．そして，明治維新後，文明開化，文明・開化という言葉はメディア・啓蒙書によって多用されていきました．明治時代に創作された「五人廻し」という落語があります．古今亭志ん朝のバージョンでは「ひらけねえ野郎がいるもんだね」という吉原の若い衆の台詞が登場します．この時期，文明開化という意識は東京を中心に，社会全体を覆っていたのです．文明開化を象徴するキーワードとしては「散切り頭・ガス灯・牛鍋」などが有名です――これらについては説明はいらないと思います――．

ただし，この風潮に対する反発もありました．たしかに幕藩体制は崩壊しましたが，明治維新とは為政者である武士たちによる急激な政治改革であり，市民革命・社会革命ではありません．国民国家の形成を急ぐ明治政府は，欧米列強と肩を並べる「一等国」に参入するために，国民の近代化（文明化）を強要していきました．しかし，人びとの生活・慣習は「御維新」を迎えたからといって，そう簡単に新しくなるものではないのです．

3　治安の回復と民衆の日常への介在

戊辰戦争が終結しても社会は不安定でした．明治4年(1871)明治政府は治安の回復を企図し，東京府下に邏卒を設置しました．明治7年には内務省によって警察組織は一元的に管理され，邏卒は巡査と改称されました．巡査には薩摩藩を中心に多くの士族が就任しました．警察は巡査駐在所制度によって，民衆の生活の中に浸透し，文明開化の生活様式などを強制的に植え付ける楔となっていきました．そのためにつくられた法令が，「違式詿違条例」(明治5年発令)です．これは日常的な秩序維持に関わる軽微な犯罪を対象としたもので，「裸体・肌脱ぎ」などを取り締まる規範となりました．

江戸時代まで，軽犯罪という概念はありませんでした．国民国家は庶民の生活・風俗まで介入監視し，規律化していったのです．東京府には4000人もの巡査がいて，庶民の日常に目を光らせることになりました．文明国・「一等国」の仲間入りをするために，国家により管理・規律化された社会が到来したので

す．

　ここでまたまた，文明開化を積極的にすすめ，人びとを啓蒙していった福沢諭吉に登場してもらいましょう．『文明論之概略』(明治8年刊)には

> 独立を保つの法は文明の外に求むべからず．今の日本国人を文明に進むはこの国の独立を保たんがためのみ．故に，国の独立は目的なり，国民の文明はこの目的に達するの術なり．

とあります．国家の独立のために，日本の国民は西欧型の文明の域へ進まなければならない，というのです．この発想は，明治政府・啓蒙思想家に共通するものです．文明開化とはきわめて政治的な問題でもあったのです．

　高校の日本史教科書には福沢諭吉の著作が「さかんに読まれた」とあります．国民教化をはかる啓蒙書の発行部数が伸びたことは事実です．しかし，それらが読まれていたとは限りません．多くの庶民，たとえば長屋住まいの八五郎や熊さんが，このような国民国家のイデオロギーを体現した啓蒙書を理解していたわけではありません．難しいからです．庶民にとって福沢先生は雲の上の存在です．また，違式詿違条例と警察制度による文明の強制だけでは，反発のみが生まれてしまいます．そこで，明治政府は，緩やかで分かりやすい教化を企図しました．庶民の娯楽の場であった寄席を国民教化の空間として利用したのです．哲学者のルイ・アルチュセールは，劇場も国家のイデオロギー装置であると論じています．

　明治政府は，寄席をコントロールするために規制をかけ，寄席経営を許可制にして，明治3年，東京府布達類によって寄席演目は軍書・講談・昔噺に限定するよう通達しました．また，明治5年，政府は新設した教部省の下に教導職を置き，国民教化のために三条の教則を出し，これの拡大解釈によって，寄席での興行は勧善懲悪を旨とすべきとしました．

　こうして，寄席は文明開化という明治政府の政治方針に取り込まれていきます．「無智無学なる下等人種の風俗を改良するの方便は一にして足らずと雖も都会に在ては演劇・講談・落語人情話等を以て最も早手廻しとす」(『朝野新聞』明治19年4月2日)という発想から，政府は「下等社会」の庶民(八五郎・熊さん)たちの教導に寄席を利用していったのです．

4　三遊亭円朝の変化

　ちょうど，この時期に大活躍した噺家・三遊亭 円朝(1839-1900)を素材として，庶民にとって文明開化とは何であったのかを考えてみます．

　天保10年(1839)，江戸に生まれた三遊亭円朝は，安政から文久という幕末に「真景累ケ淵」や「牡丹燈籠」という長編の怪談噺を創作しました．これらの作品は現代でも高座にかけられる名作です——桂歌丸の「真景累ケ淵」は絶品です——．文明開化の時期，40代になり脂の乗りきった円朝は噺家の頂点に立ち，メディアに対して自らを「教導師」と唱え始めています．これは，正式な大教院の教導職ではなく，自称にしかすぎませんが，円朝が文明開化を受け入れ，明治政府の方針に積極的に荷担していったことがわかるエピソードです．そして，円朝は明治11年(1878)，自由民権運動が盛んなころ「塩原多助一代記」を創作しています．現在，この噺を高座にかける噺家はほとんどいません．面白くないからです．岩波文庫で手に入りますが，読んでもワクワクしません．なぜでしょうか．以下，円朝が安政6年(1859)に創作した「真景累ケ淵」と明治11年の「塩原多助一代記」を簡単に比較してみましょう．

「真景累ケ淵」

　この作品には，主人公・新吉と，彼と関係を持つ複数の女性が登場します．最初の女性は18歳年上の富本の師匠・豊志賀です．

　ある日，豊志賀は腫物のために「お岩とかいうような顔付」となってしまいます．豊志賀に養ってもらっている新吉は「親切に看病」していましたが，陰湿になっていく豊志賀に嫌気がさして，若いお久(豊志賀の弟子)に惹かれていきます．豊志賀は失意の中で死にました．彼女の残した以下の遺書により，ストーリーは一変，おぞましい空気に包まれていきます(図11-2)．

　　この怨は新吉の身体にまつわって，この後女房を持てば七人まではきっと
　　取殺すからそう思え

　ゾッとする一言です．新吉とお久は，下総国羽生村に駆け落ちします．そこにお久の親類がいるのです．深夜，羽生村に向かう途中の鬼怒川沿いの累ケ淵

図 11-2　豊志賀と新吉(『円朝全集』第 5 巻, 岩波書店, 2013 年)

で，お久は顔に腫れ物ができ，死んだ豊志賀そっくりに変貌していきます．錯乱した新吉は拾った"草刈鎌"であやまって，彼女を殺してしまいます．

お久の死体を処理した新吉は羽生村に居着き，裕福な家のお累と出逢い夫婦になります．このお累はお久の従姉妹だったのです．ところが彼女は，熱湯を顔に浴びて「片鬢はげ半面紫色」になってしまうのです．

ある日，新吉は羽生村名主・惣右衛門の妾となっている江戸生まれの美女お賤と出逢い，その後，江戸者同士が惹かれ合っていきます．4 人目の女性です．

「お化けのような顔」になっていくお累と，生まれた子を嫌悪した新吉は，家に寄りつかなくなり，お賤と親密になり，お累と我が子に暴力を振るう「鬼」のような「悪党」へと変貌し，我が子に熱湯をかけ殺してしまいます．悲観したお累は，"草刈鎌"で自害を遂げます．

その後，新吉はお賤にそそのかされて，財産を狙って彼女の旦那・惣右衛門を殺害，二人で羽生村から出奔しています．

年月が経過したある日，新吉とお賤は松戸宿の外れで，たまたま通りかかったお累の兄・三蔵を殺害し，所持金を奪っています．羽生村を出奔した新吉はすさんだ「悪党」となっています．この場面で，お賤は顔に怪我をして「腫れ上がって」いきます．新吉が関係した女性にできる顔の疵とは，豊志賀の怨念

のメタファーです．ついに，お賤にも豊志賀の怨が降りかかったのです．そして，新吉はお賤が父親を同じくする「腹違いの兄妹」だったことを知るのです．新吉は驚愕し恐れおののき，

> 実に因縁の深い事，アアお累が自害の後，このお賤がまたこういう変相になるというのも，九ケ年以前狂死なしたる豊志賀の祟（たたり）なるか，なるほど悪い事は出来ぬもの，おれは畜生同様兄妹同士で夫婦になり，この年月互に連れ添っていたはあさましい事だ

と思い，そばにあった"草刈鎌"でお賤を殺害，さらにこれを腹に突き立て息絶えてしまいます．

以上，ごく簡単に「真景累ケ淵」の概要を紹介しました．強引な場面がかなりありますが，この噺は怪談というよりも，どろどろとした因縁と怨念を背景にした，リアルな悪と暴力に満ちた物語であったことがわかります．気が弱く，義理にあつかった人間（新吉）でも，慾によって「悪党」へと変貌していく，という噺なのです．舞台となった関東の治安は悪化していました．「真景累ケ淵」が創られた幕末とはそのような時代であり，文明開化の時代でも，人びとの記憶にそれが残っていたのです．

ところで，凶器として"草刈鎌"が登場しますが，紙幅の都合から説明を省いてあります．ぜひ，落語「真景累ケ淵」を聴くか，読んでいただければと思います．これにも意味が隠されているのです．

「塩原多助一代記」

「塩原多助一代記」の創作は明治 11 年（1878），文明開化のまっただ中，円朝が「教導師」を自任し活動していた時期です．この噺のモデルとなった塩原太助は寛保 3 年（1743）に上州三国街道の下新田宿で生まれ，江戸に出て薪炭問屋に奉公して独立した後，本所相生町に炭屋をひらき，大成功した実在の人物です．では，噺の概要を紹介しましょう．

浪人した塩原角右衛門は，家族を連れ江戸を離れて，野州日光から上州沼田へ抜ける山道に沿った山村に暮らしつつも，一人息子の多助を「どうか世に出したい」と考えていました．そんなある日，沼田下新田の豪農・塩原角右衛門（百姓角右衛門）と偶然出会います．二人が血縁であることを知った百姓角右衛

門は，50両を角右衛門に渡す代わりに，利発な多助を跡取りとして養子に貰い受けます．一方，角右衛門夫婦は50両を元手に江戸に戻り，武士身分を回復します．

　数年後，百姓角右衛門は旅先で助けたおかめを後妻に迎えます．また，その後，江戸に出た彼は誘拐されたおえいという娘を救い出し，下新田に連れて帰ります．なんと，おかめとおえいとは，別れ別れになっていた母子であったのです．

　しばらくして，百姓角右衛門は死んでしまいます．彼の遺言で多助はおえいと夫婦になりました．その後，多助夫婦が偶然知り合った沼田藩士の原丹治・丹三郎親子が塩原家に出入りするようになります．

　原丹治とおかめ，丹三郎とおえいが，それぞれ密通を始め，多助は義母と妻からいじめ抜かれます．多助は「世間に対して家の恥にな」り，また，恩ある塩原の家が潰れてしまうから，として虐待に耐えています．沼田で暮らす多助にまったくいいところはありません．

　原丹治に殺されかけた多助は，沼田を離れ江戸に出ることを決心しました．彼は，丹精こめて育てた馬の青に「汝とは長い馴染みであったなア，……畜生でも兄弟も同じ事」と分かれを惜しみ江戸へ出立します．客の涙をさそったとされるシーンです．

　ここで，ようやく噺は後半に入ります．円朝は「引き続きまする人情話しは，兎角お退屈勝ちの事で御坐いまして」と語っています．まあ，シャレでしょうが，ここまで読んできたわたしも退屈でした．すこしもワクワクしません．主人公＝多助の主体性が見えず，彼の歯痒さばかりが目立つからです．

　多助は炭屋の山口屋善右衛門家に奉公にあがり「実明」に仕事をしていたある日，強請にきた小悪党を捕まえ説諭しています．はじめて見せる，多助の頼もしい一面です．多助は商売をする中で変わったのです．この様子を見ていた取引先の援助によって，多助は結婚し，本所相生町に念願の店を出し「計り炭屋」を始めます．

　多助夫婦は働いて財産を大きくし，江戸でも屈指の身代となり「本所に過ぎたるものが二つあり，津軽大名・炭屋塩原と世に謡わるる程の分限に数えられ」るようになったのです．

円朝は噺の最後で「只正直と勉強の二つが資本でありますから，皆様能く此の話を味って，只一通りの人情話とお聞取りなされぬように願います」と語ってます．どうも，説教くさい野暮な文言です．

　円朝は，寛政の頃に実在し分限者になった塩原多助を「孝行」「忠義」「恩義」「実明」な男として描き通したわけです．そして，噺の最後においてこの近世的徳目・伝統的規範を文明開化の教諭に転移させたといえます．

　明治17年(1884)，円朝創作の「牡丹燈籠」が東京稗史出版社から公刊されました．坪内逍遥は，二葉亭四迷が口語体小説『浮雲』執筆で苦心した際にこれを参考にするようにと伝えたそうです．

　そして，明治22年，大日本帝国憲法公布の年，「塩原多助一代記」が春木座で上演されました．円朝の絶頂期です．円朝は，低迷していた三遊派を完全に復活させたと意識し，隅田川沿いの木母寺に「三遊塚」を建立しています．また明治24年，円朝は井上馨邸にやってきた明治天皇の前で「塩原多助一代記」を口演しています．翌明治25年，「塩原多助一代記」が修身の教科書に掲載されました．明治政府の文明開化の方針と，円朝の「塩原多助一代記」の立身出世噺が合致したわけです．

　ここで，当時の社会に視点を向けてみましょう．明治14年(1881)，大蔵卿に就任した松方正義によってデフレ政策が進められていきます(松方デフレ)．社会は一気に不景気となり，東京には貧民窟(スラム街)が形成され，人びとの間に経済格差が開いていきます．貧民窟といったものは，江戸時代には存在しませんでした．近代に入り，資本主義の世の中になると，貧困とは社会に敗れた結果であると意識されるようになり，貧民は市民という公共圏から排除されていったのです．資本主義の冷徹な法則の下，貧民に転落した人が這い上がることはできない社会が到来したのです．また，身分制度が崩壊したとはいえ，庶民がいくらがんばっても，政府や啓蒙思想家が語ったような立身出世など，夢のまた夢という時代になったのです．貧困とは競争社会に敗れた証しとされ，「塩原多助一代記」のモチーフである「孝行」「忠義」「恩義」「実明」といった徳目や「正直と勉強の二つ」を実践しても立身出世などできない，ということが現実だったのです．その日を暮らすことがすべて，という庶民の日常がそこにあるのです．松方デフレという現実社会の中において，円朝の噺のリアリテ

ィは急速に薄れていきました．

　その頃，東京では寄席四天王と呼ばれる噺家が登場し，一世を風靡しました．三遊亭円遊がはじめた「ステテコ踊り」が発端です．彼は一席演じたあと，立ち上がり，着物を端折り股引姿になって，「よいよいよいやさ，向こう横丁のお稲荷さんに，惜しいけれども一銭あげて」と歌い踊り出したというのです．芸ともいえない，たわいもないものですが，客は熱狂したというのです．その後，三遊亭万橘，4代目立川談志，4代目橘家円太郎らが，今で言うところの一発芸を出したのです．これらは当時「珍芸」と呼称されました．客≒庶民は，円朝の説教臭い噺よりも，理屈抜きの「珍芸」を受け入れていったのです．

　明治24年，円朝は寄席の経営者である席亭とのトラブルから，東京の寄席を引退し，上方に転居していきました．翌年，円朝は大阪の「浪速座」に出演するようになりましたが，健康状態が悪化して，東京に戻っています．

　そして，明治33年(1900)8月11日午前2時，享年62歳，天才噺家三遊亭円朝は逝きました．墓所は，円朝が強く影響をうけた山岡鉄舟が創立した谷中の全生庵(臨済宗)にあります(本章冒頭頁 図11-1)．

　噺家・三遊亭円朝は，文明開化という政治的課題を主体的に受け入れ，それと融合することによって，三遊派の再興と自身の芸人としての地位の上昇という立身出世を図ることができました．しかし，このような成功譚はごくわずかであったのです．寄席には客≒庶民がいるのです．明治時代の客は気に入らない噺家にはことのほか厳しいものでした．政府の意向をくみ込んだ円朝は，説教くさい人情噺「塩原多助一代記」を創作してしまったのです．文明開化が欺瞞であり，円朝が語った世界が幻想であることが露呈されていくなかで，庶民は「教導師」円朝を見捨てていった，ともいえるのです．

ブックガイド(より深い理解のために)

▶高木博志『近代天皇制と古都』岩波書店，2006年
　　国民国家形成の意味を，京都が「古都」として記憶されていくことから論じる．
▶奥武則『文明開化と民衆』新評論，1993年
　　民衆にとっての文明開化の意味について具体的に叙述している．
▶須田努『三遊亭円朝と江戸落語』吉川弘文館，2015年(予定)
　　三遊亭円朝の生涯をトレースし，作品分析や，ゆかりの地を紹介したもの．

第 12 章
植民地朝鮮・台湾・沖縄から見た日本
―― アジアのなかで生きる現代 ――

> **この章のねらい**
>
> 　明治・大正・昭和戦前の約 80 年間，日本は，国民国家であると同時に帝国への途を進んだ．この問題を朝鮮・台湾・沖縄との関係から見ていく．

図 12-1　帝国日本と韓国・台湾・沖縄

第12章　関連年表

1890年	第1議会　山県有朋「主権線・利益線」演説
1894年	2月，第1次甲午農民戦争／6月5日，大本営設置／10月，第2次甲午農民戦争
1895年	日清講和条約　三国干渉　台湾上陸占領　閔妃殺害事件
1896年	初期義兵運動　大本営解散
1897年	朝鮮，国号を大韓帝国とする
1900年	義和団事件への派兵　立憲政友会結成　台湾製糖株式会社設立
1904年	日露戦争　日韓議定書　第1次日韓協約
1905年	日露講話条約　日比谷焼き討ち事件　第2次日韓協約
1907年	第3次日韓協約
1910年	大逆事件　日韓併合条約
1914年	第1次世界大戦(〜18)
1918年	米騒動発生　シベリア出兵決定
1919年	パリ講和会議　五・四運動　三・一独立運動　田健治郎台湾総督就任
1923年	関東大震災　大杉栄・伊藤野枝殺害
1925年	普通選挙法　治安維持法
1927年	山東出兵
1929年	張作霖爆殺事件
1930年	昭和恐慌　ロンドン海軍軍縮条約　統帥権干犯問題　霧社事件
1931年	満州事変
1932年	血盟団事件　五・一五事件　満州国建国宣言
1936年	二・二六事件
1937年	日中戦争
1941年	アジア・太平洋戦争
1945年	沖縄戦　広島・長崎原爆投下　ポツダム宣言　五大改革指令
1946年	日本国憲法公布
1950年	朝鮮戦争　特需景気
1951年	サンフランシスコ平和条約　日米安全保障条約
1954年	MSA協定調印　自衛隊発足
1956年	日ソ共同宣言　国際連合加盟　神武景気
1957年	日米首脳会談：在日米軍地上部隊の撤退で合意→海兵隊沖縄に移動
1959年	沖縄・宮森小学校に米軍ジェット戦闘機墜落
1960年	日米新安保条約　沖縄県祖国復帰協議会
1965年	日韓基本条約　ベトナム戦争本格化　沖縄米軍基地反対闘争激化
1968年	沖縄初の主席公選，屋良朝苗(革新)当選　嘉手納基地でB52墜落
1972年	沖縄「祖国復帰」　初の沖縄県知事選挙，屋良朝苗(革新)当選

● 時代背景 ●

1889年，大日本帝国憲法の公布をもって日本の正式国号は大日本帝国と定まりました．為政者・官僚・資本家・知識人など帝国のコアを形成するエリートたちは，大日本帝国が劣位の後発型帝国であることを自覚し，その脆弱性を克服するために社会進化論を正当性の根拠として，外部には露骨な領土拡張を，内部には急速な近代化と天皇への求心力を強め，メディアの煽情により，国民（臣民）も西欧のような「一等国」入りを悲願としていきました．近代において形成された帝国とは，以下7点の特徴を持っています．本論では，これらを帝国の論理と表現しましょう．

① 国民国家の形成と軌を一にする
② 原材料調達と商品の売り先として植民地を獲得する
③ 植民地を獲得することによって，独裁的多民族国家の様相をもち，これを保全するために，近代的で強力な軍隊を有する
④ 絶えず外縁を拡張しつづけ，その縁辺は曖昧となり他の帝国との紛争が発生する
⑤ 安定的税制を確立し，国家権力に密着した産業資本が存在し，国家によって保全される
⑥ 近代・文明を至上とする国是の下，憲法の制定と議会の開設，学校教育の普及による国民全体のボトムアップが図られる
⑦ 民衆のナショナリズムが勃興し，民衆は偉大な国家像，発展する未来という夢を懐き，為政者・知識人・メディアがそれを扇動する

第12章では，帝国日本の動向を朝鮮・台湾・沖縄との関係からみていきましょう（本章冒頭頁 図12-1）．帝国日本は朝鮮・台湾・南カラフト・関東州・南西諸島を植民地としました．では沖縄はどうでしょうか．本文で触れたいと思います．

1890年，第1議会において山県有朋首相は「日本の独立のためには，主権線をまもるだけではなく，利益線となる朝鮮も積極的に保全しなければならない」と演説しました．まさに外縁を拡張し続ける帝国の論理です．これが，朝鮮の宗主国・清との戦争へとつながっていったのです．そして日清戦争の後，帝国日本は植民地として台湾を領有しました．しかし一方，朝鮮をめぐり，同様に外縁を拡張しつづける帝国ロシアとの間に戦争を引き起こしたわけです．日露戦争後，帝国日本は朝鮮を植民地とし，南カラフトと中国遼東半島先端（関東州）を領有，ここを拠点に中国北西部へさらに外縁を拡大しました．

1910～20年代，日本政府は中国の袁世凱政府に21カ条の要求をつきつけ権益を拡大，イギリスやアメリカという欧米列強（帝国）との緊張を引き起こし，パリ講和会議後の民族自決の動きの中で，朝鮮での三・一独立運動，中国での五・四運動という抗日・排日の民族的抵抗を経験しました．

大正デモクラシーを背景に普通選挙法が社会主義弾圧法令である治安維持法とセットで成立しました．一方，連続する経済不況の中，帝国日本は関東州に接合する外縁・満州地域への権益拡大のため山東出兵や張　作霖爆殺事件を起こし，イギリス・アメリカとの対立を深めていきました．

　1930～40年代，昭和恐慌の中，帝国日本は満州事変により傀儡国家・満州国を建国させたのです．その後，血盟団事件，五・一五事件，二・二六事件という右翼・軍部による組織的テロ事件を契機に，帝国内部において軍国主義が深まり，暴走する軍部は日中戦争を引き起こし，さらに南方に石油資源の獲得を企図して，アジア・太平洋戦争に突入し滅亡していったのです．この絶え間ない外縁への膨張を，為政者・知識人・メディアは帝国の繁栄として扇動し，国民もこれを受け入れていた，ということも歴史的事実なのです．

　1945年8月の敗戦後，アメリカの単独占領が行われ，GHQによる五大改革指令の下，日本国憲法が制定され民主国家日本が生まれました．51年，サンフランシスコ平和条約により，日本は独立するも，日米安保条約により現在でも在日米軍が駐屯し続けています．この日米軍事同盟によって，非核三原則をもつ日本は，アメリカの核兵器によって護られたため軍事費を押さえることができ，高度経済成長を成し遂げました．しかし，この間も，沖縄は米軍の統治下におかれ続けたのです．

1　朝　鮮

　日韓関係が悪化するたびに日本では「韓国はいつまで，過去のことにこだわるのか」という声があがります．しかし，わたしたちは日本と韓国（朝鮮）との「過去」の関係をどれほど知っているのでしょうか．韓国の人びと——エキセントリックな右翼民族主義者は除きます——は，「いったい韓国の何を知っているのか」「われわれを無視するな」と語っているのです．

　帝国日本が朝鮮（大韓帝国）を植民地にしたことはまぎれもない歴史的事実です．ここでは，1894年から1910年に至る様相をみていきましょう．

第1次農民戦争と日朝戦争

　1892年以降，朝鮮半島南西部の全羅道古阜は凶作・飢饉に襲われましたが，中央政府から派遣された地方官は悪政の限りを尽くしていました．当時，誰で

第12章　植民地朝鮮・台湾・沖縄から見た日本── 179

も真理を悟ることができる，と唱える東学（とうがく）が民衆の間に広まっていました．94年2月15日，民衆による変革を希求する東学異端派の全琫準（チョンボンジュン）をリーダーとする東学農民たちが古阜で武装蜂起し，私利私欲に走る大臣や地方官たちの打倒を目的とした甲午農民戦争（第1次農民戦争）が始まりました．4月，4000人に膨れあがった農民軍は国王に政治改革を訴えるため，漢城（現・ソウル）を目指しました．農民軍の士気は高かったのですが，国王の直属軍隊が到着し，戦いが膠着状態になると，6月11日，朝鮮政府との講和に応じています（全州和約）．

しかし，これ以前の6月3日，農民戦争鎮圧の自信をなくしていた朝鮮政府は，清に鎮圧軍の来援を要請していました．これは，他国軍に自国民を攻撃させるということです．朝鮮政府の短慮といわざるをえません．6月8日，朝鮮政府の要請を受けた清の陸軍は，忠清道牙山に上陸しています．

一方，5月末，伊藤博文首相と陸奥宗光（むつむねみつ）外相らは朝鮮派兵を検討していました．日本政府は6月2日の閣議において，清が軍隊派遣を行わなくても，また，朝鮮政府の要請がなくても，居留民保護を名目として単独出兵するという方針を決定していたのです．明らかな暴力的内政干渉です．

6月5日，日本政府は大本営を設置しました．大本営とは1893年の戦時大本営条例に基づくもので，陸海軍の協同を図る天皇直属の最高戦争指導機関のことです．つまり，日本は，1894年6月5日の段階から戦時に突入したということです．大本営は混成一個旅団（8000人以上）を編制し，朝鮮半島に送り込む計画を立てました．この規模は，竹槍・火縄銃程度で武装している農民軍鎮圧のものではなく，朝鮮を保護国化することを目的としたものです．そして，日本政府は，その目的を貫徹するために朝鮮の宗主国である清との戦端を開くことを模索しはじめます．

6月13日，混成旅団は仁川に上陸，先遣隊約1000名が漢城に到着しています．6月11日には全州和約が成立しているのになぜ派兵するのか，居留民保護のための日本陸軍がなぜ漢城に入るのか，欧米列強は日本の派兵に不信を抱き始めます．

日本政府は軍事力を背景に，朝鮮の内政改革──親日・開化派政権樹立──を強引に実行させるつもりでした．6月28日，陸奥外相の意向を受けた大鳥

圭介公使は朝鮮政府に「朝鮮は独立国なのか清国の属国か」と照会しています．これは，独立国とした場合，朝鮮国内に駐留する清軍を日本軍が駆逐する，属国とした場合には日朝修好条規違反として朝鮮政府の責任を追及し，内政改革に応じさせる，という狡猾なものでした．7月23日夜，朝鮮政府は日本の要求を拒否する回答を提示しました．これを予期していた大鳥公使は独断で漢城占領を指令，日本陸軍混成旅団は王宮を警備していた朝鮮軍を破り国王を拉致，威嚇しつつ「牙山に駐留している清軍を排除してもらいたい」との依頼を引き出しました．日本政府は日清戦争の口実を得たわけです．

日清戦争とは近代日本が始めて経験した対外戦争であった，という理解だけではあまりにも一面的です．この戦争は，1890年に山県有朋が第1議会における演説で示した帝国の論理によって実行されたものでした．清との戦争に先立ち大本営が設置され，漢城において日朝間で戦争（日朝戦争）がはじまっていたという事実を無視できません．

第2次甲午農民戦争と甲午改革

日朝戦争の結果生まれた親日・開化派政権（摂政・大院君）に対して，日本政府は朝鮮への内政干渉を合法化する条約を締結させ，鉄道と電信の施設利権を獲得，全羅道沿岸の開港も承諾させました．日清戦争の戦場は朝鮮半島となり，日本の陸軍大部隊が朝鮮半島に侵攻したのです．この事態に対して，朝鮮国内では，民衆レベルでも，日本の傀儡政権と化し開化を進める（甲午改革）朝鮮政府への批判とともに，抗日の声が上がり，10月，農民軍が再び蜂起，日本軍の兵站線を攻撃しはじめました（第2次甲午農民戦争）．この事態に危機感を抱いた川上操六（大本営・陸軍上席参謀兼兵站総監）は，農民軍を「ことごとく殺戮」せよ，という非人道的な命令を出しました．農民軍皆殺しを専門とする後備歩兵独立第19大隊（大隊長・南小四郎）が編制され，朝鮮半島に派遣されました．朝鮮は日本の交戦国ではありません．日本政府は，農民軍との戦闘において，国際法が定めた戦時捕虜という概念はあてはまらない，という判断から「ことごとく殺戮」という陸軍（川上）の方針を認めたのです．

第2次甲午農民戦争に参加した農民は数十万人以上にも及んでいますが，このうち5万人ほどが日本軍によって殺害されています．対ゲリラ戦では，だれ

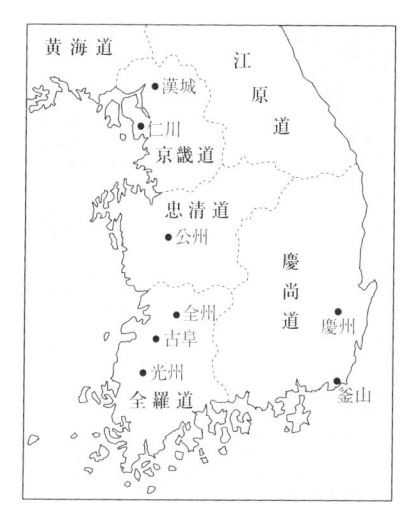

第12章 植民地朝鮮・台湾・沖縄から見た日本 —— 181

図 12-2 甲午農民戦争関係略図

が戦闘員なのかわからなくなり，これが侵略軍にとっての恐怖となります．ベトナム戦争の時もそうでしたが，他国に進入した侵略軍は恐怖にかられ，あやしい者は殺害して，その村は焼き払う，という行動を取るのです．第2次甲午農民戦争とは，帝国日本が行った最初の他民族大量虐殺事件であったのです．この問題を無視することはできません．

　近代兵器による殲滅戦を実行する日本軍により農民軍は壊滅させられ，全琫準は日本軍に逮捕され，漢城におくられ死刑に処せられました．当然ながら「ことごとく殺戮」の対象とされた朝鮮民衆の中に，帝国日本・日本人への消えない怨嗟は広がっていきました（図 12-2）．

日露戦争と日韓議定書締結

　1894年10月，駐朝公使に任命された井上馨が漢城に赴任，朝鮮政府（親日開化派）にさまざまな改革を突きつけつつ，巨額の借款を供与し，財政的に朝鮮の保護国化を図ろうとしました．イギリスがエジプトへの借款提供によって，これを保護国化したように，これも帝国の論理です．朝鮮政府はこれに反発，井上は保護国化に失敗し帰国，これに替わって，武断派の三浦梧楼が公使として赴任します．

　1895年4月17日，日清講和条約（下関条約）が締結され，日清間の戦闘は終

結，清は朝鮮の独立を承認しました．日本の戦争目的は，少なくとも清相手には達成できたわけです．

1895年10月8日，朝鮮政府が日本政府のコントロールから外れようとしていると判断した三浦は，日本公使館員・日本軍守備隊・日本人壮士らを用いてクーデタを決行，国王高宗（コジョン）を軟禁，反日的であった閔妃（ミンビ）を殺害，親日・開化派政権を樹立します．この三浦による単純粗暴な政治行動は朝鮮民衆の怒りに火を付け，金弘集（キムホンジプ）ら親日・開化派が行った断髪令などの近代化政策に対する批判も高まり，朝鮮民衆の反日・抗日意識を高揚させ，義兵運動（初期義兵運動）展開の契機となりました．

1896年1月，江原道原州郡を皮切りに初期義兵運動が始まりました．日本軍守備隊が鎮圧に向かうとともに，漢城の親衛隊も出動しました．その間隙をついて，親露派によるクーデタが発生，金弘集が惨殺されるなど，親日・開化派は一掃され，以後，ロシアが朝鮮に直接介入するようになります．暴力による内政干渉を続け，王妃まで殺害した日本は日清戦争の目的であった朝鮮の保護国化に完全に失敗しました．その結果，ロシアとの軍事的緊張が醸成され，日露戦争へと繋がっていくのです．

1904年2月，大韓帝国（1897年，国号変更．以下，韓国）に対する支配権をめぐり日露戦争が始まります．日本政府は中立を表明した韓国政府に日韓議定書の締結を強要，韓国国内における軍事行動が可能としました．日本軍（韓国駐劄（ちゅうさつ）軍）は韓国民衆に対する弾圧装置の役目を果たすもので，ロシア国境に近い朝鮮北部において抗日運動を押さえ込む軍政を施行しています．日韓議定書の締結によって韓国駐劄軍の軍事占領が始まったのです．

1904年8月，日本政府は韓国政府との間に第1次日韓協約を締結，日本政府の推薦する財政・外交顧問を受け入れることを認めさせました．この頃から，各地で抗日運動が激化し，日本の手先と目された地方役人（郡守）が殺害されることもありました．従来，朝鮮の民衆運動において，民衆が地方官を追放することはあっても，殺害するということはありませんでした．異民族の軍隊（韓国駐劄軍）が，民の日常生活に入り込み，これを暴力によって抑圧するという現実は，朝鮮にあった儒教的伝統や寛容さ，という朝鮮の政治文化を破壊していったのです．

第12章　植民地朝鮮・台湾・沖縄から見た日本 —— 183

韓国保護国化から「韓国併合」まで

　1905年9月5日，ポーツマス条約締結によって日露戦争は終結，日本政府はロシア政府に朝鮮支配を認めさせました．同年11月17日，日本政府は韓国政府に対して第2次日韓協約を強要して外交権を奪い，韓国の保護国化を達成し，翌1906年2月，天皇に直隷する統監府を設置，伊藤博文が初代統監として赴任します．そして，1907年6月のハーグ密使事件を契機に，日本政府は第3次日韓協約を締結，韓国軍隊を解散させ，高宗を退位させ，病弱な純宗(スンジョン)を即位させました．

　日本は，帝国ロシアに勝利しましたが，賠償金を得られず，戦費を外債に依存していたため重債務国の状態となっていました．都市では，ポーツマス条約に反対する日比谷焼き討ち事件以降，民衆の騒擾事件が発生するようになり，さらに労働争議も発生，重税により農民の困窮化は深まり，小作争議の多発により村落は危機的状況に陥っていました．帝国の途を進みつつも社会は疲弊している，これが「一等国」入りした帝国日本の現実だったのです．そして，日本はその矛盾の解決口を朝鮮半島へと向けていったのです．この頃から，日本からの植民(移民)が韓国に多く入り，地価が日本の10分の1以下である韓国の土地を買い漁っていきました．1908年12月，国策の東洋拓殖会社が設立され，大資本を投下して土地を買い占めていきました．

　一方，第3次日韓協約によって解散させられた兵士たちが多く参加した義兵闘争は過激となり，両班・儒生・農民・士兵といった多様な人物が義兵のリーダー(義兵将)となっています．この義兵闘争こそ，初代統監・伊藤博文のもっとも危惧したものでした．

　韓国駐劄軍は，義兵からの襲撃を受けた場合，見せしめのために近辺の村を攻撃，住民を殺戮し，村を焼き払ったのです．これは先述した第2次甲午農民戦争の時の比ではありませんでした．植民地戦争として理解すべき事象です．統監府は韓国駐劄軍の他に憲兵警察制度を導入し，朝鮮人を憲兵補助員に登用してスパイ活動を行わせるなど，日常的な支配網を構築していきました．民衆の分断統治を行っていったのです．そこには「近代化・文明化こそが絶対であり，怠惰な朝鮮人に代わって日本人がこれを行っている，義兵はこれを解しない暴徒である」といった統監府官僚たちの認識がありました．これこそ，植民

地化を正当化する近代・文明を絶対視した帝国の論理といえます.

伊藤博文の暗殺

　なぜ伊藤博文が,初代統監として韓国を直轄植民地としなかったのでしょうか.伊藤が韓国国民に温情的であったからなどではありません.理由は以下2点です.

① 日露戦争後の国家財政の悪化:直轄植民地の場合,植民地経営には日本本国からの予算支出が必要であるが,重債務国に転落した日本には不可能であるため,韓国財源を独立させ,統監府の指導により一定の「自治」を認め,韓国内で財政収入の拡大をはかる

② 義兵闘争の激化:伊藤は,韓国皇帝を残しその権威を利用することによって義兵を鎮撫できると考えた

つまり,日本の財政負担を回避しつつ,韓国の財政自立を優先して,義兵を鎮定し,時間をかけて韓国社会からの同意を取り付けた上で,いずれ直轄植民地として併合することを企図していたのです.伊藤は民衆懐柔策として純宗の巡幸を実行させました.一君万民の朝鮮社会は直訴の伝統をもっています.民衆が直接国王に訴願を行い,意見を述べるという政治文化です.統監府はそれを無視しました.純宗の巡幸にあたり,厳重な警備を敷き,直訴を禁じ,純宗の権威を民に見せつける,という一方的な儀礼の場を作りだしたのです.この巡幸に対して,韓国民衆は猛烈に反発しました.「韓国皇帝が日本に拉致され,巡幸を強要されている」という流言まで生まれています.巡幸は,民衆の素朴なナショナリズムを覚醒させてしまったのです.韓国の伝統的政治文化を理解しない伊藤の策略は失敗したのです.以降,伊藤は統治の方針を憲兵警察制度による暴力を前面に打ち出したものに収斂させていきます.1909年6月,伊藤は統監を辞任,日本政府(桂太郎・寺内正毅ら)は直轄植民地化(併合)をいつ実行するかということを模索し始めます.

　1909年10月26日,独立運動家・安重根(アンジュングン)が伊藤を射殺します.そして,翌10年8月22日韓国併合条約が締結され,韓国は日本の直轄植民地とされました.現在でも,多くの日本人の中には,伊藤は韓国併合に反対であったのに,安重根が伊藤を殺害したために韓国併合が実行された,との誤解があります.

しかし，先述のように，保護国化の状態を維持することに伊藤本人も自信をなくしており，また，韓国を併合することは伊藤が殺害される以前から日本政府内で決定されていたのです．

2 台　湾

帝国日本が行った台湾の植民地支配の様相を1920年代から40年代にかけて，とくに1930年10月27日に発生した霧社(むしゃ)事件を中心に紹介してきます．「大陸中国や韓国は反日だが台湾は親日だ」ということが言われます．たしかに，日本の植民地支配が終了した後に，台湾に入植してきた蔣介石・国民党による支配（軍政）は苛酷なものでした．これによって，日本の植民地支配の問題が相対化もしくは希薄化されたといえます．

2013年「セデック・バレ」という台湾映画が日本で公開されました．衝撃でした．この長編映画を撮った監督，魏徳聖は2009年，「海角七号」という映画を製作し，日本の観客に感動を与えました．親日派と思われていた——日本のメディアが勝手にカテゴライズしていたわけですが——魏徳聖が霧社事件を克明に描き，日本の植民地支配の暴力をテーマにしたのです．他民族を支配しその固有の文化を破壊する，ということが植民地支配の本質です．「セデック・バレ」は原住民族の視点を入れ，この問題に切り込んだのです——現在，台湾（中華民国）では法律上，先住民族の正式呼称を「原住民族」と規定しているため，本書でもこの呼称を使用します——．

日清戦争から台湾領有へ

19世紀の台湾には，中国からの移住民（漢民族系住民）のほかに原住民族が住んでいました．漢民族系住民は平野部に，原住民族は山岳地帯に暮らすという線引きが行われていました．1871年，宮古島の住民が台湾南部に漂着し，原住民族に殺害されるという事件が起こりました．日本政府はこれを利用して琉球の日本帰属を図るとともに，台湾侵略の糸口を探ろうと，1874年，台湾出兵を実行しつつ，清政府との交渉を行いました．清は台湾の原住民族を「化外の民」であるとして，彼らのおこした殺人事件の責任を回避しました．その

後，イギリス公使ウェードの仲介などにより，日本政府は清政府から賠償金を引き出すことで台湾から撤兵する一方，琉球を日本国に編入させました（琉球処分）．帝国への途を進む日本は，明治初年の段階から台湾領有を企図しはじめたのです．

1895年4月，澎湖諸島と台湾の領有を条文に入れた日清講和条約が調印されましたが，清は事前にこれを台湾の官民に知らせませんでした．台湾は清に見捨てられたのです．同年5月，混乱する台湾に日本軍が上陸，漢民族系住民による抗日戦争――帝国日本にとっては台湾領有戦――が始まったのです．日本軍は基隆・台北など台湾北部を占領，海軍大将・樺山資紀が台湾総督に就任しました．同年6月から，日本軍の南進作戦が始まりますが，漢民族系住民の抵抗はすさまじく，「義民軍」を組織し，婦女までもが抗日戦闘に参加しました．96年3月頃，漢民族系住民の抵抗運動を制圧，4月1日，ようやく大本営は解散しています．日清戦争とは朝鮮への暴力的内政干渉から始まり，台湾の占領で終わる植民地戦争でもあったのです．この台湾領有戦争における戦死者，殺戮された漢民族系住民は約1万4000人，日本軍戦死者278人とされています．

大本営が解散した後も，「義民軍」によるゲリラ戦は1920年前後まで続いていました．この間，台湾原住民族との交戦はほとんど発生していません．台湾総督府は，漢民族系住民と原住民族の双方を同時に敵に回すことを避け，原住民族に対しては宥和政策をとったからです．

原住民族の地への進攻

1898年，児玉源太郎総督の下，台湾総督府民政局長に就任した後藤新平は，土地調査・旧慣調査等を実行するとともに，インフラ整備や製糖業の育成も行いました．これらは，日本本土の財源からではなく，台湾で徴収された税，台湾で発効された公債や，台湾住民の肉体労働によって実行されたのです．一方，同時に後藤は警察力を増強しつつ，徹底的な「義民軍」鎮圧も行っています．

1900年，三井財閥の投資による台湾製糖株式会社が設立されました．日本の大資本が台湾に進出，日本からの植民も始まりました．当時，台湾は世界で有数の樟脳産地でした．原料の楠は山岳地帯に自生していたので，これを伐

採する必要があります．山岳地帯には原住民族が居住していたので，樟脳の大量生産は，原住民族の生活領域（狩り場）を侵害することとなります．総督府は，楠の自生が多い北部山岳地帯の土地を手に入れることを企図し，樟脳に関連する生産・製造に原住民族が関与できないようにして，利益は帝国日本が独占するという枠組みを作り上げました．1906年から15年まで，台湾総督であった佐久間左馬太は「五箇年計画理蕃事業」を実施し，北部山岳地帯に居住する「北蕃」に対して，服従か死かの選択を強い，土地を取り上げ，帝国日本の所有としていったのです．

原住民族懐柔策

　第1次世界大戦後，民族自決主義を意識した国際社会の批判をかわすため，原敬内閣は植民地支配に関して文治の方針を掲げました．1919年，田健治郎が台湾総督に就任しています．初の文官総督の誕生です．田は日本国内の法律や制度を植民地に適用させるという方針をとりました——フランスが植民地アルジェリアに行った政策を模範にしているといわれます——．1920年代には，学校教育の充実が行われ，中学校・高等女学校・職業学校も設置されました．これら教育機関では「国語」教育が実施されました．台湾社会において日本語が母語とされたのであり，同化政策の最たるものです．

　これらと並行して，総督府官僚たちは，原住民族のうち影響力を持つ人物たちを日本内地に連れて行き，皇室・都市・工場施設・軍事施設などを見学させ，近代・文明の威力を見せつけ抵抗の意志を砕く，という発想の内地旅行を計画，1897年から1941年の間に21回実行しています．しかし，引率者の植民地官僚は尊大であり，原住民族を蔑視し続けました．たしかに「生蕃」とよばれた原住民族の間では，狩猟の場をめぐり部族同士の争いが絶えず，「首刈り」が名誉とされていたことは事実です．入植した日本人は，漢民族系住民を差別しましたが，さらに原住民族に対しては，劣った恐ろしい野蛮な存在として扱い，彼らの土地を奪い，プライドを踏みにじり，同化政策によって彼らの文化を破壊していきました．近代・文明化した帝国日本が，植民地の蛮性を払拭し文明の恩恵を付与する，という"正義"の下に．

　台湾研究者の松田京子は，日本の植民地支配に協力していた，タイモミッセ

ルという原住民族が，1897年の内地観光を経験，その3年後に抗日の武装蜂起を行い，総督府によって殺害されている事実を紹介しています．内地観光という懐柔策は原住民族の抵抗の意志を砕くことにはならなかったのです．

霧社事件

　漢民族系住民の大規模抗日武装蜂起も終わり，田総督による文治統治により，原住民族に対する教育の拡充などによる民意の調達も一定の効果を上げたと思われた1930年10月27日，中央山脈の中部・霧社で，原住民族が日本人を襲撃する事件が発生しました．当日，日本人が運動会を開催していた霧社公学校に，頭目モーナ・ルーダオに率いられた武装した200人ほどのタイヤル族が突入，日本人のほぼ全員を殺傷，警察駐在所・役所・官舎を襲撃した後，山間部に逃走したのです．日本人132人が殺害され，215人が負傷を負っています．石塚英蔵総督は，台湾軍司令官に軍隊の出動を要請，警官隊と漢族系台湾人壮士団も現地に派遣し，大規模な掃討作戦を開始しました．航空機や毒ガスも使用され，約2カ月の戦闘において276名のタイヤル族が殺害されました．総督府は，原住民族たちの対立構造を利用し，武装蜂起したタイヤル族討滅作戦に親日的原住民族を動員し，賞金を出し「首刈り」をさせたのです（図12-3）．

　蜂起したタイヤル族の中には，ダッキスノービンとダッキスナウイという青年がいました．二人は，義務教育も担当していた日本警察によって，兄弟でもないのに，花岡一郎・花岡二郎という日本名をつけられ，模範生として育成されました．ダッキスノービンは公費で台中師範学校に進学，卒業後は警察官になり，ダッキスナウイは小学校を卒業後警手になりました．総督府は，優秀な原住民族の子供に教育を施し，植民地支配の末端を担わせるという政策をとっていたのです．二人は帝国日本によって人生が決定され，日本人からの差別を受けつつも，同胞を支配する，という矛盾を背負わされたのです．そして，聡明な二人は悩み続け，タイヤル族の武装蜂起に参加し自害したのです．

図12-3　霧社事件関係図

霧社事件は帝国日本に大きな打撃を与えました．翌1931年9月，満州事変が勃発，37年には日中戦争が始まり泥沼化していきます．帝国日本は石油などの資源を求め，東南アジアへの進出を企図，台湾をその前線基地とし，より強力な同化政策（皇民化政策）を進め，台湾の伝統文化を破壊してきました．

3 沖　縄

1995年の米兵（海兵隊員を含む）による少女暴行事件を契機に，沖縄県では米軍基地反対運動が起こり，1996年，日米政府間で普天間基地（米海兵隊基地，沖縄県宜野湾市）の返還が合意されました．97年，日本政府は普天間基地の移転先を米海兵隊基地キャンプ・シュワブのある辺野古（名護市）としました．しかし，移転が実行されることはなく，2004年，普天間基地所属の大型ヘリコプターが沖縄国際大学構内に墜落する事件が発生，沖縄県では米軍基地反対運動が広がりました．2009年，民主党の鳩山由紀夫首相が，普天間基地の「最低でも県外移設」を唱えたことから混乱が始まりました．2013年末，沖縄県の仲井眞弘多知事は，辺野古への移転を承認しましたが，翌2014年1月の名護市長選では，辺野古への移設反対を唱えた稲嶺進が再選を決めました．

内地の多くのメディアは普天間問題の特集を組みました．コラムニストが以下のようなコメントを発表していました．

　　日米同盟は必要なんです．フィリピンをご覧なさい．海兵隊基地を引き上げたおかげで，中国の脅威にさらされることになってしまった．日本の安全保障のために沖縄に米軍基地は必要なんです．

しかし，このコラムニストは，地域住民への暴力行為を頻繁におこす米海兵隊員の基地が，なぜ沖縄になければいけないのか，ということに全くふれていません．そもそも，なぜ日本全体の0.6パーセントの面積しかない沖縄に日本にある米軍基地の約75パーセント――その多くが海兵隊基地――が集中しているのでしょうか．

国民国家と沖縄

明治維新後，国民国家の建設をいそぐ明治政府は国家領域と国民の範囲を明

確にする必要から，日中両属であった琉球王国の日本編入を企図します．明治政府は廃藩置県に伴い琉球王国を鹿児島県管轄下とし，1872年，琉球王尚泰(しょうたい)を琉球藩王とする一方，薩摩藩出身の奈良原繁らが琉球に渡り行政を掌握します．そして，台湾出兵の後，明治政府は琉球王朝に清との冊封関係を途絶させた上で，1879年，琉球藩を廃し沖縄県設置を断行しました（琉球処分）．

清は日本の行為を認めません．またこの暴力的かつ一方的な琉球処分に対して，琉球王・士族のみならず，琉球の民間人も反発，清との宗属関係を維持すべきとのグループ（守旧派）が形成されました．しかし，日清戦争で日本が勝利することによって，清は沖縄の日本編入を承認，守旧派は解体されました．

「植民なき植民地」沖縄

沖縄県には，1945年までの間，23代の県知事が内地から派遣されました．彼らは，国家の方針として沖縄の人びと（以下，沖縄人）の内地同化を進め，沖縄人を国民国家へと回収し，帝国の臣民としていきました．沖縄から内地や台湾・南方・その他への移住は数多く見られましたが，内地の人びとが沖縄へ移住することは，ほとんどありえませんでした．産業が育たなかったからです．

1899年に内地で公布された衆議院議員選挙法が沖縄本島で施行されたのは1912年でした．このような歴史的事実から，沖縄は内地と法域を同じくしても，帝国日本の「内地植民地」であったとする見解があります．植民地とは政治・経済的に本国に従属しますが，本土とは法域を異にした領域と規定されているからです．

「内地」という語彙が入ることによって，帝国日本の沖縄に対する暴力の多くが隠蔽されてしまうのではないでしょうか．わたしは，フランスに支配されたコルシカと同じように，沖縄を"植民なき植民地"として理解してもよいのではないか，と考えています．概念規定は慎重であるべきですが，沖縄が帝国日本の中にいかに位置づけられていたのか，ということを問題とすべきだと思います．これを考察するために「方言論争」と沖縄戦を紹介しましょう．

「方言論争」の背景

1930年代後半，知事はじめ沖縄県官僚が一丸となって標準語励行運動を進

めました.学校では,方言(ウチナーグチ)を話した生徒には罰則として「方言札」を首から掛けさせる,家庭の中からも方言を撤廃するという,徹底的な同化政策です.

　昭和恐慌の下,沖縄の主要産業である黒糖の相場は暴落,農業恐慌により食糧難でソテツ澱粉を食べざるをえない「ソテツ地獄」という惨状に陥りました.このような中で,沖縄から内地・海外・南洋諸島への移住がさらに増加しましたが——就職のためです——,沖縄人は方言により内地人との意思疎通ができないため,差別をうけ不利益をこうむることが多く発生したのです.軍隊においても,同様の理由で沖縄人に対する差別が多発しており,沖縄人たちはこれを重大な懸案事項として強く意識していました.

　見逃してはならないのは,日中戦争長期化という非常事態の下,標準語を強要することによって沖縄人に日本人としての自覚を強く持たせる,という帝国の論理を実行していく県知事以下の沖縄県官僚たちと,沖縄の外において差別を撤廃したい,という沖縄人の意識がからみあう中からこの運動が展開していたという事実です.

「方言論争」の意味

　1930年代末期,内地では観光旅行が盛んとなり,台湾・朝鮮といった植民地もその対象となっていました.このような風潮の中,1940年1月,沖縄県官僚は沖縄の民芸や史跡を観光資源に利用すべく,著名な柳宗悦を中心とした民芸協会のメンバーを沖縄に招き,提言を受けるという企画を立ち上げました.

　柳宗悦(1889-1961)は,東京帝国大学文科大学で哲学を修め『白樺』にも参加,三・一独立運動(1919)に影響をうけ,「朝鮮の友に贈る書」を執筆しています.柳は民芸家として各地の伝統的美術作品・民芸のすばらしさを"発見",それらを知識人として中央の文壇で発表して,名声を得ていました.

　1940年1月7日,山内警察部長ら官僚と柳宗悦・式場隆三郎ら民芸協会メンバーたちが出席した座談会の場は,柳の発言によって騒然とし,翌日から「方言論争」が始まります.この論争は以下のように,三つの段階を経過してヒートアップしていきました.

第1段階：座談会を発端とした柳と沖縄県官僚たちの論争
　　第2段階：新聞への投書を通じた沖縄人の参加
　　第3段階：内地の知識人の参加

この論争を分析することにより，内地の人びとが沖縄・沖縄人をどう認識していたのかを明らかにし，さらに，主体としての沖縄人の問題を考えたいと思います．これは，帝国日本とは何であったか，といった問いかけにもつながるものです．

　翌日の『沖縄日報』から，発端となった柳の発言を確認してみましょう．

> 標準語を奨励するの余り，地方語をおろそかにする気風があっていけないと思う．尚お又将来日本語を決定する場合になって琉球語が重要な示唆を与えぬとも限らない．

柳は，琉球語がおろそかにされていることに対して批判を行っており，沖縄県官僚たちとの間でこれが問題となりました（第1段階）．翌1月8日沖縄県の三つの新聞（『琉球新報』『沖縄朝日』『沖縄日報』）に，沖縄県学務部から「敢て県民に訴う民芸運動に迷うな」というコメントが寄せられました．これは，

> 意義深き皇紀二千六百年を迎え，真に挙県一致，県民生活の各般に亘り，改善刷新を断行して，此の歴止的(ママ)聖業を翼替し奉らねばならぬ．就中標準語励行は，今や挙県一大県民の運動として，着々実績を収めつつある所である．

という語りから始まり，

> 標準語教奨励のお陰で蔑視と差別待遇から免れたと感謝の消息を寄する最近の出稼移民群，新人兵の力強き本運動に対する感謝と激励の手紙！

と続き，この運動の進展を阻止する柳たちの見解を否定しつつ，

> 特質保存だの，将来の標準語決定の資料だのとは言って居られない，全県民の切実なる問題である．

と論じています．

　帝国日本を支える沖縄県官僚たちにとって，標準語励行運動とは「皇紀二千六百年」の繁栄の中に帝国の一部として沖縄を位置づけるためのものでした．しかしそれだけではありません．この運動によって，県外に出た沖縄人が「蔑視と差別待遇から免れ」感謝しているという話をあげているのです．これを植

民地支配に見るような，作り出された民意の調達とは言い切れません．問題はそう簡単ではないのです．

　このコメントに対して，14日，沖縄県に滞在中の柳が同様に三社の新聞で反論を試みていますが，柳が当時の沖縄人が直面している問題，内地の人びとからうける差別，といったことを理解しているとは思えません．これに反駁して，1月16日，吉田嗣延が「柳氏に与う」(『沖縄日報』)を執筆しました．吉田は，東京帝国大学を卒業し，沖縄県社会教育主事となり標準語励行運動を推進した官僚の一人です．吉田の論点は以下の2点で，沖縄人に寄り添っているように見えます．

① 県外で働く沖縄人にとって「標準語は命より二番目に大切」なものであり，これを習得しないと生活できない
② 南洋において沖縄人が，標準語がしゃべれないばかりに原住民・「土人」と軽蔑され，大阪・台湾で差別を受けている．これらを打開するためには標準語の習得が必要であり，いつまでも琉球的なものや「特殊的なるもの」を維持するわけには行かない

　そして，この第1段階と並行して第2段階(沖縄人からの投書)が始まります．その多くは柳への批判・非難です．琉球の伝統的文化を評価した柳がなぜ，沖縄人から批判されねばならなかったのでしょうか．1月13日『沖縄日報』に掲載された，大宜味梅子の「お偉い方々へ」という投書を紹介します．大宜味は，柳たち知識人たちを来訪者であるとして，「私達」＝沖縄人との間に線を引き，彼らの「思い違いの変な優越感」を見透かしています．そして「将来の標準語を決める参考になる」ために琉球語が重要になるという，柳の言葉を「余りに沖縄に残酷」であるとして，

　　その怠さ加減には愛想をつかしました．私達は貴方達より沖縄の惨さをよく存じています，それでこそ一生懸命になっているので御座います．

と語っています．柳たち内地の知識人にとって，沖縄・沖縄人とは，つねに客体(他者)でしかない，ということを大宜味は見抜いているのです．沖縄人が突きつけられている「沖縄の惨さ」が，柳によって「日本」に回収されようとしているのです．柳が危惧している伝統文化・民芸の消失，方言の消滅という現象は，近代化とそれにともなう生活のボトムアップと表裏の関係にあるわけで，

それは内地のストーリーでしかないのです．帝国日本の繁栄の陰画として沖縄の「惨さ」があるのです．沖縄人の大宜味はこれを問題にしていたのです．

1月15日『沖縄日報』に掲載された新垣鶴吉「標準語のことども」にある以下の文は印象的です．

　　鹿児島に方言のある如く　　和歌山に方言のある如く　　沖縄に方言がある．
　　朝鮮に朝鮮語のあるのとは違う　　台湾に台湾語のあるのとは違う
　　沖縄の方言であって琉球語ではない(中略)
　　標準語を話すことは　　日本国民の――大和民族の誇ではないか

なぜ，新垣は自らの言葉を語る際に，朝鮮や台湾を対置し「琉球語ではな」く「沖縄の方言」であると述べ，自らを大和民族であると強調するのでしょうか．大阪や東北など内地の人びとは，自らの方言を朝鮮や台湾の言語と比較する，という発想を持たないでしょう．

1月22日，無記名の「県民よ台湾に敗けるな！」という一文が『沖縄日報』に掲載されました．この人物は台湾を旅行して，台湾が「本県よりも生活程度が高い，農業でも富に於ても格段の差があり，本県など問題にならぬ」事態に直面し，現地の日本語教育を受けた原住民族から軽蔑されたことに憤慨しているのです．

以上，第1段階・第2段階における新聞投書を紹介しました．沖縄県官僚と沖縄人は内地から来た知識人を"鏡"として，自らを語る際に「台湾・朝鮮」「特殊」というキーワードを使用していた事が分かります．沖縄は植民地ではない，沖縄人は大和民族である，しかし，われわれは特殊な存在である，という自意識が噴出したのです．主体性とはアイデンティティと一体化したものです．これこそ沖縄人の主体的な語りといえます．

1月7日の座談会以降も沖縄に滞在していた柳は，予定を早め，21日には空路内地に帰りました．ここから第3段階として，内地居住知識人の参加により，内地の雑誌・新聞において「方言論争」は継続していきました．沖縄人不在のなかで．

萩原朔太郎は『月刊民芸』1940年3月号に「為政者と文化」を寄稿しました．萩原のロジックは以下の2点です．

　① 沖縄は内地から遅れて，内地と同じ歴史を歩んでいる

② 沖縄は植民地ではないが，かつて中国の統治下にあった

これこそが，沖縄県を客体として見た内地知識人の認識といえます．『月刊民芸』1940年4月号に掲載された柳田国男・式場隆三郎・柳宗悦・比嘉春潮による「座談会　沖縄の標準語問題批判」も同様です．この座談会では，文明開化という言葉が登場しています．彼らは，明治初年の日本が経験した「外国崇拝」のありようを標準語奨励運動に見出し，なんと沖縄人に反省を求めているのです．

沖縄人が内地の知識人＝「お偉い方々」に抱いた違和感・不信感が，沖縄人不在のなかで展開した第3段階の萩原朔太郎の言説や「座談会　沖縄の標準語問題批判」に収斂されています．民芸協会のメンバーは真剣に民芸の保全を模索しているのですが，彼らにとって，それがもっとも重要な課題であり，沖縄・沖縄人とは，発見され，語られ，消費される客体でしかなかったのです．柳たち内地，いや帝都東京の知識人が，沖縄を東北と比較し語る一方で，沖縄人は，沖縄を台湾・朝鮮と対置していたのです．

「方言論争」には，内地知識人・沖縄県官僚・沖縄人といった同心円的な帝国の構造が反映されています．内地知識人が帝国において知識人として言論活動を展開できたという意味で，彼らは帝国のコアに着座しているわけです．帝国の周縁には，同化政策を担った沖縄県官僚が，そして，さらに外側には差別と侮蔑の対象とされた沖縄人が存在していたのです．

沖縄戦のなかの集団自決

「方言論争」第3段階で，当時「毒舌評論家」との異名を取った杉山平助が，沖縄の貧しさを強調しつつ「この島に，敵機が空襲してきたらあなた方はどうしますかね……おそらくやって来ますまい」「こんな貧弱な島に，大事な爆弾を一つだって落したくはないでしょう」という会話を紹介していました（「琉球の方言について」『新潮』1940年7月号）．このノイズのような文章が出た5年後，沖縄はアジア・太平洋戦争での激戦地となったのです．

1944年7月のサイパン島日本軍全滅により，大本営は台湾・沖縄の防衛が手薄なことを危険視し，第9師団など中国大陸を転戦してきた地上部隊を沖縄に投入しました．そして，同年3月，大本営は屋久島以南，台湾以北を防衛す

るために第32軍(司令部首里,司令官・渡邉正夫中将)を創設しました.

1944年8月,第32軍の新司令官として牛島満中将が着任「地方官民ヲシテ喜ンデ軍ノ作戦ニ寄与シ,進ンデ郷土ヲ防衛スル如ク指導スベシ」という「訓示」を出しました.この方針により軍は,17歳から45歳までの一般男性,約2万5000人を防衛隊員として召集し,男子中学生は鉄血勤皇隊に,高等女学校生は看護要員として動員して,第32軍に編入したのです.総数11万人ですが,この4分の1は,まともな軍事訓練を受けていない民間からの徴用兵です.これに対して,総数54万人もの米軍が上陸してくるのです.

1945年1月20日の「帝国陸海軍作戦計画大綱」には,敵(米軍)の侵攻を食い止め,「皇土」のうち「帝国本土」の防衛を行うために「南千島・小笠原諸島(硫黄島ヲ含ム)・沖縄本島以南ノ南西諸島・台湾及上海付近」を「前縁地帯」とし,ここに米軍が上陸した場合には「極力敵ノ出血消耗ヲ図」ることが決定されたました.この大本営の作戦命令により,沖縄は「帝国本土」防衛のための「捨て石」とされたのです.

1945年3月23日,米軍は沖縄諸島に対して猛烈な空襲・艦砲射撃を加え,26日には慶良間列島に上陸しましたが,ここに駐留していた日本軍は300人程度でした.日本軍の戦隊長は,住民を集め,兵は「玉砕」,住民は「自決」するようにとの命令を出しました.家族の中で,大人の男が,妻子を殺害した後,自死していったのです.地獄です.27日,渡嘉敷島に米軍が上陸しました.28日,ここでも同様の「集団自決」が起こっています.4月1日,沖縄本島の読谷・嘉手納・北谷の海岸に米軍の大部隊が上陸しました.以後,沖縄本島でも「集団自決」が始まります.日本軍が駐留している戦闘地域において「集団自決」が現出した理由は以下の4点です.

① 大本営は,沖縄を見捨て,「皇土」=内地防衛のための時間稼ぎのための「捨て石」としていた
② 第32軍は,民間人をまきこんだ戦闘計画を立て実行した
③ 帝国日本軍の兵士は「生きて虜囚の辱めを受けず」という教育を徹底され,玉砕することを強いられており,戦闘員として認識していた沖縄住民に対してもこれを適用させた
④ 第32軍には中国を転戦してきた兵が多くいて,彼らは自ら中国で行っ

た加害の行為を，想定される被害の仕打ちへと転換し，敵側の人間ならば民間人でも殺戮し，女性を強姦するのが軍隊である，と認識していた
⑤ 沖縄はかつて中国に服属していた地域であり，沖縄人は皇国への忠誠心に薄いためいつ裏切るかわからない，と思っていた

　沖縄戦における日本軍の兵士たちは，はじめから玉砕することを覚悟していました．①〜⑤を背景として，米軍の圧倒的な軍事力の恐怖の下，自暴自棄になった兵士たちが，護る必要もない，またいつ裏切るかもわからない沖縄人に「集団自決」を強いていった，もしくは，彼らをスパイとして殺害していった，ということなのです．

　「方言論争」の項目で確認した，沖縄人の"努力"などまったく無駄であったのです．沖縄はまもるべき「皇土」ではなかったのです．沖縄人は帝国陸軍によってスパイとされて殺害され，「集団自決」を強制されていったのですから．

　2007年，文部科学省は高校日本史教科書から「集団自決」の記述を削除させました．かつて日本という国家が犯した歴史を隠蔽していこうという行為の基底には，現在の日本が帝国日本を継承している，という意識が横たわっているのです．

戦後の沖縄　"犠牲の地"

　沖縄戦以降，沖縄には米軍基地が存続し続けました．日本はサンフランシスコ平和条約により独立しましたが，沖縄はアメリカの軍統治下におかれ，1950年代，「銃剣とブルドーザー」による暴力的米軍施設の拡充工事が行われ，内地から引き上げた米軍陸上部隊(海兵隊も含む)の駐留が固定化されたのです．59年，嘉手納基地のジェット戦闘機が宮森小学校に墜落，死者17名，重軽傷者121名という大惨事が起こりました．60年，沖縄県祖国復帰協議会が発足するも，65年，ベトナム戦争が本格化して以降，沖縄は実戦基地しての役割を担わされ，海兵隊員・米兵の暴力事件が多発するようになります．72年沖縄返還が実現し，沖縄は「祖国復帰」しました．先述したように，この間，内地は高度経済成長のまっただ中でした．そして，現在も日米安保条約の下，海

兵隊を含む米軍基地は縮小されることなく存続しているのです．

　戦前"植民なき植民地"であった沖縄は，アジア・太平洋戦争では「帝国本土」防衛の「捨て石」とされ，45 年から沖縄返還までの間，米軍統治下に置かれ，72 年「祖国復帰」以降は内地の安全保障のための"犠牲の地"となっているのです．

ブックガイド(より深い理解のために)

▶マーク・ピーティー，浅野豊美訳『植民地』慈学社，2012 年
　　19～20 世紀型帝国の概念規定とその特質を紹介したもの．
▶中塚明・井上勝生他編『東学農民戦争と日本』高文研，2013 年
　　東学の展開および甲午農民戦争の経過と帝国日本の介入の様相が詳述されている．
▶趙景達編『近代日朝関係史』有志舎，2012 年
　　近世・近代における日朝関係を詳細に論じた共同研究．
▶松田京子『帝国の思考』(南山大学学術叢書)有志舎，2014 年
　　帝国日本が台湾をいかに認識し，従属させていったのかを論じたもの．
▶勝方＝稲福恵子・前嵩西一馬編『沖縄学入門』昭和堂，2010 年
　　近・現代における本土との関係や沖縄の文化など，幅広い問題を紹介している．

終章
現代(いま)を生きる日本史

1 「危機の時代」の日本史

「歴史」と「現在」

　本書では，様々な時代を素材にして，歴史的事実はどのような作業を経て確定されるのか，そこで明らかになった事実から現代に生きる私たちは何を学びとれるのか，の2点を主に考えてきました．終章では，それらを踏まえたうえで，「歴史」と「現在」の関係について考えてみたいと思います．

　「歴史」は，決して永遠不変のものではありません．よく冗談で「昔に生まれていたら，歴史教科書ももっと薄くて，覚えることも少なくて良かったのに……」とか，「これから後の時代に生まれる人は教科書がどんどん分厚くなって覚えるのが大変だ」ということがいわれますが，そうしたことは，過去にも未来にもおそらくありえないでしょう．歴史書や歴史教科書に載る事柄というのは(たとえ，それがどうでもいい些末な事柄に見えようとも)，つねに「現在」からみて重要と思われる事柄が取捨選択して載せられているのです．だから，将来，様々な事実が時間の経過とともに積み重なっていったとしても，それがそのまま歴史書や歴史教科書に盛り込まれるとは限りません．現代ではとても重要だと思われている事柄が，100年後には何の価値もないものとして教科書から淘汰されてしまうこともあるでしょうし，逆に現代では誰も価値を認めていない事柄が100年後にはふつうに教科書に重要事項として太字で掲載される日が来るかもしれません．

　歴史とは，つねに「現代を生きる」人たちによって意味を認められた過去の事象の集積体なのです．E. H. カー(1892-1982)というイギリスの歴史学者は「歴史は現在と過去の対話である」(『歴史とは何か』岩波新書，1962年)という有名な言葉を残しましたが，それは以上のような意味を踏まえたものなのです．その限りでは，歴史は永遠不変のものではなく，つねに書き換えられ，更新さ

れる宿命をおびたものなのです．

　以下，終章では前半で，そうした「現在」の私たちの価値観の変化が「歴史」の読み換えにつながった具体的な例として，日本史のなかの〈危機〉の問題を紹介します．つづく後半では，「現在」の「歴史学」は何を問題にし，どこへ向かおうとしているのか，を「歴史学の歴史」(史学史)を踏まえて考えてみたいと思います．

日本史は「明るい未来」を描けるか？

　当然といえば当然なのかもしれませんが，私たち著者が30〜40年前に小中学校で学んだ日本史と，現在，小中学校で教えられている日本史は，少なからず異なっています．たとえば，私たちが小中学生の頃に手にした社会科教科書の巻末の日本史年表は昭和期の「高度経済成長」(1960年代)で終わっていました．教科書の最後の章題も「新しい日本」とか「よみがえる日本」といったものだったように記憶しています．そこには，過酷な戦中・戦後の体験を克服して，短時日のうちに未曽有の高度経済成長を成し遂げた私たちの国の歴史が輝かしいものであるかのように描かれ，また今後もその発展は続くし，なにより私たちはそれを守っていかなければならない，と思わせる内容になっていました．また，現代以外の時代についても，ところどころで「社会の発展」とか「農業・商業の発達」といった見出しがあって，古代から中世，中世から近世，近世から近代へと，少しずつ社会は良くなっていっている，進歩していっていると思わせる構成になっていました．もちろん，その頃の私たちは，そんな，折れ線グラフでいえば「右肩あがり」の歴史になんの疑問も抱きませんでした．

　ところが，いまの私たちはどうでしょうか？　現在の日本社会が昔よりも幸せになっている，あるいは，今後もより幸せになる，と確信をもっていい切れる人は，どれだけいるでしょう？　政治や経済の混迷のなかで，現在の私たちは「明るい未来」を構想しづらい環境にあります．それにともない，現行の日本史教科書の戦後史記述でも「右肩あがり」の発展を賛美するようなトーンはすでに後退し，政治や経済・科学技術のひずみについても，現在では大きくページが割かれるようになっています．

史料としての「鉄腕アトム」と「ドラえもん」

　子供の頃の話でいえば，私たちの子供の頃にもアニメやマンガで「鉄腕アトム」(手塚治虫)や「ドラえもん」(藤子・F・不二雄)はありましたから，私たちも今の子供たちと同じように，それらに描かれた世界に夢中になりました．ただ，「ドラえもん」が原子力エネルギーで動くロボットだということは，皆さん知っていましたか？　2012年になって小学館は「ドラえもん」の，この当初からの設定を変更することにしました．理由はもちろん，2011年3月11日に起こった東日本大震災と，それによって起きた福島第一原子力発電所の爆発事故です．今も多くの人たちを苦しめている放射能の存在を考えたとき，子供達に夢と希望をあたえる「ドラえもん」が原子力で動くという設定は，そのまま放置しておくことはできなかったのです．また，「鉄腕アトム」にいたっては，「正義の味方」である主人公の名前が「アトム」，妹の名前が「ウラン」です．そこには科学技術の発展が私たちの生活に幸福をもたらすという，作者の強い確信がうかがえます．

　べつに私は，ここで手塚や藤子の原子力の危険に対する認識が甘かったということを批判するつもりはありません(二人は，一方で科学技術の偏重に警鐘を鳴らす現代文明批判の作品も多く手がけています)．これらのマンガ・アニメが国民的な人気を得て，いまに続いているという事実を考えたとき，むしろ話はもっと深刻です．そこには，大人から子供まで戦後の日本人が，いかに原子力というものに「右肩あがり」の繁栄を保障するものとしての楽観的なイメージを抱いてきたかが，表れているといえるでしょう．しかし，残念ながら現在の私たちは，科学技術や原子力に対して，もはやそこまで楽天的なイメージをもつことはできません．すでに私たちは科学技術の進歩が必ずしも私たちを幸せにはしないということに気づいてしまっているからです．

　そうした私たちの日本社会についての「右肩あがり」の「明るい未来」神話には，すでに1980年代ぐらいから疑問が投げかけられていました．が，それへの不信を決定的にしたのは，90年代以降のソ連邦の崩壊や，マイナス成長社会への転換などの要因です(ソ連邦が奉じていた唯物史観は，人類の歴史を経済発展の歴史として読み解いており，日本をはじめ世界の社会科学に大きな影響をあたえていました．そのため，その崩壊は当時の学問世界に大きな衝撃

をあたえました．本章第2節参照）．そして，先頃の3・11の大震災や原子力発電所事故によって，人々の不信感は，それらの神話を支えてきた，不動と思われてきた列島の自然環境と原子力エネルギーへの不信へとさらに拡大していきました．

生産力発展という幻想

以上のように，ここ20年ほどで私たちの日本社会を見る眼も大きく変わりました．考えてみれば，世界を見渡してみても，ここ70年近く直接的な戦争に関与しないでこられた我が国は，稀有な存在です．ご存じのように，世界ではいまだ各地で内戦や軍事侵攻が繰り広げられています．また，大多数の人々が明日の食事に困らないでいられる，今のような「飽食」の時代は，日本史上でもせいぜいここ半世紀ほどのことに過ぎません．日本史の千数百年のスケールで考えたとき，飢餓と背中合わせだった時代のほうが圧倒的に長いのです．むしろ，人々が「平和」と「繁栄」を享受してきた昭和後期の30年のほうが，同時代的にも歴史的にも，むしろ特殊な時代だったとみるべきでしょう．当然，その時代に醸成された「右肩あがり」の日本史イメージも，特殊な時代を投影して，あまりに特殊で牧歌的なものでした（その特殊な歴史イメージが，さらに特殊な現実を正当化するという悪循環を生んでいたのです）．そこで，最近の日本史研究ではその反省のうえに立って，「右肩あがり」に生産力が拡大していったかに見える日本史の流れを，再検証していこうという気運が高まっています．まさに「日本史のなかの〈危機〉」に注目する新しい研究動向です．

そもそもGNPやGDPという数値が得られるほど史料が残存していない前近代社会では「農業生産が向上した」とか「社会が発展した」と断言できるほどのデータは存在しません．むしろ，これまでの「右肩あがり」神話は史料にもとづいたものというよりも，当時大きな影響力をもっていた唯物史観の理論的要請によって説明されてきたきらいがあります．また，かりに現実に社会の生産力が拡大していたとしても，実際の生産力拡大は一直線の「右肩あがり」がつねに持続したとは考え難く，諸外国の例などから考えても，飢饉や戦乱などで急激な落ち込みと回復を断続的に繰り返していたと考えられています．

たとえば，鎌倉時代に二毛作（水田の裏作に麦を栽培）が行われていた史料が

確認され，室町時代になると三毛作(水田の裏作に麦と蕎麦を栽培)が行われていた史料が確認されることなどを根拠にして，鎌倉時代から室町時代にかけて，これまで漠然と生産力は拡大していると考えられてきました．しかし，裏作をしているから豊かなはずだとは，単純にいい切れません(「本業」がありながら別に「アルバイト」をしている人のことを裕福と評価できるかどうか，考えてみてください)．最新の古気候学などの成果によれば，14世紀前半から17世紀前半にかけて地球は"小氷期"に突入したため，世界各地で気候が寒冷化し，農業生産は停滞していたと考えられています．そのため近年では，二毛作や三毛作の広がりは，むしろ水田の低生産を打開するための生き残り策だったのではないかと考えられるようになっています．これまで私たちは豊かな時代に生きているという思い込みから，過酷な生存環境にあった当時の社会を，あまりに呑気に見すぎていたのかもしれません．

飢餓のなかの民衆生活

これまでの日本史では，飢饉や自然災害などの〈危機〉を不測の逸脱，あるいは偶発的なアクシデントぐらいに考えて，ほとんど無視してきました．その背景には，歴史学は人間の営みの必然性を追求するのが本来の使命であって，飢饉や自然災害のような，人間の営みとは直接関係ない偶然的な要素を追求するのは歴史学の本分ではない(自然科学の仕事だ)，という偏狭な人間中心主義的発想があったためと思われます．しかし，阪神・淡路大震災や東日本大震災の体験を経た私たちは，そうした〈危機〉のもつ破壊力を無視して社会や人間を論じることなどできようはずもないことは，すでに痛感しているはずです．

実際，たとえば日本中世の場合，飢饉は戦争と密接に結びついていました．次に掲げる史料は，戦国時代の伊予国(愛媛県)の軍記『清良記(せいりょうき)』の一節です．

　(1568年)七月下旬に上山・下山両人，一条殿へ請わるる子細は，「当年夏初めより今において打ちつづき雨ふり，山合いの作は悪しく，百姓ら飢えにおよび申すべく候．大将は御貸しくださるにおいては伊予分へ働き，冬春の兵糧取り申すべし」．

ここでは，土佐国(高知県)の地侍である上山氏と下山氏が，地元の大名一条氏のもとを訪ね，「冷夏によって不作となり百姓たちが飢えているので，隣国の

伊予国に攻め込み,冬・春の食糧を掠奪するので,大将を貸してほしい」という懇願を行っています.ふつう戦国時代の戦争は,大名たちの領土拡大の野望によって引き起こされると思われていますが,ここでは飢饉下での食糧掠奪が明らかに戦争の目的となっています.また,それを他ならぬ地侍・百姓たちが希望して,逆に大名に「大将を貸してほしい」と願い出ているのです.「飢饉は天災」で「戦争は人災」,「大名は加害者」で「百姓は被害者」と,単純には区分できない現実がここにはあります.人々は飢饉や低生産のなかで生き残るために戦争を引き起こしていたのです.『清良記』は一般に農書(農業技術書)として知られていますが,本書のなかで農業技術情報は,こうした飢饉や戦乱のなかで生存を確保するための情報として記載されているのです.

このほかにも,飢饉や自然災害などの〈危機〉は,当時の社会構造を決定するほどの大きな影響力をもっていました.たとえば,治承・寿永の内乱(1180-85年)も,じつは西日本を襲った養和の飢饉(1181-82年)の只中で戦われており,源氏と平氏の勝敗の帰趨にもこの飢饉が大きな影響をあたえたらしいことが,現在ではほぼ通説になっています.また,「御成敗式目」の制定(1232年)は,明らかに前年の寛喜の大飢饉(1230-31年)を契機として行われており,それ自体,災害復興策としての意味合いを備えていました.近世に下っても,徳川綱吉の政治や田沼意次の政治の失敗も,その政策内容に問題があったためというよりも,治世末期に起こった噴火や飢饉の影響が決定的であったことが明らかにされています.徳政一揆や百姓一揆などの民衆運動の多くが飢饉を背景にして勃発していることも,古くから指摘されているところです.

こうした研究を踏まえて,いま私たちはようやく過去の人々の苦難や哀しみに寄り添うことができるようになりつつあります.

過去に学ぶ

日本史がひたすら「右肩あがり」に「明るい未来」へ「発展」してゆくという神話から解き放たれたことで,もう一つ,私たちは「過去は不幸」で「現在は幸せ」という思い込みからも自由になることができました.これも早くは1980年代から顕著になってきた気運ではありますが,近年の研究では,過去の社会を経済的な尺度のみから「遅れている」か「進んでいるか」と計量する

のではなく，彼らのもつ独自の精神性など多様な価値に注目していこうという視座が定着しつつあります．

たとえば，正和元年(1313)，筑前国(福岡県)の宗像神社領を支配するために定められた法典「宗像氏事書」のなかには，次のような条文があります．

一，山の口の事

　右，山口山・垂水山・山田山，かの山の口においては，さらに制の限りにあらず．禁制をいたさば，かえって土民の煩いとなるべきものなり．このほか屛風嶽・極楽寺山・用山・高山・帝賢寺山などは，用水たるにより，固く禁制せしむべきの由，沙汰人等に相触れらるべきなり．

前半では，領内の山林の伐採について，それを禁ずると民衆が生活に困るので，山口山以下3カ所の山については規制は加えないとしています．しかし後半では，屛風嶽以下5カ所の山については，「用水」であることを理由に伐採を禁じています．つまり，屛風嶽以下5カ所の山は，農業・生活用水の水源にあたることから，伐採を進めると山林の保水力が減退し，用水が枯渇してしまうので，伐採を禁じているのです．当時の人々は，山の木々が水分を蓄える存在であることを明確に認識したうえで，計画的な自然資源の活用を行ってきていたのです．

これは，現代でいう「水源涵養保安林」という発想ですが，現代の私たちはしばしば開発を重視するあまり，中世の人々ですら理解していた，この単純なメカニズムを忘れがちになります．そのために川の水位の低下のみならず，ときには鉄砲水，土砂崩れといった甚大な災害を生み出しているのは周知のところでしょう．また，中世の人々は山林を神々の宿る場と考え，野放図な開発を厳に戒めていました．自然災害の問題に限らず，今日，私たちは以前にも増して人間中心主義的なおごり昂ぶった考え方を捨て，自然を畏れ敬う気持ちをもつことが求められています．そうしたなかで，以上のような過去の人々が自然のなかで育んだ合理性や精神性から，私たちが学ぶことがまったくないとは思えません．

あるいは，本書で紹介したものでいえば，ムダとしか思えないような「古代道路」(第1章)や，粗野な「うわなり打ち」の習俗(第2章)などについても，それらを無意味で野蛮なものとみなして無視するのは簡単です．しかし，そこに

は，必ず彼らなりの意味や合理性が存在していました．それを見つめることで，私たちは過去の日本社会のなかに〈異文化〉としかいいようのない新たな価値の体系を見出すことができるのです．〈異文化〉体験は，なにも外国旅行だけで得られるものとは限りません．過去のなかの〈異文化〉を見つめることで，一見無意味で愚かしくみえるもののなかに，逆に私たち自身の価値観を〈相対化〉するような貴重なヒントが見出せるかもしれません．

「明るい未来」を展望できない私たちの現状は，決して心地良いものとはいえませんが，そうした不安定な現実を直視することで，私たちの歴史をみる眼も鍛えられるのです．そして，そうした眼で歴史を見たときに得られる〈発見〉が，現在の私たちのまえの「壁」を突き破る力をあたえてくれる，と私たちは信じています．その意味で，まさに「歴史は現在と過去の対話」，現在と過去の相互作用なのです．

ブックガイド（より深い理解のために）

▶**遅塚忠躬**『ヨーロッパの革命（ビジュアル版世界の歴史 14）』講談社，1985 年
　18 世紀後半のヨーロッパ史を叙述した概説書だが，人口動態変化など社会史研究の成果を駆使して〈危機の時代〉の現実を衝撃的に描き出す．

▶**菊池勇夫**『飢饉』集英社新書，2000 年
　江戸時代の飢饉の現実を豊富な史料で明らかにする．食糧をめぐる首都と地方の関係など，現代世界の「飽食」と「飢餓」問題についての示唆も含む．

▶**藤木久志**『飢餓と戦争の戦国を行く』朝日選書，2001 年
　餓死か，奴隷か，掠奪か？　飢餓と戦争が日常だった過酷な中世社会の実態と，そのなかで生き抜く民衆像を多角的に検証．

▶**清水克行**『大飢饉，室町社会を襲う！』吉川弘文館，2008 年
　応永の大飢饉に襲われた 1420 年の日本社会をドキュメンタリータッチで描く．〈危機〉に注目することで，国家や社会の特質が見えてくる．

（清水克行）

2　歴史とは何か

問題の背景

　終章の後半では，少しややこしいことをテーマにしたいと思います．歴史学の歴史(史学史)を簡単にたどりながら，「現代を生きる日本史」とは何か，ということを考えたいと思います．わたしのパートは「歴史とは何か」という，なにやら哲学めいたタイトルとなっていますが，現代，歴史学(日本史)の領域ではいったい何を考えているのか，と興味をもっていただければと思います．

　19世紀に形成された近代歴史学は，資本主義の拡大を背景に"歴史は未来に向かって発展する"という近代のテーゼを自明のものとし，啓蒙主義思想との連携から科学や文明を至上のものとして展開してきました．

　しかし，わたしたちが生きる21世紀では，これらの近代のテーゼの問い直しが始まっているのではないでしょうか．科学は万能なのか，文明とは人びとの幸福につながるのか，本当に未来はすばらしいといえるか，と．近代歴史学の考え方や方法論では現代を生き抜くことはできないのです．

ポスト・モダニズムという思潮

　1970年代，オイル・ショックで打撃をうけて高度経済成長は終焉，公害も社会問題となりました．近代のテーゼにかげりが見え始めたのです．これは，欧米資本主義先進国にも共通する問題でした．この現実を背景に，ポスト・モダニズムという思潮が絵画や映画・建築といった領域からはじまり——「エクソシスト」(ウィリアム・フリードキン監督，1973年)などがその早い例です——，歴史学も影響を受けました．

　1980年代後半から90年代初頭，天安門事件と東欧革命・ソ連邦の解体を背景に，日本における近代歴史学の典型ともいうべき「戦後歴史学」という学問体系が崩壊しました．本論では，世界的状況を踏まえた場合には近代歴史学，日本史だけの学問状況を論じる際には「戦後歴史学」という用語を使用します．

　では，簡単に「戦後歴史学」という学問体系を説明しておきたいと思います．戦前，とくに満州事変(1931年)以降，軍国主義が深まる中で，国体論(本書第10

章参照)を基盤にして,『古事記』・『日本書紀』に記された神話を歴史的事実とする皇国史観が形成され,これに抵触する歴史認識をもった歴史家は,国家によって弾圧されました.史料を丹念に読み込み,歴史的事実だけを確定していく実証主義歴史学も否定されたのです.大正デモクラシーの時期に影響力をもった津田左右吉も,『古事記』の史料批判をしたため刑事弾圧を受けています(1940年,津田左右吉事件).そして,総力戦体制の下,日本と日本民族とを絶対優位とする皇国史観は,排外主義と対外侵略を正当化していきました.

敗戦後,ポツダム宣言とGHQによる五大改革指令により,皇国史観は他律的に廃絶させられ,実証主義歴史学が復活しました.そして,日本がサンフランシスコ講和条約の締結により主権を回復した1950年代,実証主義歴史学の伝統に加え,マルクス主義歴史学に強い影響をうけて「戦後歴史学」が生まれ,歴史は発展し社会主義から共産主義へ行き着く,とのテーゼに依拠した歴史認識を形成していきました.

講義で以上のような「戦後歴史学」の様相を語ると,今の院生・学生は驚きます.「社会主義が輝く未来だって?」と.彼らにとって社会主義とは,あたかも人権を無視して人びとを抑圧する悪魔の化身であり,為政者と官僚の不正がはびこる悪の権化なのですから.現代,地球上に存在する社会主義国家を見れば,彼らがそう思うことは自然と言えます.

1970年代以降,ソ連邦のアフガニスタン侵攻(1979年)などがあり,日本社会においても,社会主義への疑念・不信が醸成されていきました.89年,天安門事件では,中国共産党を批判したデモを弾圧するため戒厳令部隊が出動し,戦車で学生たちを虐殺,東欧革命では,社会主義国の民衆が社会主義を捨てたのです.そして,91年,ソ連邦が解体しました.これと軌を一にして,歴史の発展を唱え社会主義を理想とした「戦後歴史学」は終焉しました.

90年代には,ジャック・デリダによる脱構築という考え方も入ってきました.法・権利といったものは社会と秩序を維持するうえで,もっとも重要な存在といえますが,デリダは,これらも構築されたものであるかぎり,根本からとらえ直して疑い,異議を唱えることができると提起したのです.当然,定義・セオリーといったものへの疑問も生まれ,学問の権威——これも19世紀の啓蒙思想の産物です——は消え去ります.すると,これに不安をもつ人たち

からは，脱構築は無責任な相対主義を助長する，という非難が唱えられました．しかし，脱構築は物事の相対化を進めましたが，それは主体的責任を回避した相対主義とは違うのです．

さらに，脱構築は「テキストは書き手を離れて，読み手の解釈にゆだねられる」と論じ，歴史学に直接インパクトを与えました．テキストは史料と置き換えられます．同じ史料を用いても，そこから描き出される歴史像は歴史家の解釈にまかされたということです——もっとも，史料が限定されている古代・中世史では，デリダに言われるまでもなく，そのようなことは自明のことでした——．問題は，それを歴史家が自覚しているか，ということなのです．

言語論的転回と「現代歴史学」

ポスト・モダニズムの思潮と脱構築の考え方とが融合して，言語論的転回(以下，ターン)と呼ばれる現象(思想)が起こり，歴史とは解釈であり歴史研究者によって書き替えられる，という認識も広がりました．すると，歴史とは歴史家が創り出した物語であるという主張(歴史物語論)が登場し，一定の影響力を持ち始めたのです．この物語論は，歴史家は歴史的事実を証明しなければならない，という重要な要素を欠落させていました．カルロ・ギンズブルグは，「現実」とか「証拠」とか「真実」といった概念に立ち向かわねばならない，と論じています(『歴史を逆なでに読む』みすず書房，2003年)．賛成です．

そして，歴史物語論の風潮の中から，歴史修正主義者たちが蠢きはじめました．彼らが，ターンを理解できているとは思えません．そこから醸成された雰囲気だけを嗅いでいるに過ぎません．歴史修正主義とは——大仰な言い方ですが——，英語の Historical revisionism の邦訳です．つまり，これは世界規模の動向といえます．自分たち(個人・集団)にとって，都合が悪い歴史は，なかったことにする，という考え方です．ナチスドイツによるユダヤ人虐殺はなかった，従軍慰安婦など存在しない，という主張です．ロバート・イーグルストンは「ホロコーストの議論はすべきであるが，ホロコーストの存在に関する議論などありえない」と語っています．先述したように，歴史家の研究は実証に依拠しており，証拠を提示していますので再現性が担保されています．しかし，歴史修正主義者の文章や解釈には再現性がないのです．歴史修正主義者の言説

は学問というよりも，政治的アピールなのです．

　ターン以降，歴史学の研究対象は多様となりました．これを仮に「現代歴史学」と呼称しましょう．近代歴史学では，政治史・制度史・経済史が"王道"の歴史研究として君臨していました．しかし，「現代歴史学」では，死・狂気・伝承・しぐさ・身体など，人間活動のほとんどすべてに研究関心が及ぶようになり，ヨーロッパでは，下からの歴史(民衆史)に注目が集まりました――残念ながら，日本史における民衆史研究は絶滅危惧状態です――．

　では，「現代歴史学」はどこに向かうのでしょうか．歴史学である以上，先行研究を踏まえ，再現性をもった実証を行う，ということは自明としつつも，扱う対象は多様となりました．「戦後歴史学」が，「一級史料」と評価していたものは，朝廷や幕府，政府が残した公的文書でした．一方，多様な問題関心をもつ「現代歴史学」が扱う史料は，日記・回想録はもちろん，フィクションの世界である小説・浄瑠璃・歌舞伎作品や，聞き取り調査のデータ，写真・絵画・記念碑にまで及んでいます．たとえば，浄瑠璃・歌舞伎は江戸時代の民衆にとって最もポピュラーな娯楽であり，時代に応じて新たな趣向や新機軸を取り入れ，観客にうける作品を提供していました．現在，テレビなどのマス・メディアや，インターネットのwebサイトに，現代のわたしたちの社会が投影されているように，浄瑠璃・歌舞伎には江戸時代に生きた人びとの集合心性が表象されている，と考えるわけです．

　近代歴史学は，出来事の原因を解明し，発展の歴史・成功の歴史を描いてきました――たしかに，前近代に比べ，現代，先進国に住んでいるわたしたちの生活はボトムアップされ豊かとなりました．物質的には――．一方，「現代歴史学」は，出来事の結果を重視し，出来事がいかに記憶され表象されるのか，などの問題にも注意を払っています．そして「現代歴史学」は失敗の歴史にも向き合い，隠蔽されてきたものを白日のもとにさらす，という役割も担っています．とくに，近現代史においてその傾向は強くなります(本書では第11・12章です)．この典型として，被爆国日本において，なぜ原子力発電所建設が積極的に推進されたのか，なぜ福島県にそれが建設されたのか，といったことを地域社会との関係から丹念に実証した中嶋久人の力作があります．

　歴史は，うつろうものでも，流れるものでもありません．積み重なっていく

のです．その意味で，わたしは，近現代における失敗を前近代にまでさかのぼり解き明かすことが必要である，と考えています（本書，第8・10章で試みました）．

このような歴史認識に対して「自虐史観」ではないか，というナイーブな中傷があります．とんでもないことです．「現代歴史学」も，歴史学である以上"よりよい未来"を希求しているのです．そのためには，歴史と向き合う勇気を持ち，失敗を認め，そこから踏み出すことが必要なのです．

「歴史に"もし"はない」という台詞があります．近代歴史学ではそう認識されていました．しかし，「現代歴史学」が意識する失敗の歴史は，この"もし"を考える余地を残しているのです．たとえば"もし"，日本が戦争責任・植民地責任に背を向けることなく真摯に対応していたならば，現代の日中・日韓関係はもっと良好なものになっていたかもしれない，という問いかけです．ドイツはそれを行ったのですから．

以上のように，「現代歴史学」は現代を相対化する学問なのです．現代がベストとは限らない——この問い自体，第三世界や紛争地域ではあり得ないことかも知れません——，あの時，他の選択肢もあったのではないか，そして，それを選んでいたならば，現代はもっと"よい"かもしれない，ということを考察することも必要なのです．ただし，"よい"とは誰にとってなのか，という疑問は残ります．これは歴史認識の問題に繋がっていきます．

歴史叙述のアリーナ

歴史学は解釈であるという考えを全面的に受け入れると，多様な歴史解釈から，何を選び評価するのか，ということが問題となっていきます．哲学者の高橋哲哉は「歴史学をとりまくアリーナ」が形成された，と語っています．

つまり，アリーナの中に多様な歴史解釈が絶え間なく登場し，歴史家が自己主張しつつ闘っているのです——ただし，先述したように，歴史修正主義者の言説は実証性がなく再現性がないことから，それは政治的見解であり，歴史解釈と認められませんので，アリーナに上げたりはしません——．闘いに判定を下すのは，現代を生きるわたしたちなのです．当然ながら，選択するわたしたちの主体的立場が問われてきます．これを歴史認識と言い換えてもよいと思い

ます．歴史を国家の側から見るのか，民衆の視点に立つのか，という陳腐な二項対立では，複雑で多様な現代を生き抜くことはできません．複合的かつ相対的な解釈が求められています．また，他の視点から見ることもできるのではないか，と意識することも重要となります．

歴史認識とは，ある事象が歴史的事実なのかどうか，またそれをどう評価するか，ということではありません．たとえば，特定の島嶼がどこの国の領土に属するか，ということを問題にすることではないのです．歴史認識とは，歴史を解釈する際に基準となる統一的な観念であり，個人の経験，価値観・道徳観・社会観・国家観など多様な問題関心を統合した主観的なものなのです．歴史認識にはわたしたち個々人の主体的な生き方が反映されている，と逆説的に言うことも可能です．さらに踏み込むならば，日本史を勉強することによって歴史を考えるセンスを会得し，現代の社会や国家，道徳を考える力へと還元することもできる，と言えるのではないでしょうか．

このように考えると「正しい歴史認識」という言葉ほど胡散臭いものはない，ということも分かると思います．誰にとって何が「正しい」と意識され主張されたのか，ということを考えることが必要なのです．

歴史学は実学ではありません．わたしたちが，日本史を勉強し，歴史認識を豊かにしたからといって，明日の日本経済に寄与できるわけではなく，高齢化社会に即座に対応できるものでもありません．歴史学とは現状を相対化しつつ批判し，"よりよい未来"を模索する学問なのですから．本書『現代を生きる日本史』はこれを意識しています．

ブックガイド（より深い理解のために）

▶須田努『イコンの崩壊まで』青木書店，2008 年
　「戦後歴史学」の形成・展開・崩壊を，民衆運動という側面から分析したもの．
▶カルロ・ギンズブルグ，上村忠男訳『歴史を逆なでに読む』みすず書房，2003 年
　言語論的転回以降の研究状況において歴史を研究する意味は何かという問題に切り込む．
▶中嶋久人『戦後史のなかの福島原発』大月書店，2014 年
　被爆国日本において原発が推進された事実を洗い直し，地域社会がどう原発をうけとめていったのかを問いかける実証的研究．

（須田　努）

参考文献

第1章
静岡県埋蔵文化財調査研究所『曲金北遺跡(遺構編)』1996年
近江俊秀『古代道路の謎』祥伝社新書,2013年
岸本道昭『山陽道駅家跡(日本の遺跡11)』同成社,2006年
足利健亮『景観から歴史を読む』NHKライブラリー,1998年
石母田正『日本の古代国家』岩波書店,1971年
市大樹『すべての道は平城京へ』吉川弘文館,2011年
近江俊秀『道が語る日本古代史』朝日選書,2012年
大橋泰夫「古代における瓦倉について」森郁夫先生還暦記念論文集刊行会編『瓦衣千年』1999年
坂上康俊『平城京の時代(シリーズ日本古代史④)』岩波新書,2011年

第2章
桃裕行「うわなりうち(後妻打)考」『桃裕行著作集4 古記録の研究 上』思文閣出版,1988年(初出1951年)
野村育世『北条政子』吉川弘文館,2000年
古瀬奈津子『摂関政治(シリーズ日本古代史⑥)』岩波新書,2011年
氏家幹人『かたき討ち』中公新書,2007年
義江明子編『日本家族史論集8 婚姻と家族・親族』吉川弘文館,2002年
総合女性史研究会編『日本女性史論集4 婚姻と女性』吉川弘文館,1998年
梅村恵子「摂関家の正妻」『日本古代の政治と文化』吉川弘文館,1987年
工藤重矩『源氏物語の結婚』中公新書,2012年
服藤早苗『平安朝の母と子』中公新書,1991年
増田繁夫『平安貴族の結婚・愛情・性愛』青簡舎,2009年

第3章
『石井進著作集6 中世社会論の地平』岩波書店,2005年
勝俣鎮夫「日本人の死骸観念」同『中世社会の基層をさぐる』山川出版社,2011年(初出1984年)
黒田日出男「「獄」と「機物」」(同『増補 姿としぐさの中世史』平凡社ライブラリー,2002年(初出1986年)
清水克行「中世史研究と現代社会」第50回サマーセミナー実行委員会編『日本中世研究の歩み』岩田書院,2013年

第 4 章

村井康彦『茶の文化史』岩波新書，1979 年
群馬県中之条町教育委員会『白久保のお茶講習俗調査報告書』1989 年
志田原重人「いわゆる闘茶の風習について」『草戸千軒』133，1984 年
榎原雅治「寄合の文化」歴史学研究会・日本史研究会編『日本史講座 4』東京大学出版会，2004 年
遠藤基郎「バサラ再考」『東京大学史料編纂所研究紀要』22，2012 年

第 5 章

峰岸純夫・椚國男・近藤創編『八王子城——みる・きく・あるく』揺籃社，2001 年
藤木久志「村の動員」同『村と領主の戦国世界』東京大学出版会，1997 年
黒田基樹『百姓から見た戦国大名』ちくま新書，2006 年
黒田基樹『戦国大名——政策・統治・戦争』平凡社新書，2014 年
「特集 戦国大名北条氏」『多摩のあゆみ』139 号，2010 年
德永裕之「天正十八年の豊臣方禁制と避難所伝承」『八王子市史研究』2 号，2012 年
『新八王子市史 資料編 2 中世』八王子市，2014 年

第 6 章

勝俣鎮夫『戦国時代論』岩波書店，1996 年
藤木久志『豊臣平和令と戦国社会』東京大学出版会，1985 年

第 7 章

高木昭作『日本近世国家史の研究』岩波書店，1990 年
峯岸賢太郎「近世身分論」日本歴史学会編『日本史研究の新視点』吉川弘文館，1986 年
塚田孝他編『身分的周縁』部落問題研究所，1994 年
朝尾直弘『朝尾直弘著作集』第 7 巻，岩波書店，2004 年
久留島浩他編『シリーズ近世の身分的周縁』全 6 巻，吉川弘文館，2000 年
深谷克己他編『〈江戸〉の人と身分』全 6 巻，吉川弘文館，2010 年
深谷克己『江戸時代の身分願望』吉川弘文館，2006 年
今西一『近代日本の差別と村落』雄山閣，1993 年
但野正弘『新版 佐々介三郎宗淳』水戸史学選書，1988 年
中臺希実「メディアに表象される近世中期における「家」に対する都市部民衆の集合心性」『家族研究年報』No.39，2014 年
深谷克己・須田努編『近世人の事典』東京堂出版，2013 年

第 8 章

朝尾直弘『朝尾直弘著作集』第 5 巻,岩波書店,2004 年
趙景達・須田努編『比較史的にみた近世日本』東京堂出版,2011 年
ルイ・アルチュセール,西川長夫他訳『再生産について』上・下,平凡社ライブラリー,2010 年
須田努「江戸時代 民衆の朝鮮・朝鮮人観」『思想』No.1029,2010 年
吉田俊純『水戸光圀の時代』校倉書房,2000 年
眞保昌弘『侍塚古墳と那須国造碑』同成社,2008 年
田原嗣郎他校注『山鹿素行』(「日本思想大系」32),岩波書店,1970 年
岡本綺堂「『国姓爺』の楼門」『演芸画報』昭和 5 年 2 月号,1930 年

第 9 章

藤田覚『田沼意次』ミネルヴァ書房,2007 年
深谷克己『田沼意次』山川出版社,2010 年
山田忠雄『一揆打毀しの運動構造』校倉書房,1884 年
山梨県編『山梨県史』通史編四,山梨日日新聞社,2007 年
須田努「自助と自浄の 19 世紀」『人民の歴史学』197 号,2013 年
須田努『「悪党」の 19 世紀』青木書店,2002 年
佐々木潤之介『世直し』岩波新書,1979 年
須田努「菅野八郎のクロッキー」須田努編『逸脱する百姓』東京堂出版,2010 年
沼田哲「武蔵の豪農と尊攘思想」『季刊 日本思想史』13,1980 年

第 10 章

須田努「情報とコミュニケーションの関係」鈴木健人他編『問題解決のコミュニケーション』白桃書房,2012 年
高橋裕文『幕末水戸藩と民衆運動』青史出版,2005 年
今井宇三郎他校注『水戸学』(日本思想大系 53),岩波書店,1973 年
日本史籍協会編『横井小楠関係史料』1. 2,東京大学出版会,1977 年
平石直昭他編『横井小楠』東京大学出版会,2010 年
松浦玲『横井小楠』ちくま学芸文庫,2010 年
山口県教育委員会編『吉田松陰全集』全 10 巻,大和書房,1974 年
須田努「横井小楠と吉田松陰」趙景達他編『講座東アジアの知識人』有志舎,2013 年
竹内好「日本とアジア」『竹内好全集』第 8 巻,筑摩書房,1980 年

第 11 章

小沢弘明「国民国家研究をめぐる 12 のテーゼ」久留島浩・趙景達編『アジアの国民国家構想』青木書店,2008 年

ベネディクト・アンダーソン，白石隆他訳『定本 想像の共同体』書籍工房早山，2007年
エリック・ホブズボウム他編，前川啓治他訳『創られた伝統』紀伊國屋書店，1992年
ルイ・アルチュセール，『再生産について』(→第11章参考文献)
大日方純夫『近代日本の警察と地域社会』筑摩書房，2000年
須田努「三遊亭圓朝の時代」『歴史評論』694号，2008年
須田努「織り込まれる伝統と開化」久留島浩・趙景達編『国民国家の比較史』有志舎，2010年
須田努『三遊亭円朝と江戸落語』吉川弘文館，2015年

第12章
アントニオ・ネグリ／マイケル・ハート，水島一憲他訳『帝国』以文社，2003年
山内昌之・村田雄二郎他編『帝国とは何か』岩波書店，1997年
趙景達『近代朝鮮と日本』岩波新書，2012年
趙景達『異端の民衆反乱』岩波書店，1998年
原田敬一『日清戦争』吉川弘文館，2008年
井上勝生『明治日本の植民地支配』岩波書店，2013年
愼蒼宇『植民地朝鮮の警察と民衆世界』有志舎，2008年
小川原宏幸『伊藤博文の韓国併合構想と朝鮮社会』岩波書店，2010年
趙景達・宮嶋博史他編『「韓国併合」100年を問う『思想』特集・関係資料』岩波書店，2011年
国立歴史民俗博物館編『「韓国併合」100年を問う 2010年国際シンポジウム』岩波書店，2011年
檜山幸夫編『歴史のなかの日本と台湾』中国書店，2014年
遠流台湾館編『増補改訂版 台湾史小事典』中国書店，2007年
戸邉秀明「沖縄 屈折する自立」小森陽一・成田龍一他編『岩波講座 近代日本の文化史』8，岩波書店，2002年
平良好利『戦後沖縄と米軍基地』法政大学出版局，2012年
鹿野政直『沖縄の戦後思想を考える』岩波書店，2011年
財団法人沖縄文化振興会史料編集室『沖縄県史』各論編第5巻，2011年

終章
ジャン＝フランソワ・リオタール，小林康夫訳『ポスト・モダンの条件』水声社，1986年
ジャック・デリダ，堅田研一訳『法の力』法政大学出版局，2011年
「ヘイドン・ホワイト的問題と歴史学」『思想』No.1036，2010年
ロバート・イーグルストン，増田珠子訳『ポストモダニズムとホロコーストの否定』岩波書店，2004年

ピーター・バーク編，谷川稔他訳『ニュー・ヒストリーの現在』人文書院，1996 年
須田努「イコンの崩壊から」『史潮』新 73 号，2013 年
須田努「江戸時代中期 民衆の心性と社会文化の特質」趙景達・須田努編『比較史的にみた近世日本』東京堂出版，2011 年
須田努「諦観の社会文化史」 関東近世史研究会編『関東近世史研究論集』2，岩田書院，2012 年
高橋哲哉『歴史／修正主義』岩波書店，2001 年
高橋哲哉編『〈歴史認識〉論争』作品社，2002 年

あとがき

　私たち二人の著者はともに同じ大学で日本史を教えていますが，二人とも，いわゆる文学部史学科の教員ではありません．須田も清水も，それぞれ社会科学系の学部で教養科目として歴史学(「社会文化史」「日本文化史」)の講座を担当しています．大学進学者が同世代人口の5割を超えた現在，多くの若者が最後に触れる日本史は，いまや高校・予備校での「高校日本史」「受験日本史」でもなく，文学部史学科で専門的に指導される「日本史研究」でもなく，私たちが担当するような，文学部以外の学部で教養科目として設置された「教養日本史」のようです．それだけに，私たちは自らの担当科目に課せられた責任は大きいと考えています．

　ところが，これまで出版界では，そうした読者を対象とした「教養日本史」のテキストは，ほとんど見られませんでした．もしそうした書籍があれば，学生に限らず，もう一度日本史を学び直したいと考える社会人の方々にも有益なものとなるのではないかとも思えます．そこで，私たちは「高校日本史」「受験日本史」と，専門的な「日本史研究」を橋渡しするような，新しい「教養日本史」のテキストをめざしてみました．とはいえ，私たちが考える日本史の「教養」とは，サラリーマンになって，酒席で部下を相手に歴史のウラ話やウンチクを自慢したりするためのものでは決してありません．

　同じ〈岩波テキストブックスα〉で，名著『歴史学入門』を書かれた西洋史の福井憲彦さんは，文学部史学科で歴史学研究を志す読者を対象に，大学では「歴史像の受け手，消費者」ではなく「みずからが歴史像を描き発信する側，つまりは生産者」をめざすべきことを熱く求めています．その比喩を借りるなら，私たちの「教養日本史」がめざすところは，「みずからが歴史像を描き発信する側」に立たないまでも，「歴史像の受け手，消費者」として，巷にあふれている粗悪な歴史像と良質な歴史像を理性的に弁別することのできる「賢い消費者」を育てることにあると考えています(なにをもって歴史像の良し悪しとするかは終章を参照してください)．

本書では「古代道路」や「菅野八郎」など，一般にはあまり馴染みのない事柄を主題として多く扱っています．しかし，私たちもそこで取り上げた事柄の詳細を逐一暗記してもらおうとは思っていません．むしろ，それらの事柄を素材にして，目の前に残されたデータをもとに過去を論理的に推察する力（＝歴史を考える力）と，それをもとに現代を見つめなおす力（＝歴史的に考える力）を養ってもらいたいと考えています．「歴史」は楽しい反面，現代の政治や価値観にからめとられやすい危険なものでもあります．私たちは，読者のみなさんが本書を糧にして，「本物」のわかる「賢い消費者」に成長することを願っています．

　須田さんと私のご縁は，もういまから20年前，私が大学生のときに所属していたゼミの授業に，当時，他大の大学院生だった須田さんが聴講生として参加されていたのに始まります．その後，私が須田さんと同じ大学の大学院に進学したことで，先輩・後輩の関係になり，さらに数年前には奇遇にも同じ大学に奉職し，いまは同僚となっています．また学問的にも，須田さんは日本近世・近代史，私は日本中世史を専門としていますが，お互いに影響を受けた先生が同じだということもあって，酒席で研究状況などを語れば意気投合するツボも同じです．そのため，今回の企画のお誘いをいただいたとき，一瞬たじろぎはしましたが，須田さんとならできるだろうという不思議な安心感がありました．実際，執筆に入ってみると，お互いに相手の執筆内容と調和させるために四苦八苦するということもなく，自分の担当章の中身に専念することができました．類まれなご縁に感謝するとともに，そんな二人が楽しんで作った本書が多くの読者に恵まれることを祈っています．

　　2014年10月

筆者を代表して　清水克行

須田　努

1959年生まれ．明治大学文学部卒業．早稲田大学大学院文学研究科博士後期課程修了．博士（文学）．現在，明治大学情報コミュニケーション学部教授．専攻は日本近世・近代史，民衆運動史，社会文化史．
著書に『「悪党」の一九世紀』（青木書店），『暴力の地平を超えて』（青木書店），『イコンの崩壊まで』（青木書店），『幕末の世直し』（吉川弘文館），『逸脱する百姓』（編著・東京堂出版），『比較史的にみた近世日本』（編著・東京堂出版），『薩摩・朝鮮陶工村の四百年』（編著・岩波書店）などがある．

清水克行

1971年生まれ．立教大学文学部卒業．早稲田大学大学院文学研究科博士後期課程単位取得退学．博士（文学）．現在，明治大学商学部教授．専攻は日本中世史，社会史．
著書に『室町社会の騒擾と秩序』（吉川弘文館），『喧嘩両成敗の誕生』（講談社），『大飢饉，室町社会を襲う！』（吉川弘文館），『日本神判史』（中公新書），『足利尊氏と関東』（吉川弘文館）などがある．

岩波テキストブックスα
現代を生きる日本史

2014年11月26日　第1刷発行
2016年3月15日　第2刷発行

著　者　須田　努　清水克行

発行者　岡本　厚

発行所　株式会社　岩波書店
〒101-8002　東京都千代田区一ツ橋2-5-5
電話案内　03-5210-4000
http://www.iwanami.co.jp/

印刷・三陽社　カバー・半七印刷　製本・三水舎

© Tsutomu Suda and Katsuyuki Shimizu 2014
ISBN 978-4-00-028914-6　Printed in Japan

®〈日本複製権センター委託出版物〉　本書を無断で複写複製（コピー）することは，著作権法上の例外を除き，禁じられています．本書をコピーされる場合は，事前に日本複製権センター（JRRC）の許諾を受けてください．
JRRC　Tel 03-3401-2382　http://www.jrrc.or.jp/　E-mail jrrc_info@jrrc.or.jp

〈岩波テキストブックス α〉

歴 史 学 入 門	福井憲彦	A5判 174頁 本体 1800円
「知」の方法論 ―論文トレーニング―	岩崎美紀子	A5判 198頁 本体 1900円

〈岩波テキストブックス〉

国 際 平 和 論	福富満久	A5判 186頁 本体 2400円
日本外交史講義 新版	井上寿一	A5判 286頁 本体 2700円
沖縄の戦後思想を考える	鹿野政直	四六判 260頁 本体 2400円
薩摩・朝鮮陶工村の四百年	久留島浩 須田努 編 趙景達	四六判 474頁 本体 3600円

――――――岩波書店刊――――――

定価は表示価格に消費税が加算されます
2016年2月現在